郑州大学嵩阳法学文库

司法部国家法治与法学理论研究中青年项目课题（编号：15FB3026）

《民法典》中行政权运行规范研究

申惠文 著

法律出版社
LAW PRESS·CHINA

图书在版编目(CIP)数据

《民法典》中行政权运行规范研究 / 申惠文著. -- 北京 : 法律出版社, 2021
(郑州大学嵩阳法学文库)
ISBN 978-7-5197-5628-4

Ⅰ. ①民… Ⅱ. ①申… Ⅲ. ①行政权力-法律-研究-中国 Ⅳ. ①D922.104

中国版本图书馆 CIP 数据核字(2021)第 085251 号

郑州大学嵩阳法学文库	《民法典》中行政权运行规范研究 《MINFADIAN》ZHONG XINGZHENGQUAN YUNXING GUIFAN YANJIU	申惠文 著	责任编辑 韩满春 装帧设计 李 瞻

出版发行 法律出版社
编辑统筹 学术·对外出版分社
责任校对 晁明慧
责任印制 陶 松
经　　销 新华书店

开本 A5
印张 10.75　**字数** 264 千
版本 2021 年 6 月第 1 版
印次 2021 年 6 月第 1 次印刷
印刷 三河市龙大印装有限公司

地址:北京市丰台区莲花池西里 7 号(100073)
网址:www.lawpress.com.cn
投稿邮箱:info@lawpress.com.cn
举报盗版邮箱:jbwq@lawpress.com.cn
销售电话:010-83938349
客服电话:010-83938350
咨询电话:010-63939796

书号:ISBN 978-7-5197-5628-4
定价:58.00 元
凡购买本社图书,如有印装错误,我社负责退换。电话:010-83938349

嵩阳法学文库编委会

目　录

引 言

一、研究的背景

民法典被称为社会生活的百科全书,为全体社会成员提供了生老病死、衣食住行、婚丧嫁娶、买卖租赁、游购娱乐等一系列的行为准则。2020 年 5 月 28 日全国人民代表大会审议通过的《民法典》,是新中国成立以来第一部以“法典”命名的法律,也是目前唯一的一部以“法典”命名的法律。《民法典》是中国法治文明建设的新标杆,是中国传统法律文明的继承和发展,是对世界法治文明的重大贡献。《民法典》强化人格尊严保护,重视家庭文明建设,聚焦民生发展问题,助推营商环境改善,不断满足人民群众对美好生活的向往。

《民法典》不仅是平等主体之间的法律规范,也是党政机关应当遵守的法律规范。从法律文本看,《民法典》并不是纯粹的私法,也不可能成为纯粹的私法。2020 年 5 月 29 日,中共中央政治局就“切实实施民法典”举行第二十次集体学习。习近平总书记在主持学习时发表了重要讲话,其明确指出:“各级政府要以保证民法典有效实施为重要抓手推进法治政府建设,把民法典作为行政决策、行政管理、行政监督的重要标尺,不得违背法律法规随意作出减损公民、法人和其他组织合法权益或增加其义务的决定。要规范行政许可、行政处罚、行政强制、行政征收、行政收费、行政检查、行政裁决等活动,提高依法行政能力和水平。依法严肃处理侵犯群众合法权益的行为和人员。"《民法典》实施的水平和效果,是衡量各级党政机关履行为人民服务宗旨的重要尺度。各级党政机关不仅不能侵犯民事主体的合法权益,还要保护民事主体民事权利不受侵犯、促进民事关系和谐有序。《民法典》是民事法律和法治建设的基础,也是社会治理和国家治理的基础。

《民法典》是习近平法治思想的重要载体,既是习近平治国理政思想的表达,也是习近平新时代中国特色社会主义思想的体现。2020 年 10 月 26 日至 29 日召开的党的十九届五中全会,开启了全面建设社会主义现代化国家的新征程,具有重大的现实意义和深远的历史意义。2020 年 11 月 16 日至 17 日,中央全面依法治国工作会议在北京召开。会议首次明确了习近平法治思想在全面依法治国工作中的指导地位,发出了建设更高水平法治中国的"动员令",在党和国家法治建设史上具有划时代的里程碑意义。习近平法治思想是马克思主义法治理论同中国实际相结合的最新成果,是 21 世纪马克思主义法治理论,是新时代全面依法治国的根本遵循和行动指南。《民法典》既是治国安邦的基础性法律,又是全面依法治国的基础和前提,也是国家治理体系和治理能力现代化的重要支撑。

二、研究的问题

从具体行政行为看,《民法典》的很多条款涉及行政登记、行政备案、行政审批、行政指导、行政协议、行政处罚、行政收费、行政征收、行政征用、行政强制、行政调解、行政裁决等行政活动。《民法典》共使用了 183 次“登记”,包括自然人的出生登记、死亡登记、结婚登记、离婚登记、收养登记、法人登记、非法人组织登记、不动产登记、动产抵押登记等。《民法典》第 706 条规定了租赁合同的备案。《民法典》共使用了 13 次“批准”、2 次“行政许可”和 1 次“备案”,包括法人和非法人组织设立、变更和终止的批准,改变土地用途的批准,影响合同效力的批准,机关法人作为保证人的批准,国家重大建设工程项目的批准,人体临床试验的批准及租赁物经营使用的行政许可、租赁合同的备案等。《民法典》第 277 条规定了业主委员会的行政指导。《民法典》合同编中的很多条款,对于行政协议的订立、效力、履行和变更等,具有重大的参照意义。《民法典》第 69 条规定了被吊销营业执照、登记证书,被责令关闭或者被撤销等行政处罚产生的法人解散。《民法典》第 223 条规定了不动产登记费的收取,限定按件收取。《民法典》第 244 条、第 245 条规定了行政征收和行政征用。《民法典》第 233 条规定了物权纠纷的行政调解、行政裁决等。

从行政组织看,《民法典》很多条款涉及自然资源部门、农业农村部门、住建部门、公安部门、民政部门、生态保护部门、市场监管部门、教育部门、科技部门、交通运输部门、司法部门、国务院国有资产监督管理委员会(以下简称国资委)、国家卫生健康委员会(以下简称卫健委)和人民银行等政府机关的具体职责。《民法典》共使用了 5 次“国家机关”、1 次“行政机关”、6 次“有关机关”、17 次“民政部门”、8 次“有关部门”、21 次“登记机构”、7 次“主管部门”。其中,《民法典》规定的建设用地使用权出让、土地权属争议处理、不动产登记等,与自然资源部门的职责相关。《民法典》规定的土地承包经营权确权、土地经营权流转、宅基地使用权确权等,与农业农村部门的职责相关。《民法典》规定的商品房买卖、停车位归属、业主委员会设立、建设工程合同监管等,与住建部门的职责相关。《民法典》规定的自然人出生、死亡登记,机动车登记,高空抛掷物品等,与公安部门的职责相关。《民法典》规定的婚姻登记、收养登记、收养评估、国家监护、非营利法人登记等,与民政部门的职责相关。《民法典》规定的绿色原则,土地污染防治,环境侵权、生态侵权、生态公益诉讼等,与生态保护部门的职责相关。《民法典》规定的公司登记、股权抵押、合同违法行为监管等,与市场监管的职责相关。《民法典》规定的监护、性骚扰的预防和制止、校园侵权等,与教育部门的职责相关。《民法典》规定的知识产权类型、技术开发合同和技术咨询合同、数据保护等,与科技部门的职责相关。《民法典》规定的航空器、船舶登记,运输合同和交通事故等,与交通运输部门相关。《民法典》规定的相关行政法规、部门规章的起草与审查,律师事务所和公证机构等非营利法人的登记等,与司法部门的职责相关。《民法典》规定的国有企业财产所有权行使等,与国资委职责相关。《民法典》规定紧急救助义务、人体基因和人体胚胎等有关的科研活动、医疗损害赔偿责任等,与卫健委的职责相关。《民法典》规定的应收账款质押登记、动产担保登记等,与人民银行的职责相关。《民法典》第 244 条、第 245 条规定的行政和行政征用,与国务院和省、自治区、直辖市人民政府等的职责密切相关。

从抽象行政行为看,《民法典》很多条款涉及行政法规、规章和其他规范性文件等。《民法典》使用了 348 次“法律”、55 次“行政法规”、1 次“规章”、10 次“国家规定”、163 次“依法”、42 次“合法”、8 次“违法”、45 次“非法”等。如根据《民法典》第 58 条、第 99 条、第 100 条等规定,法人设立条件和程序,包括集体经济组织法人、城镇农村的合作经济组织等,可以由行政法规规定。根据《民法典》第 253 条、第 257 条、第 264 条等规定,国家所有权和集体所有权的行使等,可以由行政法规规定。根据《民法典》第 359 条,建设用地使用权期限届满续期的问题,可以由行政法规规定。根据《民法典》第 399 条、第 426 条、第 440 条,禁止抵押的财产、禁止出质的动产、禁止出质的权利等，可以由行政法规规定。根据《民法典》第 490 条、第 494 条，行政法规可以规定特定的合同应当采用书面形式，可以规定强制缔约的具体类型。根据《民法典》第 502 条，行政法规可以规定特定类型的合同经审批才生效。根据《民法典》第 1222 条，规章以及其他有关诊疗规范可以规定推定医疗机构过错的情形。《民法典》第 1234 条、第 1235 条规定，企业要遵守国家规定，违反国家规定造成生态环境损害的，应当承担民事责任。《民法典》第 1246 条规定，违反饲养动物管理的规定，未对动物采取安全措施造成他人损害的，应当承担侵权责任。《民法典》有些条款中的“法律”是广义的法律，有些是狭义的法律。整体上，《民法典》没有穷尽所有的民事立法，不仅授权民事特别法，还授权行政民事立法。

从行政理念看，《民法典》规定的人身权益和财产权益，具有目的性和终极性，是行政法治的基础，也是国家治理的基础。《民法典》规定的平等原则、自治原则、人文原则、诚信原则、绿色原则，不仅要贯彻整个私法，还要贯彻到公法领域，支撑起法治建设的价值基础。行政法所保障的公共利益本身并不是目的，最终还是为了保障《民法典》所规定的民事权益。依法行政的“法”包括《民法典》，全面实施《民法典》是法治政府建设的重要抓手。《民法典》规定的自然人制度是政府对自然人管理的基础，规定的法人制度是政府对各种组织管理的基础，规定的物权制度是政府对各类财产管理的基础，规定的合同制度是政府签订行政协议的参考，规定的侵权责任制度是国家赔偿的参考。因此，要树立整体主义观念，运用民法思维去诠释和解决行政问题。法治是国家治理的主要手段，而《民法典》又是法治建设的基础，因此《民法典》在国家治理体系和治理能力现代化进程中发挥着基础性作用。国家治理的目标是，切实保护民事主体的人身权益和财产权益，切实保障民事关系的和谐有序。国家治理的难点是，如何妥当界定国家公权力的行使边界。

私权利与公权力是一个事物的两个方面,私权利的保障有利于制约公权力的行使。《民法典》详细规定了民事权利的取得、行使和救济,较为清晰地确定了民事主体的各项权益和行为边界,为国家治理提供了前提和基础。国家公权力要尊重《民法典》对民事权益的规定,不得随意侵犯人民群众享有的合法民事权益。同时,国家公权力要依法履行职能、行使职权,保障民事主体的民事权利不受他人的不法侵害,保障民事主体的民事权利被侵害后能够得到及时有效的救济。

综上所述,《民法典》大量条文与行政权运行,有直接或者间接的联系。要通过《民法典》的全面实施,推动依法行政,推进法治国家、法治政府、法治社会的一体化建设,推动国家治理体系和治理能力的现代化。政府在《民法典》实施中肩负着重要的职责和使命,要主动担当,主动作为。如何科学解释和适用《民法典》中行政权运行条款,就成为理论界和实务界需要解决的重要问题。

三、研究的意义

研究《民法典》中行政权运行规范,有利于《民法典》的实施,有利于民行交叉案件的解决,有利于推进国家治理的现代化。《民法典》绝不仅仅是平等主体之间的私权关系的完善,更是公权力运行方式的改革。民法典不仅调整私权主体,也调整公权主体。民法典是老百姓权益的保障法,也是公权力行使的规制法。公权力该行使的,绝对不能缺位。公权力不该行使的,绝对不能越位。《民法典》全面列举了私权的类型和内容,为公权力的行使划定了不可逾越的边界。近年来,因土地登记错误、房屋登记错误、股权登记错误、婚姻登记错误引发的民行交叉案件大幅度增加。最高人民法院《关于审理房屋登记案件若干问题的规定》和最高人民法院《关于适用〈中华人民共和国婚姻法〉若干问题的解释(三)》(以下简称原《婚姻法司法解释三》)等相关司法解释,对民行交叉问题的规定不尽合理，需要结合《民法典》的新规定，予以修改完善。《民法典》是中国法治建设的标杆性成果，是治国安邦的基础性法律，是仅次于宪法的基本法。全面实施《民法典》，是全面推进依法治国的重要内容，是国家治理体系和治理能力现代化的重要支撑。

研究《民法典》中行政权运行规范，有利于推动民法实现机制的研究，推动法治中国理论的研究，扩展民法学方法论的内涵。在分工不断细化的现代社会，法学被分割为众多的二级学科。传统主客体二元对立的认识论具有明显的局限性，生活认识论要揭示生活世界的基本性质和内在关系，要凸显的并不是科学领域遵循的理论逻辑，而是生活世界特有的实践逻辑。民法学研究更多的是立法论和解释论，很少思考行政权与民法的关系。行政权已经渗透民事生活的各个领域：从出生到死亡，从个体到团体，从财产到人身，都离不开行政权。民法学者应当充分利用私权理论，在国家机构改革中发出更大的声音，用民法观念塑造行政权观念。民法治理是国家治理的重要一环，要科学对待《民法典》中的公法规范，科学对待《民法典》对公法的影响，这是整体主义法治观的基本要求。个人信息保护、高空抛物、霸占座位等诸多现代问题的解决，需要民法的治理、刑法的治理、行政法的治理等相互配合，更需要法律之外的力量，因此，要树立整体主义治理观。《民法典》是中国特色社会主义制度定型的重要标志，塑造了中国特色的国家观。要更多考虑财产法的公共性、契约法的强制性、侵权法的规制性、人格法的基础性的和家庭法的伦理性，考虑民法中的行政管制，来更多阐释《民法典》中的国家法理。

四、文献的述评

对于民法与行政权的论述，国内代表性论著有《民事立法与公私法的接轨》《行政过程中的民事纠纷解决机制研究》《行政法的私权文化与潜能》《财产权与行政法保护》《商事登记中公权定位与私权保护问题研究》《行政权与物权之关系研究》《负面清单管理模式与私法自治》等。从域外来看,德国学者沃尔夫的《物权法》、日本学者田山辉明的《物权法》、法国学者弗泰雷的《法国财产法》、英国学者劳森和拉登的《财产法》、美国学者克里贝特的《财产法:案例与材料》等,对财产权与行政权关系进行了阐述。学术界针对《民法典》与行政权的关系,已经开展了初步讨论,但整体上没有系统研究。为精准把握学术现状,需要进一步梳理民法学者的行政法观和行政法学者的民法观。

(一)民法学者行政法观的文献述评

梁慧星教授认为,民法是公法的观点,歪曲了民法本质,成为国家运用行政手段对民事生活进行广泛干预的理论依据。[1] 民法与行政法在社会主义经济中发挥着不同的作用,二者联系紧密,共同实现社会良好治理的目的。政府对企业的管理,国家和企业之间以及企业内部等纵向的经济关系,由各种经济行政法规调整。[2] 市场行为规则的建立和完善,属于民法的范围。市场管理规则的建立和完善,属于经济法和行政法的范围。[3] 需要制定一部完善的、进步的、科学的民法典,向整个社会,特别是向我们的政府、领导干部和公务员灌输私法观念、私权观念约束国家公权力的行使,限制公权力的滥用,只有这样才能实现依法行政。[4] 物权的排他性就是划分公权力与私权利的界限,不仅排除一般人的干涉,而且排除国家的干涉。[5] 契约自由受到多方面的限制,

〔1〕 参见梁慧星:《社会主义市场经济与民事立法》,载《中南政法学院学报》1993年第1期。

〔2〕 参见梁慧星:《我国民法的基本原则》,载《中国法学》1987年第4期。

〔3〕 参见梁慧星:《WTO与中国法律服务市场研讨会辑要——关于法律服务市场行为规则的完善》,载《环球法律评论》2001年第2期。

〔4〕 参见梁慧星:《靠什么制约公权力的滥用?》,载《时代法学》2004年第3期。

〔5〕 参见梁慧星:《正确认识制定和实施物权法的重大意义》,载《中国社会科学院学报》2007年3月22日,第1版。

包括公法上对交易的规制等，出现了所谓私法公法化的现象。〔1〕

孙宪忠教授认为，原《民法通则》第2条的调整对象，实际上划分了公共权力和民事权利两个不同社会关系空间，限定了行政权运作的范围，为民众权利保护提供了基本的伦理和法理基础。〔2〕侵权法除了需要进行其自身制度建设外，更应注意与民法典整体保持相互协调，要和我国整个法律体系中的宪法、行政法规体系等保持协调。〔3〕不动产物权确认，不应当是行政诉讼，而应当是民事诉讼。〔4〕原《民法总则》是全部民法制度中的基础性立法和纲领性立法，也是担负国家治理基础性作用的重要立法。〔5〕民法中涉及社会每个自然人、每个法人、每个其他组织，涉及他们最基本的人身权利和财产权利，因此，民法典在我国整个国家治理所依靠的法律体系中处于基本法的地位。〔6〕

王利明教授认为，作为一种市场准入管理模式，负面清单既是私法自治精神的具体落实，又是私法自治精神的重要保障。〔7〕行政协议与民事合同最大的区别在于，当行政机关以公权力行使者的身份与相对人订立合同时，其本质上并不是一种市场交易行为，而仍然是一种行政权的行使方式。〔8〕《民法典》的颁布必将为全面提升国家治理体系和治理能力现代化提供重要的制度保障，全面实施《民法典》，必须强化依法行政以规范公权、保障私权。〔9〕

陈小君教授认为，行政法规在一定程度上会对民事权利产生制约

---

〔1〕 参见梁慧星：《从近代民法到现代民法》，载《律师世界》2002年第5期。

〔2〕 参见孙宪忠：《从基本法的角度认识民法典编纂》，载《时代主人》2017年第4期。

〔3〕 参见孙宪忠、汪志刚、袁震：《侵权行为法立法学术报告会议述评》，载《法学研究》2007年第2期。

〔4〕 参见孙宪忠：《〈物权法司法解释（一）〉若干问题的分析与适用》，载《法律适用》2016年第10期。

〔5〕 参见孙宪忠：《从国家治理角度看民法总则》，载《中国司法》2017年第7期。

〔6〕 参见孙宪忠：《中国民法典国家治理职能之思考》，载《中国法律评论》2020年第6期。

〔7〕 参见王利明：《负面清单管理模式与私法自治》，载《中国法学》2014年第5期。

〔8〕 参见王利明：《论行政协议的范围——兼评〈关于审理行政协议案件若干问题的规定〉第1条、第2条》，载《环球法律评论》2020年第1期。

〔9〕 参见王利明：《论全面贯彻实施民法典的现实路径》，载《浙江社会科学》2020年第12期。

作用。我国土地使用权制度虽然在原《民法通则》中有所反映,但具体内容却要受众多行政法规的调整与规制,使之在宏观上难以形成统一协调和科学完备的立法式体系。[1] 集体所承载的行政负担淡化了其私权属性,如果集体更多地为完成政治上的职能,其所有者的角色就被公法所吞没。[2] 行政权力从来就是以保护公共利益、保护公民的人身权利和财产权利为己任而存在的,自应受到民事权利的有效制约,以防止其恣意妄为致使民事权利遭受损害。[3]

王轶教授对于行政许可的民法意义进行了论述,认为当事人必须采用特定行为模式的强制性规定,会因为欠缺法律或者行政法规所设置的法定特别生效条件,从而影响合同行为效力的发生,但绝对不会导致合同行为绝对无效。[4]

《民法典》就国家在民事活动中的作用表达了鲜明的立场和态度,即当国家无须出场时,国家不得越位;当国家必须出场时,国家不得缺位。[5] 未取得商品房预售许可证明,但却从事商品房预售交易,订立商品房预售合同的,该合同并非办理批准手续才生效的合同,而是属于违反了管理性强制性规定的合同,其效力不受违法性影响。[6] 公共利益是限制民事主体自由足够充分且正当的理由,但国家公权力不得动辄以维护公共利益为由,限制或者否定民事主体的自由。[7]

崔建远教授认为,国土资源管理部门签订出让合同的身份是国家土地所有权者的代理人,仅仅在十分狭窄的领域内以行政管理者的面

---

〔1〕 参见陈小君:《论传统民法中的用益物权及其现实意义》,载《法商研究(中南政法学院学报)》1995年第4期。

〔2〕 参见陈小君、陆剑:《论我国农村集体经济有效实现中的法律权利实现》,载《中州学刊》2013年第2期。

〔3〕 参见陈小君:《我国农村土地法律制度变革的思路与框架——十八届三中全会〈决定〉相关内容解读》,载《法学研究》2014年第4期。

〔4〕 参见王轶:《行政许可的民法意义》,载《中国社会科学》2020年第5期。

〔5〕 参见王轶:《〈民法典〉的立法思想》,载《社会科学研究》2020年第5期。

〔6〕 参见王轶:《论商品房预售许可证明对合同效力的影响》,载《比较法研究》2018年第6期。

〔7〕 参见王轶、关淑芳:《认真对待民法总则中的公共利益》,载《中国高校社会科学》2017年第4期。

貌出现，因此，把这类合同划归行政合同范畴不符合习近平总书记关于“把权力关进制度的笼子里”的深邃思想、良苦用心和紧迫要求，不适当地扩张了行政权力及其行使的边界。[1] 登记机构对于不动产登记负有勤勉注意的义务，对于登记错误承担国家赔偿责任。[2] 建造建筑物需要建设用地规划许可、建设工程规划许可、建筑工程施工许可等行政法规制；商品房预售许可取决于政府是否继续允许期房预售；某些合同的生效以行政主管机关的批准为法定特别要件，应予坚持。[3]

李永军教授认为，行政法因素通过对民事法律行为的评价、民事权利的制约渗透到《民法典》编纂中，影响《民法典》的内部体系，并借助“功能性概念”将行政法因素贯彻于具体的民事法律制度中。不能让一个有效民事法律行为或者权利建立在违反行政法的基础之上，也不能让一个行政行为的效力建立在损害他人合法权利的基础之上。[4] 谢鸿飞教授认为，民法的运行从来离不开国家支撑，国家形象包括“五个面向”，即保护者、合作者、权利人、教化者和再分配人。[5] 在终极意义上，民事权利和基本权利具有同源性，民法和宪法应共同服务于尊重和保障人权的崇高目的。[6] 马新彦教授认为，合同的效力与行政审批之间实际上没有必然的逻辑关系，未来《民法典》应当取消“法律、行政法规规定应当办理批准、登记等手续生效的，依照其规定”的规定，取消“法律规定应当采用特定形式的，应当采用特定形式”的规定，从而确立《民法典》真正的权威，还私权以应有的面貌。[7] 常鹏翱教授认为，出于国

---

〔1〕 参见崔建远：《行政合同族的边界及其确定根据》，载《环球法律评论》2017 年第 4 期。
〔2〕 参见崔建远：《中国民法典所设不动产物权登记之我见》，载《法学杂志》2020 年第 9 期。
〔3〕 参见崔建远：《编纂民法典时务必注意行政因素》，载《国家行政学院学报》2018 年第 1 期。
〔4〕 参见李永军：《民法典编纂中的行政法因素》，载《行政法学研究》2019 年第 5 期。
〔5〕 参见谢鸿飞：《〈民法典〉中的“国家”》，载《法学评论》2020 年第 5 期。
〔6〕 参见谢鸿飞：《中国民法典的宪法功能——超越宪法施行法与民法帝国主义》，载《国家检察官学院学报》2016 年第 6 期。
〔7〕 参见马新彦：《论民法对合同行政审批的立法态度》，载《中国法学》2016 年第 6 期。

家治理、社会服务、市场调控的需要，包括行政权在内的公权力及为其提供依托的公法规范会有机地介入进来，在物权领域形成公私法携手调整的格局。[1] 刘凯湘教授认为，对于《民法典》与公法的关系，应当理顺私权与公权的关系。私权利是一切政治制度与法律制度的终极目标；公权力的设置与运行是以人民的人身权利和财产权利特别是人格权利为目的的；私权利是公权力得以存在的唯一正当性依据；私权利的享有与保护有赖于公权力的介入。[2] 郭明瑞教授认为，在私法范围内，政府的唯一作用就是确认个人的私权并保证私权的实现，但这也不意味着我们完全放弃私法领地的自治权，而是有限地承认公权力干预的合理性、合法性。[3]

笔者认为，原《民法总则》中的行政权条款，立法表述并不严谨，缺乏体系性和科学性，必须从理论的高度予以审视。[4] 张保红教授认为，针对公法与私法杂糅的现象，应当将私法与公法划分清楚，私法规范能够纳入《民法典》的，应当尽量纳入，不能纳入的应当制定单行法，而不宜在公法中规定。[5]

总之，在民法典编纂过程中，小部分学者坚持纯粹的私法观，而大部分学者都支持民法中融入公法规范的观点。公权是建立在私权基础上的，公权具有附属性和工具性特征，对此学术界已经达成了基本的共识。然而，民法学者整体上是消极、被动论及行政法问题，论及行政权的具体定位，较少主动提出问题，与行政法学者展开深入的对话。民法学者更多主张行政权要消极，不要介入民事生活，坚持私法自治的理

---

〔1〕 参见常鹏翱：《行政行为的物权法意义：一种规范分析》，载《行政法学研究》2019 年第 5 期。

〔2〕 参见刘凯湘：《民法典中的公权力与私权利界限及其意义》，载《社会治理》2020 年第 7 期。

〔3〕 参见郭明瑞：《关于编纂民法典须处理的几种关系的思考》，载《清华法学》2014 年第 6 期。

〔4〕 参见申惠文：《论〈民法总则〉中的行政权》，载《新疆大学学报（哲学·人文社会科学版）》2018 年第 6 期。

〔5〕 参见张保红：《刻舟求剑抑或时移法移？——论私法一统背景下的法典内容与体系构建》，载《兰州学刊》2017 年第 3 期。

念。民法学界整体对现代社会民事权利需要行政权的积极保护认识不足，对传统私权模式治理社会的缺陷认识不足，也很少从宪法的角度，分析民法与行政法的关系，较少有意识地将民法放置于宪法实施的大背景中。目前很少有民法学者系统分析行政法规、行政规章和其他规范性文件等抽象行政行为，以及行政许可、行政登记、行政备案、行政指导、行政强制等具体行政行为与民事主体、民事权利、民事行为等的内在关联。

（二）行政法学者民法观的文献述评

应松年教授认为，2007年3月通过的《物权法》展示了行政权与物权的多重复杂关系，如物权排斥行政权、行政权确认物权、行政权保护物权、行政权消灭物权、行政权创设物权等。[1] 一方面要认真学习和研究《民法典》，完善、优化行政权的配置，使其能够更好地契合《民法典》的实施；另一方面必须汲取《民法典》制定过程中的经验与智慧，早日制定行政法法典，助力国家法治事业发展。[2]

马怀德教授指出，公法学界对物权法不能再集体失语，如不动产登记机关因登记错误导致权利人损失的赔偿，是民事纠纷还是行政纠纷，需要公法学者积极参与，充分考虑《国家赔偿法》的相关内容。[3] 个人权利实现必须依靠包括民法、行政法等在内的公法与私法交融的综合性法律；实施好《民法典》，需要进一步完善《民法典》涉及的行政法律制度，实现《民法典》和行政法的有效衔接，做到法法衔接。[4] 在国家治理中，单靠民法典调整平等主体间的关系是不够的，还需要公权力的适

---

〔1〕 参见应松年：《行政权与物权之关系研究——主要以〈物权法〉文本为分析对象》，载《中国法学》2007年第5期。

〔2〕 参见《“民法典时代的行政法回应”学术研讨会观点精编》，载法治政府网：http://fzzfyjy.cupl.edu.cn/info/1021/11823.htm，2020年11月23日最后访问。

〔3〕 参见《公法学者第一次就物权法发表意见　物权法不能回避公法问题》，载广州市律师协会网：http://www.gzlawyer.org/info/0ea131aaaeeb4fb4b65b8f071f04a043，2021年2月27日最后访问。

〔4〕 参见马怀德：《民法典时代行政法的发展与完善》，载《乐山日报》2020年6月5日，第3版。

当介入。事实上,从出生到死亡的整个过程都有公权力介入,出生时有出生证明,死亡时有死亡证明。这种介入,既是干预也是保障。[1]

江必新教授认为,矿业权兼具行政特许和民事物权双重属性,矿业权法律关系融合了行政性和契约性因素,需妥当适用作为调整手段的国家干预和私人自治,实现公法和私法的共治。[2]《民法典》对我国营商环境的改善和优化将起到至关重要的作用,具体表现在全面确定市场主体的法律资格、巩固市场机制运行的宏观背景、创设市场主体平等竞争的法律前提、确立市场主体意思自治的原则、赋予市场主体丰富的财产权利、增强市场交易安全、系统保障市场主体的合法权益、确立完备的市场交易规则、明晰市场主体的义务和责任、强化公权力机关改善和优化营商环境的义务和责任、优化政府依法行政等方面。[3]

袁雪石认为,《民法典》规定公法内容,是实用主义立法观、整体主义治理观的体现。对照世界银行营商环境评价"获得信贷"等指标,担保物权制度适用物权法定原则过于严苛,宜缓和物权法定原则,丰富担保物权设定方式,降低担保物权实施成本,释放物的交换价值,促进经济流转,使市场在资源配置中起决定性作用。[4]《民法典》划出了行政行为的界限,《民法典》也是行政执法的依据,如登记机关的公示义务、主管机关的申请清算法人义务等。这些义务是行政机关积极作为的法定依据;如果行政执法人员不作为,将承担相应的法律后果。[5]

行政与民事交叉的纠纷分别处理存在弊端,《民法典》与《行政处罚法》规定的民事责任优先等制度并未落地。建立健全行政处罚附带民

---

〔1〕《行政法如何对接民法典? 产权续费、信息保护仍需具体规范》,载新京报网:http://www.bjnews.com.cn/feature/2020/05/29/732998.html? from = timeline&isappinsta11ed = 0,2021 年 2 月 27 日最后访问。

〔2〕参见江必新:《矿业权法律关系调整中的国家干预和私人自治——兼论法律行为效力理论之重构》,载《法学评论》2018 年第 1 期。

〔3〕参见江必新:《〈民法典〉的颁行与营商环境的优化改善》,载《求索》2020 年第 6 期。

〔4〕参见袁雪石:《民法典物权编的公私法治理问题思考》,载《中州学刊》2019 年第 7 期。

〔5〕参见袁雪石:《民法典对行政执法的新要求》,载《中国司法》2020 年第 8 期。

事纠纷解决机制，符合整体主义治理理念，有利于提高治理效率，统一法律秩序。[1]

王天华教授认为，我国存在大量的行政法创设民事权益的现象，如矿业权等用益物权是在分配自然资源，集成电路布图设计专有权、植物新品种权等知识产权是在分配智力成果，排污权是在分配环境容量。[2] 于立深教授对行政规章进行实证分析，指出民法与行政法交叉关系有两条路径，"一是行政法对民法的概念进行重新定义，二是行政法重新定义了民事行为和民事责任的构成要件"。[3] 章剑生教授认为，不动产登记制度作为公法介入民法域的一种法制度装置，具有法政策上的正当性。在这样的法律背景下，行政法不能被看作私法"自由—安全"领域的"入侵者"，而是一个强有力的保护者。[4]

陈天昊教授认为，行政协议之平等原则具有更富包容性的内涵，其并不限于民事合同中所要求的双方在权利、义务上的"对等"，而是同时涵括双方在权力与权利上的"结构性均衡"，此两种平等模式围绕如何更好地实现公共利益这一目的共存。[5] 黄学贤教授指出，行政案件与民事案件交叉包括三种情形：一是行政纠纷的解决是民事纠纷解决的前提；二是民事纠纷的解决是行政纠纷解决的前提；三是争议的解决互不构成前提。[6]

胡建淼教授指出，《民法典》是政府机关依法行政的法律依据，一些条款是划定政府机关公权力边界的法律依据，直接对政府机关的某些

---

〔1〕 参见袁雪石：《行政处罚附带民事纠纷解决机制研究》，载《中国法律评论》2020 年第 5 期。

〔2〕 参见王天华：《分配行政与民事权益——关于公法私法二元论之射程的一个序论性考察》，载《中国法律评论》2020 年第 6 期。

〔3〕 参见于立深：《行政规章的民事法源地位及问题》，载《当代法学》2005 年第 4 期。

〔4〕 参见章剑生：《行政不动产登记行为的性质及其效力》，载《行政法学研究》2019 年第 5 期。

〔5〕 参见陈天昊：《行政协议中的平等原则——比较法视角下民法、行政法交叉透视研究》，载《中外法学》2019 年第 1 期。

〔6〕 参见黄学贤：《行民交叉案件处理之探究》，载《法学》2009 年第 8 期。

行政行为提出了要求,为政府机关对民事权利的保护和确认提供了法律依据,直接阻却行政行为对民事权利可能产生的不法侵害,直接为民事主体从事民事活动设定了行政法义务。[1] 钟瑞华教授认为,《民法典》编纂对行政法法典化具有重要的示范意义,推进行政法法典化,有利于实现行政法规范体系化、彰显行政法治基本价值、加快法治政府建设、推进国家治理现代化。[2]

能否参照《民法典》制定行政法典,规范行政权的行使,学界有两种声音。持否定观点的学者认为,行政法调整的行政关系过于广泛且多种多样,各种不同的行政关系又存在较大差别,很难以统一的规范加以调整。[3] 制定统一的行政法典会使行政机关成为简单的执行者,难以应付复杂的社会生活。行政法不能也不宜制定统一的行政法典,这是由行政法自身的规律性和人们认识的局限性所决定的,也是由世界各国的历史经验所证明了的。[4] 持肯定观点的学者认为,没有行政法的法典化,中国特色社会主义法治体系注定是不完整的,也是无法最终建成的。[5] 体系化和法典化已经成为发展趋势,行政法总则与行政法法典化命题的提出,对于推动我国法律的系统化科学化具有重大意义。[6]

主张行政法法典化的学者之间也存在一定的争议,集中在直接制定行政法典还是先制定行政法总则或者行政法通则的争论。有学者支持先制定"浓缩版"行政法典的行政基本法。要制定一部规范所有行政行为,在行政体系中起纲要性、通则性、基础性作用的行

〔1〕 参见胡建淼:《民法典是政府机关依法行政的法律依据》,载《学习时报》2020 年 6 月 28 日,第 2 版。

〔2〕 参见钟瑞华、李洪雷:《论我国行政法法典化的意义与路径——以民法典编纂为参照》,载《行政管理改革》2020 年第 12 期。

〔3〕 参见刘太刚:《中国行政法法典化的障碍、模式及立法技术》,载《甘肃行政学院学报》2008 年第 1 期。

〔4〕 参见杨建顺:《为什么行政法不能有统一的法典?》,载《检察日报》2020 年 6 月 3 日,第 7 版。

〔5〕 参见章志远:《中国特色行政法法典化的模式选择》,载《法学》2018 年第 9 期。

〔6〕 参见万学忠:《学界首次提出构建中国行政法法典》,载法制网:http://www.legaldaily.com.cn/fxjy/content/2018-01/19/content_7452678.htm,2021 年 2 月 27 日最后访问。

政基本法。[1] 而有学者指出,要学习借鉴我国《民法典》编纂的本土智慧,根据我国法治政府基本建成的现实需求,及时启动行政法总则制定工作。行政法总则内容体例可以参照民法总则,就行政法的基本原则、行政法律关系主体、行政法律关系内容、行政行为、行政委托、行政责任和监督、行政诉讼时效、管辖及行政程序问题作出规定。[2]

综上所述,原《物权法》和《民法典》颁布前后,行政法学者都给予较多的关注。2005 年前后,民法学者与行政法学者多次展开研讨会,讨论《物权法(草案)》中的公法问题。中国法学会行政法学研究会 2007 年年会的会议主题是"财产权保护与行政法"。2019 年 4 月,第三届中华法治论坛的主题是"营商环境优化的法律治理——公法与私法的对话"。2020 年 5 月 26 日,由中国法学会行政法学研究会和中国政法大学法治政府研究院主办的"民法典时代的行政法回应"学术研讨会成功举办。[3] 2020 年 6 月 28 日,南京师范大学举办了"民法典中的行政法理"学术研讨会。[4] 诸多行政法学者也认识到《民法典》不是纯粹的私法,其中很多条款本身就是规制行政权的。从国家治理的视角来看,行政法与民法的立法目的是一致的,只是两者是在用不同的方法规范不同的社会关系。行政法学者更多是考虑借鉴《民法典》编纂的经验,制定行政法总则或行政程序法。整体上,学术界已经意识到厘清民法典与行政权关系的重要性,但研究的命题往往过于宏大和原则,较少关注具体的制度设计与具体的规范解释,没有结合《民法典》具体条款,也没

[1] 参见江必新:《迈向统一的行政基本法》,载《清华法学》2012 年第 5 期。

[2] 参见《行政法总则和行政法典制定的必要性和可行性——行政法总则与行政法法典化研讨会会议综述》,载法制网:http://www.legaldaily.com.cn/zt/content/2018-01/15/content_7448226.htm,2020 年 11 月 20 日最后访问。

[3] 参见《"民法典时代的行政法回应"学术研讨会成功举办》,载法治政府网:fzzfyjy.cupl.edu.cn/info/1021/11783.htm,2020 年 10 月 30 日最后访问。

[4] 参见《"民法典中的行政法理"学术研讨会成功举办》,载南京师范大学法学院官网:law.njnu.edu.cn/info/1063/3207.htm,2020 年 10 月 30 日最后访问。

有提出有针对性的建议,较少有意识从研究范式上进行系统的梳理。

五、研究的思路和方法

本书以《民法典》行政权运行规范的解释和适用为中心。民法典具有普遍性、基础性和稳定性,是长期适用的基本法律规范。《民法典》颁布后,学术研究的重点应当从立法论转向解释论。我国民法典与德国、法国、意大利、荷兰、西班牙、俄罗斯、埃塞俄比亚、埃尔及利亚、巴西、阿根廷、日本、韩国等国家的民法典存在较大的区别。《民法典》已经颁布,我们要虔诚对待《民法典》,采取各种解释论的方法,去弥补各种立法的不足,还要充分利用文义解释、体系解释、目的解释等解释方法,根据不同的案情,解释司法适用中的疑难问题。行政公产与民事财产,行政合同与民事合同,行政侵权与民事侵权具有明显的区别,也具有较大的相似性,存在较多的交叉。面对行政法私法化,民法典作为市民社会的基本法,应当具有更大的包容性和广泛的适用性。民法典设置科学的转介规范,通过宪法体系整合作用,为行政纠纷的解决提供必要的法律依据。因此,本书以对《民法典》文本的规范分析作为主要的研究方法。

本书采取分总的结构:逐步分析了《民法典·总则编》《民法典·物权编》《民法典·合同编》《民法典·人格权编》《民法典·婚姻家庭编》《民法典·侵权责任编》中的行政权运行规范;在此基础上,反思民法典中行政权运行规范的基本理论,评析民法公法化和行政法私法化两种倾向,为突出民法典对行政权的制约意义和行政权对民法典实施的意义,在学理上提出了民事宪法学和民法政治学的概念范畴。

本书采取整体主义法治观和整体主义治理观,强调从宪法的角度看民法与行政法的关系,强调从国家治理的角度看民法的治理与行政法的治理。学术界通说认为,民法典与行政权连接的具体路径,包括财产权行使的边界、契约自由的限度、行为自由的限制。公法是私有财产的界限,公法是民事法律行为的界限,公法是事实行为的界限,这是公法进入私法的三条重要路径,分别对应《民法典·物权编》《民法典·合同编》《民法典·侵权责任编》。中国《民法典》是中国特色社会主义的立法表达,是统筹推进“五位一体”总体布局、协调推进“四个全面”战略布局的重大举措。民法典编纂是一种政治观念的表达,是在中国共产党领导下,通过全国人民代表大会,对社会各阶层民事权益诉求的积极回应。民法典与行政权的关系,要从政治的高度分析,从国家治理的高度科学评判,需要着眼现实,尊重历史,放眼未来。

本书从行政立法和具体行政行为两个角度,分析《民法典》中的行政权运行规范。行政立法包括行政法规、部门规章和地方性规章。《民法典》诸多条款明确授权行政立法,共使用了55次“行政法规”。一些条款虽然没有明确授权行政立法,但根据立法法原理,结合类似条款,可以作类似的解释。行政立法包括中央行政立法和地方行政立法。地方政府颁布的规章对《民法典》实施,也具有相当重要的实践价值。这些地方规章或者规范性文件,对于《民法典》第1246条“违反管理规定”的理解与适用,具有重大的意义。具体行政行为包括行政登记、行政确认、行政许可、行政征收、行政征用、行政强制、行政指导、行政协议、行政处罚等。行政机关可以提起撤销监护权、撤销捐助法人决议、认定自然人民事行为能力、指定法人清算组成员、保护英雄烈士人格利益等民事诉讼,属于重大的制度创新,凸显国家治理新理念。

本书以民事登记与行政登记的关系为重点,同时探讨行政备案和行政许可等新问题。出生登记、死亡登记、公司登记、社团登记、土地登记、房屋登记、动产登记、权利登记、婚姻登记、收养登记等,既是民事登记,也是行政登记。登记是国家治理的一种工具,解决了陌生人社会信息公示的问题,也解决了国家行政权对社会不当行为管控的渠道问题。

在多大程度上实现民事登记机构的统一,关系民事权利的有效实现,关系行政权的有效配置。行政备案不同于行政登记,是一种行政管理的重要方式,如业主委员会的成立,要区、县人民政府房地产行政主管部门和街道办事处、乡镇人民政府备案。《行政许可法》第 12 条规定了 6 种可以设置行政许可的事项,没有获得行政许可签订的合同是否有效、如何履行,是理论和实践争论较大的问题。《民法典》第 494 条、第 597 条、第 471 条和第 469 条等,分别对合同主体资格、标的物、缔约程序和合同形式等设置了强行性法律规定。《民法典》第 153 条中"该强制性规定不导致该民事法律行为无效的除外",没有采用效力性强制性规定和管理性强制性规定的二分法,具有更富弹性的法律内涵,如何适用需要科学解读。

六、研究的创新点和不足

(一)理论上的创新

1. 民事宪法学的首次提出

在依宪治国的大背景下,宪法要调控民法与行政法关系的冲突与矛盾。民法学家不应当继续以形式主义、技术主义的学理姿态论证民法的独立性,而应当理直气壮地将宪法作为目的,将民法典编纂作为宪法实施的重要组成部分。民法学家应当继续采取规范主义进路,以宪法规范为中心,借鉴规范宪法学的研究成果,拓展民事宪法学研究的新领域。民事宪法学可以初步细分为人格宪法学、家庭宪法学、组织宪法学、财产宪法学、契约宪法学和损害赔偿宪法学等部门宪法学。民法学家与宪法学家一起,以民法与宪法的关联为中心,构建和发展民事宪法学,这具有重大的学科建设意义。

2. 民法政治学的首次提出

民法典是国家治理能力和治理体系现代化的重要支撑,是中国特色社会主义制度定型的重要标杆。民法典的编纂是重大的政治决策，民法典的实施是重要的政治过程，其均涉及立法权、司法权和行政权的平衡，均涉及社会各阶层利益的平衡，均需要高超的政治智慧。政治学包括政治关系、政治行为、政治体系、政治过程、政治文化和政治发展等内容。政治学的基本范畴包括利益、国家、民主、权力、政党、政治社团等。民法学家应当根据宪法确定的政治理念，尝试借鉴政治宪法学的研究成果，深入研究民法与政治的关系，构建和发展民事政治学的学科体系。中国民法政治学根植于中国特色社会主义政治实践中，需要中国特色社会主义政治经济学和政治哲学的理论支撑。从民法知识到民法制度，从民法制度到民法体系，从民法体系到民法能力，广大人民群众对民法需求的质和量都在不断地提升。提出民法政治学的概念范畴，突出民法实施的政治体系，就是强调国家在民事领域的治理体系和治理能力的现代化，就是意味着要更多关注民法制度运行的实效，更多关注民事法治的实现程度。中国民法学应当在法教义学的基础上，借鉴“政治—法学”的研究范式，将民法典编纂和实施提高到政治文明建设的高度，推动国家治理能力和治理体系的现代化，推动民法政治学学科体系的形成。

3. 地方民法学的初步阐释

《民法典》并没有解决全部民事问题，民事特别法、行政法规和国务院部门规章作为民事特别法，仍发挥着重大的作用。我国采用“一元两级多层次”的立法模式，所谓“两级”是指中央立法与地方立法两个立法等级。其中，中央立法居于基础、主导的地位，而地方立法则处在补充与执行的地位。学术界较多关注中央民事立法，而较少关注地方民事立法。如从中央到地方的物权立法，一般呈现两种模式：一是针对同一调整对象，形成了“全国—河南省—郑州市”逐级深化和精确的模式；二是对于一些全国形态立法没有涉及或涉及较少的领域，由地方出台地方性法规或规章进行调整。这两种地方立法模式、立法技术和立法方式可能存在差异,“从粗到精”和“从无到有”显示出不同的法律逻辑,但均展示了物权立法一定程度的地方性。《民法典》只是粗线条规定了民事制度,如何落实还依赖于其他法律法规的完善,依赖于各种地方性的规定。法地理学强调法律的地理属性,关注地方立法,突出空间思维,在解释和解决特定民事法律问题上,具有明显的理论优势。提出地方民法学的概念,有利于在民法研究中,自觉运用法地理学思维,强化空间正义理念指引,突出空间平等、空间自由和空间效率。要委托中立的第三方,对地方立法进行科学的评估,防止各种地方性规定架空《民法典》,实现区域的公平和正义。

4. 行政法体系的逻辑重组

传统上,行政法包括行政许可法、行政处罚法、行政强制法、行政复议法、行政诉讼法等。以行政法的作用为标准,行政法包括行政组织法、行政行为法和监督行政法。以行政法调整对象的范围为标准,行政法包括一般行政法和特殊行政法。一般行政法包括行政组织法、国家公务员法、行政行为法、行政程序法、行政监督法和行政救济法等。特殊行政法包括经济行政法、军事行政法、教育行政法、公安行政法、民政行政法、卫生行政法等。按照调控的内容,民法典包括人格法、家庭法、组织法、财产法、契约法和损害赔偿法。据此,根据民法典的框架,行政法包括人格行政法、家庭行政法、组织行政法、财产行政法、契约行政法、损害赔偿行政法等。按照民法体系,重构行政法,有利于按照民法典民事权利保护的新需求,及时修改完善相关的行政法规定。弘扬社会主义核心价值观是民法典的根本宗旨,这不仅是对私权主体的要求,更是对公权主体的要求。《民法典》很多条款都具有行政法的意义,要站在民法角度看行政法,要从民事权利保护的角度看行政法,切实落实私权保障的立法目的。

(二)实践中的创新

1.《民法典》行政立法权运行规范的立法评析

《民法典》使用了348次“法律”、55次“行政法规”、163次“依法”、42次“合法”、8次“违法”、45次“非法”。这些条款明示或默示了大量的行政立法权,从规范表达上大致可以分为两类:一是行政立法权确定的条款,采用“法律、行政法规”的表述,只将行政法规作为法源;二是行政立法权不确定的条款,笼统采用“法律”“依法”等表述。《民法典》对行政立法权限的规定缺乏科学的体系安排,存在表述不一致、表述不清晰、表达赘述等问题。民事特别法的制定或修改,要借鉴民法典编纂的经验,让更多的公法学者参与,科学界定民事特别法与行政立法的关系。从立法论的角度,未来民事特别法可以考虑一律采用“法律”的表达,但在附则中增设“法律术语”一节,对哪些条款中的“法律”只能是狭义的法律,哪些条款中的“法律”包括行政法规,哪些条款中“法律”包括行政法规和部门规章,作出类型化的表达。

2.《民法典》行政权运行规范的解释适用

针对行政登记、行政许可、行政征收、行政处罚等具体行政行为,与民事主体、民事权利、民事行为、民事责任的各种关联,针对《民法典》相关条款,本书提出了诸多相对科学的建议。如要区分私法规范和公法规范的功能,合理对待私法自治与行政管制的关系。不违反行政监管的规定,当事人不承担行政责任,但并不意味着不承担民事责任。违反行政监管的规定,当事人承担行政责任,但从事的民事法律行为不一定无效。民法与行政法有各自的功能定位,有各自发挥作用的领域。处理私法自治与行政监管的关系,要遵循宪法的比例原则,合理配置民事责任和行政责任,避免行政监管的缺位与越位。

3.《民法典》行政机关民事诉权条款的解释适用

根据《民法典》第24条、第36条、第40条、第44条、第45条、第46

条、第50条、第70条、第94条和第185条等的相关规定，行政机关可以提起撤销监护权、撤销捐助法人决议、认定自然人民事行为能力、指定法人清算组成员、保护英雄烈士人格利益等民事诉讼。根据《民法典》第1234条和第1235条等相关规定，国家规定的机关或者法律规定的组织有权提起生态修复、生态赔偿的民事公益诉讼。从解释论的角度看，政府市场监管部门对食品药品安全领域侵害众多消费者合法权益等损害社会公共利益的行为，有权提起民事公益诉讼。从解释论的角度看，民政部门可以提起婚姻无效的民事公益诉讼，可以提起撤销收养关系的民事公益诉讼。从解释论的角度看，国资委等部门可以提起国有资产保护等方面的民事公益诉讼。从解释论的角度看，个人信息行政主管部门可以提起个人信息保护的民事公益诉讼。赋予行政机关民事诉权，属于行政权行使方式的重大创新，可以凸显国家治理的新理念。行政权应当在有限政府和责任政府的构建中，落实行政机关民事诉权条款，实现国家治理和社会治理的现代化。应当扩大社会组织的民事诉权，充分发挥人民检察院民事诉权的补充作用，设置特别民事诉讼程序，发挥民事公益诉讼的应有职责。

4.《民法典》涉及各种登记机构下一步改革的初步建议

各种民事登记机构，是《民法典》运用的基础设施。设立高效的民事登记机构，是《民法典》能够高效运行的前提和基础。设立不动产登记局是目前改革的成果，设立财产登记局是下一步改革的目标，设立民事登记局是远期改革的目标。不动产登记机构已经实现统　，对不动产物权保护起到了极大的促进作用。要在不动产登记机构统一的基础上，推进动产和权利担保机构的统一。

自2021年1月1日起，原由市场监管总局承担的生产设备、原材料、半成品、产品抵押登记和人民银行承担的应收账款质押登记，以及存款单质押、融资租赁、保理等登记，改由人民银行统一承担，提供基于互联网的全天候服务。未来我国要在不动产统一登记,动产和权利担保统一登记,机动车、船舶、航空器等特殊动产统一登记的基础上,设立财产登记局。民政部门要适时登记夫妻财产约定协议,保障夫妻双方权益和第三人的权益。时机成熟后,要积极推动人口登记和婚姻、收养登记的统一,推动法人和非法人组织登记机构的统一。在此基础上,设立民事登记局。这是国家机构改革的顶级设计,是民法基础设施的重要支撑。基于国家所有权行使主体与监管主体区分的理念,未来应当扩大国资委的职责,使其能够涵盖国有自然资源所有者权益的职能。考虑到改革的难度,目前也可以考虑组建与国有资产监管管理委员会相并列的国有自然资源资产监督管理委员会。并且,要进一步建立健全遗失物行政管理机关的职责,明确遗失物归国家所有的相关程序,同时对国家取得提存物、遗产等财产的所有权,也作出相应的程序规定。

(三)不足之处

本书对司法裁判的研究不够深入,只是对民法与行政法交叉的一些案例进行了定性研究,并没有进行大数据的量化分析。本书较少进行实地调研,只是利用了官方公布和新闻报道的相关数据,实然状况的总结和梳理相对欠缺。本书的研究范围相对宽泛,研究问题较多,一些研究不深入不精致。这些问题需要在下一步的研究中予以特别的重视,也值得学术界予以特别的关注。

CHAPTER 01 >>

第一章

《民法典·总则编》中行政权运行规范

《民法典·总则编》共计204个条文,涉及行政权的条文超过50个,占全部条文的25%以上。其中,包括15次“行政法规”、6次“机关法人”、3次“主管机关”、11次“民政部门”、5次“有关机关”、30次“登记”、3次“批准”、2次“行政责任”等。学术界已经关注了民法总则与行政权的关系,但较少关注具体的制度设计与具体的规范解释。为此,本书首先从行政立法权、行政登记权和行政机关民事诉权等方面,解读《民法典·总则编》相关条款。

第一节　《民法典·总则编》中的行政立法权

《民法典·总则编》使用了15次“行政法规”、57次“依法”、11次“合法”、2次“违法”、2次“非法”等。这些条款明示或默示大量的行政立法权,从规范表达上大致可以分为两类:一是行政立法权确定的条款,采用"法律、行政法规"的表述,只将行政法规作为法源;二是行政立法权不确定的条款,笼统采用"法律""依法"等表述。《民法典·总则编》对行政立法权限的规定缺乏科学的体系安排,存在表述不一致、表述不清晰、表达赘述等问题。

一、"法人"和"非法人组织"两章中的行政立法权

《民法典·总则编》第三章"法人"和第四章"非法人组织"使用了12次"法律、行政法规",其他条款都是采取广义"法律"等表达。采用"法律、行政法规"的条款,可以大致分为四类:第一,法人设立条件和程序的条款,包括法人成立的具体条件和程序(第58条第2款)、法人分支机构的登记(第74条第1款)、宗教活动场所的法人资格(第92条第2款)、农村集体经济组织的法人资格(第99条第2款)、城镇农村合作经济组织的法人资格(第100条第2款)。第二,法人设立与终止批准的条款,包括法人成立的批准(第58条第3款)、法人终止的批准(第68条第2款)、非法人组织设立的批准(第103条第2款)。第三,法人负责人产生的条款,包括清算义务人的确定(第70条第2款)、事业单位法定代表人的产生(第89条)。第四,法人决议程序的条款,包括营利法人决议的程序(第85条)、捐助法人决议的程序(第94条第2款)。从整体来看,这两章对行政立法权限的表达,存在诸多的不一致问题。

(一)同位概念的立法权限表述不一致

第一,法人"终止""解散"条件和程序的立法权限,没有与法人"设立"作同一的立法表述。《民法典》第58条第2款将"法人成立的具体条件和程序",限定在"法律、行政法规"的范围内,而《民法典》第68条规定法人终止的原因包括"法律规定的其他原因",第69条规定法人解散的原因包括"法律规定的其他情形",第106条规定非法人组织解散

的原因包括"法律规定的其他情形"。根据体系解释,这些条款中的"法律"应当解释为"法律、行政法规"。

第二,"社会服务机构"等设立的立法权限,没有与"宗教活动场所"等作同一的立法表述。《民法典》第 87 条、第 92 条第 1 款都提到了"社会服务机构",但立法并没有明确其内涵。《民法典》第 92 条第 2 款、第 99 条、第 100 条分别规定了宗教活动场所、农村集体经济组织、城镇农村的合作经济组织法人资格的取得,"法律、行政法规"有规定的,依照其规定。根据体系解释,"行政法规"可以对"社会服务机构"作出具体的规定。

第三,"事业单位法人""社会团体法人"等决议撤销的立法权限,没有与"营利法人""捐助法人"等作同一的立法表达。《民法典》第 85 条和第 94 条第 2 款分别规定"营利法人"决议的撤销和"捐助法人"决议的撤销,都规定表决程序违反"法律、行政法规"的,可以请求人民法院撤销。而《民法典》并没有规定"事业单位法人""社会团体法人"等非营利法人的决议撤销。根据体系解释,"行政法规"可以对"事业单位法人""社会团体法人"等非营利法人的决策机构、执行机构的决议程序,作出特别的规定。

(二)下位概念与上位概念的立法权限表述不一致

第一,立法没有规定"法人"登记的立法权限,却规定了"法人分支机构"的立法权限。《民法典》第 74 条第 1 款规定,法人分支机构是否登记,要依据"法律、行政法规"。《民法典》第 58 条第 1 款只规定法人应当"依法"成立,没有规定登记事项。从立法技术上,应当具体规定"法人"登记的立法权限,明确为"法律、行政法规",而不是泛泛规定为"依法成立"。

第二,立法没有规定"法人清算程序和清算组职权"的立法权限,却规定了"清算义务人"的立法权限。《民法典》第 70 条第 2 款规定,清算义务人“法律、行政法规”另有规定的,依照其规定。而《民法典》第71条规定,法人的清算程序和清算组职权依照“有关法律”的规定。根据体系解释,该条中的“有关法律”,应当理解为“有关法律和行政法规”。

第三,立法没有规定非营利法人“法定代表人”产生的立法权限,却规定了事业单位法人“法定代表人”产生的立法权限。《民法典》第89条规定,事业单位法人的法定代表人的产生程序,要依据“法律、行政法规”。根据体系解释,“行政法规”可以对社会团体法人、捐助法人等其他非营利法人的法定代表人产生程序作出特别的规定。

二、“民事法律行为”和“代理”两章中的行政立法权

《民法典·总则编》第六章“民事法律行为”使用了3次“法律、行政法规”;第七章“代理”没有使用“法律、行政法规”的表述,而是都采取广义“法律”的表达。采用“法律、行政法规”的条款,包括民事法律行为成立的形式要件(第135条)、民事法律行为有效的要件(第143条)、民事法律行为无效的要件(第153条)。从整体来看,这两章对行政立法权限的表达,也存在诸多的不一致问题。

(一)同位概念的立法权限表述不一致

第一,民事法律行为“变更或解除”的立法权限,没有与民事法律行为的“成立”作同一的立法表述。《民法典》第135条规定,民事法律行为的成立,“法律、行政法规”规定采用特定形式的,应当采用特定形式。而《民法典》第136条第2款规定,变更或者解除民事法律行为,要依据“法律”规定。该条中的“法律”,应当解释为“法律、行政法规”。

第二,民事法律行为成立生效“时间”的立法权限,没有与民事法律行为成立生效“认定依据”作同一的立法表述。《民法典》第143条规定,有效的民事法律行为不能违反“法律、行政法规”强制性规定。而《民法典》第136条第1款规定,民事法律行为成立生效的时间,“法律”

可以作出例外的规定。该条中的“法律”,应当解释为“法律、行政法规”。

第三,民事法律行为无效“法律后果”的立法权限,没有与无效民事法律行为“认定依据”作同一的立法表述。《民法典》第 153 条第 1 款规定,违反“法律、行政法规”强制性规定的民事法律行为无效。而《民法典》第 157 条规定,对无效民事法律行为的法律后果,“法律另有规定的,依照其规定”。该条中的“法律”,应当解释为“法律、行政法规”。

(二)下位概念与上位概念的立法权限表述不一致

第一,“意思表示”成立的立法权限,没有与“民事法律行为”成立作同一的立法表述。《民法典》第 135 条规定,民事法律行为的成立,要依据“法律、行政法规”。而《民法典》第 138 条规定,无相对人的意思表示生效时间,“法律”可以作出例外规定。第 140 条第 2 款规定,沉默在有“法律规定”时,才可以视为意思表示。这两条中的“法律”,应当解释为“法律、行政法规”。因为意思表示是民事法律行为最核心的要素,两者应当作出同一的立法表述。

第二,“营利法人和捐助法人”决议成立的立法权限,没有与“法人、非法人组织”决议成立作同一的立法表述。《民法典》第 85 条和第 94 条规定,营利法人和捐助法人作出决议的会议召集程序、表决方式违反“法律、行政法规”,可以申请人民法院撤销。而《民法典》第 134 条第 2 款规定,法人、非法人组织的决议成立,要依照“法律”规定的议事方式和表决程序作出。该条中的“法律”,应当解释为“法律、行政法规”。

第三,“隐藏行为”效力和“代理行为”效力的立法权限,没有与“民事法律行为”效力作同一的立法表述。《民法典》第 153 条第 1 款规定,违反“法律、行政法规”强制性规定的民事法律行为无效。而《民法典》第 146 条第 2 款规定,以虚假的意思表示隐藏的民事法律行为的效力认定,要依照“有关法律”。第 161 条第 2 款规定,依据“法律”规定,应当由本人亲自实施的民事法律行为，不得代理。该两条中的“法律”，应当解释为“法律、行政法规”。

三、“民事权利”和“民事责任”两章中的行政立法权

《民法典·总则编》第五章“民事权利”和第八章“民事责任”，都没有采取“法律、行政法规”的表述，而采取了广义“法律”的表述。

（一）“民事权利”一章中的行政立法权

《民法典》第116条规定，物权的种类和内容，由“法律”规定。该条中的“法律”是广义还是狭义，立法没有明确规定。从立法沿革看，该条源于原《物权法》第5条。该法第153条规定，宅基地使用权的取得、行使和转让适用“法律和国家的有关规定”，这表明立法者是采取广义法律的理解。扩张“物权法定”中“法”的范围，使其包括行政法规和部门规章等，是社会实践中普通采取的做法。如1990年国务院颁布的《城镇国有土地使用权出让和转让暂行条例》规定了居住用地、工业用地等不同类型的国有土地使用权期限。2001年中国人民银行、对外贸易经济合作部、国家税务总局颁布的《关于办理出口退税账户托管贷款业务的通知》规定，出口退税账户可以作为权利质押标的。

《民法典》第123条第2款规定，知识产权的客体包括“法律规定的其他客体”。该条中的“法律”是广义还是狭义，立法没有明确规定。原《民法总则草案（第一次审议稿）》第108条第2款规定，知识产权的客体包括“法律、行政法规规定的其他客体”，《民法总则草案（第二次审议稿）》第120条将“行政法规”删除。有学者认为，立法者没有将知识产权权利类型及其客体的立法权授予国家行政机关，“坚持了较为彻底的知识产权法定原则”。[1] 本书与此观点相反，立法者采取的是广义“法

〔1〕 参见陈甦主编：《民法总则评注》（下册），法律出版社2017年版，第854页。

律”的概念。国务院颁布的《集成电路布图设计保护条例》和《植物新品种保护条例》等行政法规,原国家工商行政管理总局颁布的《奥林匹克标志备案及管理办法》(已失效)、原信息产业部颁布的《中国互联网络域名管理办法》(已失效)、原国家质量监督检验检疫总局颁布的《地理标志产品保护规定》等部门规章,都对新类型的知识产权作出了规定。

《民法典》第126条规定,民事主体享有“法律”规定的其他民事权利和利益。第127条规定,“法律”可以规定对数据、网络虚拟财产的保护。第129条规定,民事权利可以依据“法律”规定的事件或“法律”规定的其他方式取得。这些条款中的“法律”也是指广义的法律,包括行政法规和部门规章等。对于保险、证券、银行、信托等金融创新领域,部门规章往往具有前瞻性,先对新型民事权益作出规定。游戏装备、虚拟货币等新型民事权利,也往往先通过部门规章予以确认,如原文化部、商务部颁布的《关于加强网络游戏虚拟货币的管理工作的通知》和原文化部颁布的《网络游戏管理暂行办法》等。

(二)“民事责任”一章中的行政立法权

《民法典》第176条规定,承担民事责任的依据是“法律规定和当事人约定”。该条中的“法律”包括行政法规、部门规章、地方规章等。根据《民法典》第1222条,“规章以及其他有关诊疗规范”是判定医疗机构过错的标准。根据《民法典》第1246条,各种“管理规定”是判定动物饲养人或者管理人过错的标准。根据《民法典》第294条,“国家规定”是噪声、光、电磁波辐射等有害物质侵权的判断标准。根据立法目的,部门规章和地方规章不能成为当事人承担无过错责任的依据,但可以作为认定当事人存在过错的具体标准。行政法规可以创设新类型的过错侵权责任,但不能作为无过错侵权责任的依据。

《民法典》第178条第3款规定,承担连带责任的依据是“法律规定或者当事人约定”;第179条第2款规定,承担惩罚性赔偿责任的依据是“法律规定”;第180条第1款规定,不可抗力仍要承担责任的依据是“法律另有规定的”。这些条款中的“法律”应当是指狭义的“法律”,不包括行政法规和部门规章等。创设新类型的连带责任、惩罚性赔偿责任、不可抗力免除责任例外等,是民事责任认定的重大事项,只能由法律规定。在第十二届全国人民代表大会第五次会议审议民法总则草案的过程中,有的代表提出“连带责任是一种较为严厉的责任方式,除当事人有约定外,宜由法律作出规定”。[1] 经讨论,立法采纳了该意见。就惩罚性赔偿而言,目前是由《民法典》《消费者权益保护法》《食品安全法》《旅游法》等狭义的法律予以规定。就不可抗力免除责任例外而言,目前是由《民法典》《民用航空法》《邮政法》等狭义的法律予以规定。

四、行政立法权的科学定位

从解释论的角度来看,对行政立法权的界定需要区分不同的领域。

第一,区分民事基本制度和非民事基本制度。根据《民法典》相关规定,诉讼时效的期间(第188条)、诉讼时效的计算方法(第197条)、诉讼时效中止中断的事由(第198条)、仲裁时效(第199条)、按照小时计算期间(第201条第2款)、期间计算方法的例外(第204条)等,由“法律”规定。上述条款中的“法律”是指狭义的法律,因为诉讼时效和期间计算是民事基本制度。

第二,区分人身权益和财产权益。违反“法律、行政法规”强制性规定的民事法律行为无效,更多适用于财产行为,而不能完全适用于人身行为。人身行为的无效,如婚姻的无效和收养的无效,必须是违反“法

---

〔1〕 参见石宏主编:《〈中华人民共和国民法总则〉条文说明、立法理由及相关规定》,北京大学出版社2017年版,第417页。

律”的强制性规定,而不能是“行政法规”的强制性规定。因为对“人身自由”进行限制必须基于“法律”的理由。

第三,区分意定领域和法定领域。在意定领域,部门规章和地方规章不得直接作为认定民事法律行为无效的根据,但可以作为证成违反公序良俗的依据。在法定领域,部门规章和地方规章不得作为认定无过错侵权的根据,但可以作为认定当事人过错的依据。根据最高人民法院《关于裁判文书引用法律、法规等规范性法律文件的规定》第 4 条和第 6 条,“应当适用的行政法规”可以直接作为民事裁判文书的裁判依据,部门规章和地方规章等“其他规范性文件”根据审理案件的需要,经审查认定为合法有效的,可以作为裁判说理的依据。这表明民事法官根据立法法规范性法律文件的冲突规则,对部门规章有选择适用权,对行政法规也有审查适用权。从立法论的角度来看,可以考虑一律采用“法律”的表达,但在附则中增设“法律术语”一节,对哪些条款中的“法律”只能是狭义的法律,哪些条款中的“法律”包括行政法规,哪些条款中“法律”包括行政法规和部门规章,作出类型化的表达。

第二节　《民法典·总则编》中的行政登记权

《民法典·总则编》涉及的狭义行政权,包括行政许可、行政征收、行政处罚和行政登记等。《民法典》规定了法人和非法人组织成立的行政许可,规定了不动产和动产的行政征收,规定了吊销营业执照、登记证书的行政处罚等。《民法典·总则编》更多规定的是行政登记,包括自然人登记、法人和非法人组织登记、婚姻登记、动产登记等,共使用“登记”30 次,涉及 20 个条文,约占总则编全部条文的 10%。因此,以行政登记权为切入,剖析《民法典·总则编》中狭义行政权设置的问题,具有重大意义。

一、行政登记权的规范技术

（一）行政登记权的主要规范

《民法典·总则编》的行政登记条款，包括自然人的出生登记、死亡登记（第15条）、自然人的住所登记（第25条）、撤销死亡宣告人的配偶向婚姻登记机关书面声明不愿意恢复婚姻关系（第51条）、个体工商户的登记（第54条）、法人的住所登记（第63条）、法人的变更登记（第64条）、法人登记信息的善意保护（第65条）、法人登记信息的公示（第66条）、法人终止前的注销登记（第68条）、营业执照或登记证书的吊销（第69条）、法人清算完毕后的注销登记（第72条）、法人破产后的注销登记（第73条）、法人分支机构的设立登记（第74条）、营利法人的设立登记（第77条）、登记机关签发营业执照（第78条）、事业单位法人的设立登记（第88条）、社会团体法人的设立登记（第90条）、捐助法人的设立登记（第92条）、非法人组织的登记（第103条）、动产物权登记（第196条）等。

（二）行政登记权的立法评析

第一，逻辑体系不强。《民法典》规定了法人分支机构的设立登记（第74条），而没有规定法人的设立登记；规定了法人的变更登记和注销登记（第64条、第68条），而没有规定法人的设立登记；规定了法人登记错误的善意保护（第65条），而没有规定自然人登记错误的善意保护。《民法典》分散规定了商事登记，包括个体工商户的登记、营利法人的登记和非法人组织的登记等，这对将来制定商事登记法造成了一定的技术障碍。未来是否制定商事通则，是否制定商事登记法，立法者并没有形成明确的顶层设计方案。

第二，语言表达累赘。《民法典》中的法人的注销登记重复表达三次,包括法人终止前的注销登记(第 68 条)、法人清算完毕后的注销登记(第 72 条)、法人破产后的注销登记(第 74 条),造成赘述。事业单位法人登记(第 88 条)、社会团体法人登记(第 90 条)、捐助法人登记(第 92 条),也具有类似性,分为三个条文予以表述,没有很好采用提取公因式立法技术,实现法律简洁的价值目标。

第三,语言表达不清。如《民法典》第 103 条第 1 款"非法人组织应当依照法律的规定登记"中的"应当",是修饰"依照法律的规定"还是"登记"并不清晰。非法人组织的成立是否必须登记,表达并不清晰。第 51 条规定,死亡宣告被撤销的,婚姻关系自行恢复,但其配偶"向婚姻登记机关书面声明不愿意恢复"的除外。配偶的声明有无时间的限制,声明能否撤销,婚姻登记机关有无依职权询问的义务等,表达并不清晰。

第四,规范重心错位。如《民法典》第 66 条规定了登记机关公示法人登记信息的义务,规范表达的主体是"登记机关",规范表达的重心是"公权力主体的公示义务"。从立法技术的角度来看,该条规范表达的主体应当是"民事主体",规范表达的重心应当是"民事主体享有知悉法人登记信息的权利"。

二、行政登记权的主要变化

(一)行政登记权的弱化

第一,身份登记的弱化。原《民法通则》第 15 条规定:"公民以他的户籍所在地的居住地为住所",而《民法典》第 25 条规定:"自然人以户籍登记或者其他有效身份登记记载的居所为住所"。放松户籍管制,认可实际居住地,具有重大的历史意义。

第二,经营范围登记的弱化。原《民法通则》第 26 条和第 27 条强调,个体工商户和农村承包经营户,要"在法律允许的范围内",从事相应的活动。《民法典》第 54 条和第 55 条删掉了“在法律允许的范围内”。根据《个体工商户条例》第 4 条第 2 款,个体工商户的经营范围,可以是法律、行政法规未禁止的所有行业。原《民法通则》第 42 条规定“企业法人应当在核准登记的经营范围内从事经营”,而《民法典》删掉了该条款。根据《公司法》第 12 条第 1 款,公司可以通过修改公司章程,改变经营范围,随后办理变更登记。

第三,不动产物权登记的弱化。《民法典》第 196 条规定,不动产物权不适用诉讼时效。《民法总则(草案)》的三个审议稿对此均规定为“登记的物权”不适用诉讼时效。在草案提交全国人民代表大会审议时,有代表提出“不少农村房屋还没有办理登记,为保护农民的房屋产权,需要将不适用诉讼时效的范围扩大到所有的不动产物权”。〔1〕经讨论,立法机关据此作出了修改。该条虽然可以实现保护农民房屋产权的目标,但会影响不动产统一登记制度的有效实施。

(二)行政登记权的强化

第一,法人登记私法效力的强化。《民法典》第 65 条规定:“法人的实际情况与登记的事项不一致的,不得对抗善意相对人。”该条是新增内容,对其理解应当把握以下三点:其一,善意保护由“公司”拓展到“法人”。《公司法》第 32 条规定了公司登记的善意保护,而该条是针对所有的法人。在具体适用中,还应当区分营利法人和非营利法人,前者对交易安全的权益诉求更强烈。“在信赖保护方面,不动产登记簿高于法人登记簿,商事登记簿又高于社团法人登记簿。”〔2〕其二,善意保护由“部分登记事项”拓展到“所有登记事项”。《公司法》第 32 条仅规定了公司登记的股东姓名或者名称的善意保护。法人登记事项一般包括组

〔1〕 参见李适时主编:《中华人民共和国民法总则释义》,法律出版社 2017 年版,第 624 页。

〔2〕 张谷:《管制还是自治,的确是个问题!——对〈民法总则(草案)〉“法人”章的评论》,载《交大法学》2016 年第 4 期。

织形式、目的范围、注册资本、法定代表人和章程等。对不同登记事项，善意保护的限度应当有所区别。其三，善意保护由“第三人”到“善意相对人”。《民法总则(草案)》起初的规定是“善意第三人”，后考虑用“善意相对人”更准确。“相对人”包括法人之外的其他主体，也包括法人内部的组成人员，如股东、董事、高级管理人员等。“善意相对人”，是指不知道且不应当知道登记错误的相对人。法人登记信息没有绝对的公信力，登记机关往往是形式审查。如果相对人经适当的调查，即可知道登记错误，就不是“善意相对人”。

第二，法人登记公示义务的强化。《民法典》第 66 条规定：“登记机关应当依法及时公示法人登记的有关信息。”该条的表述是“法人登记的有关信息”，并不是法人登记的全部信息。如工商部门只是公示营利法人的股东信息等，并不公示营利法人的章程。根据《企业信息公示暂行条例》，工商行政管理部门要公示企业登记信息、年度报告信息、动产抵押信息、股权出质登记信息和行政处罚信息等。根据《慈善法》第 70 条，民政部门和其他有关部门要依法公示慈善组织登记事项、慈善信托备案事项、对慈善活动的税收优惠信息等。登记机关公示的信息与登记的信息相冲突的，应当以登记的信息为准。当事人信赖公示的信息，造成损害的，登记机关应当予以赔偿，这是行政信赖保护原则的必然要求。

第三，动产物权登记的强化。《民法典》第 196 条规定，“登记的动产物权”不适用诉讼时效。该规定立法政策上鼓励动产物权登记，具有一定合理性，但存在制度设计体系上的缺陷。其一，将登记的动产与未登记的动产区别对待，前者不适用诉讼时效，后者适用诉讼时效，不符合宪法上的比例原则。其二，没有区分动产所有权登记和动产抵押权登记。动产抵押权是为担保债权而存在，被担保的债权诉讼时效届满，当事人就不能行使动产抵押权。规定动产抵押权不适用诉讼时效，容易混淆法律关系,并不能准确表达立法的宗旨。其三,没有区分特殊动产物权登记与普通动产物权登记。机动车、船舶、航空器等特殊动产,登记主管部门负责权属登记,登记具有一定的公信力。而机器设备等普通动产的抵押登记,是由工商部门负责,而工商部门并不负责其权属登记,登记没有公信力。因此,"登记的动产物权"应当限缩解释为"登记的特殊动产所有权"。

三、行政登记权的改革方向

(一)社会组织要实行登记与备案的双轨制

根据《民法典》相关条款,营利法人、事业单位法人、社会团体法人、捐助法人和非法人组织等,原则上都要依法登记。采取登记制,是准则主义立法模式的直接表现。采用核准制,必然产生诸多未登记但实际存在的社会组织。《民法典》应当规范全部社会组织,而不能只调整登记的社会组织。实践中,有地方实行社会组织登记与备案的双轨制,对尚未达到登记条件的社会组织,可以先选择备案,等其达到相关条件后,再进行登记。如《深圳市社区社会组织登记与备案管理暂行办法》第9条规定,尚未达到登记条件的社区社会组织,可向区民政部门申请实行备案管理。备案制比登记制更具有制度的优势,有利于培育社会组织,引导社会自治。因此,社会组织要实行登记与备案的双轨制,鼓励自愿登记法人或非法人组织。

(二)营利法人成立日期要尊重当事人约定

《民法典》第78条"营业执照签发日期为营利法人的成立日期",这不符合法律体系性的要求,也不符合市场决定作用的改革目标。其一,营利法人成立的时间是以营业执照签发为标准,但吊销营业执照并不导致营利法人终止,营利法人终止要依法清算完成注销登记(第68条),这会造成逻辑体系的混乱。其二,坚持营业执照的核心地位,与中央五证合一的改革趋势不合。根据国务院办公厅《关于加快推进“五证合一”登记制度改革的通知》,“五证合一”登记已经在全国范围内实施。其三,试营业弱化了营业执照的效力。如西安市工商局雁塔分局 2010 年推出“30 条个性化服务措施”,其中一项是对新入市场的个体户,“允许试营业 30 日,再办理营业执照”。〔1〕江西省赣州市章贡区 2015 年颁布的《关于服务全区经济发展九大新增长点的若干措施》,创新试营业制度,“只要持有效身份证明到工商分局报备,准予一个月的试营业再办理营业执照”。〔2〕其四,“先照后证”改革突破了审批先行的传统思维。根据 2014 年《国务院决定改为后置审批的工商登记前置审批事项目录》,31 项工商登记前置审批事项改为后置审批,经营者可直接向工商部门申请工商登记,领取营业执照后,持营业执照和有关材料向相关主管部门申请许可。综上所述,营利法人成立日期是当事人自治的范围,而不应当以行政登记为准。当事人办理了营业登记,营利法人成立的时间应当溯及协议成立之时。

(三)非营利法人业务范围应当实行负面清单模式

《民法典》第 95 条规定,非营业法人终止时的剩余财产,无法按照法人章程或权力机构的决议处理时,由“主管机关”主持转给宗旨相同或者相近的法人。而根据 2013 年国务院机构改革和职能转变方案及十八届三中全会决定,行业协会商会类、科技类、公益慈善类和城乡社区服务类等四类社会组织,可以依法直接向民政部门申请登记,不再经由业务主管单位审查和管理。不需要业务主管部门的审批,就为非营利法人业务范围的开放性提供了前提和基础。目前营利法人的业务范

〔1〕参见《可试营业三十天再办照》,载新浪网:http://news.sina.com.cn/c/2010-06-13/014817651353s.shtml,2021 年 2 月 27 日最后访问。

〔2〕参见《章贡区市场监管部门出台 21 条举措促创新创业 个体经营项目可先试营业再办照》,载章贡区党务公开网:http://www.zgdw.gov.cn/n461617/n461619/n2152618/c12839891/content.html,2021 年 2 月 27 日最后访问。

围已经采取负面清单的模式,非营利法人业务范围未来同样应当采取负面清单的模式。

综上所述,《民法典·总则编》中的行政权条款,立法表述并不严谨,缺乏体系性和科学性,必须从理论的高度予以审视。学者们长期以来更多关注民法的自治空间,较少关注民法中的国家强制,较少关注公权力配置问题。民法典不只是市民社会的民法典,也是政治国家的民法典。民法典编纂绝不仅仅是平等主体之间私权关系的变革,更是国家公权力运行方式的改革。民法典中的行政权运作条款,应当更加科学地设置,积极回应国家治理新理念。

第三节 《民法典·总则编》中的行政机关民事诉权

《民法典》第24条、第36条、第70条、第94条分别明确规定民政部门可以向法院申请认定成年人民事行为能力、民政部门可以向法院申请撤销监护人资格、法人主管机关可以向法院申请指定法人清算组成员、捐助法人主管机关可以向法院请求撤销捐助法人决议。根据第40条、第44条、第45条、第46条、第50条,民政部门等可以向法院申请宣告失踪、变更财产代管人、撤销失踪宣告、宣告死亡、撤销死亡宣告。根据第185条,民政部门等可以提起保护英雄烈士人格权益的诉讼。行政机关向法院提起民事诉讼或民事非诉程序的权利,本书统称为“行政机关民事诉权”。赋予行政机关民事诉权,属于行政权行使方式的重大创新,凸显国家治理的新理念。如何准确解释适用行政机关民事诉权条款,具有重大的理论和实践价值。本节以《民法典·总则编》文本为中心,以相关民事特别法和司法解释为参照,以社会实践案例为依托,以国家治理现代化为理念,力争提出司法适用的具体方案和未来立法的发展方向。

一、民政部门申请撤销监护人资格的民事诉权

《民法典》第36条第3款规定,个人和民政部门以外的组织未及时申请,民政部门应当向法院申请撤销监护人资格。撤销监护人资格,虽不属于行政处罚,但是国家公权力对私权利的剥夺,是更为严厉的惩罚措施,因此民政部门应当审慎提出申请。目前司法解释只规定民政部门可以申请撤销未成年人监护人资格,而没有规定其可以申请撤销成年人监护人资格。因此,应当通过司法解释统一规定民政部门申请撤销监护人资格的具体条件和具体程序。撤销监护人财产管理等部分监护权限的资格,目前社会条件还不成熟,民政部门更不宜提起。

(一)申请撤销未成年人监护人资格的民事诉权

《民法典》第36条第3款规定,个人和民政部门以外的组织未及时申请,民政部门应当向法院申请撤销监护人资格。《民法典》确立了以家庭监护为基础,社会监护为补充,国家监护为兜底的监护体系。民政部门享有监护人同意权、监护人指定权,履行临时监护人的职责,承担起兜底性的监护人职责。监护权是最基本的民事权益,应当坚持司法最终决定的理念。“撤销父母监护权措施是国家干预亲子关系力度最大、对亲子关系破坏性最强的一种方式,要遵循必要性和比例性原则。”[1]民政部门应当审慎提出撤销监护人资格的申请,法院应当遵循宪法的比例原则,确定是否撤销监护人的资格。

《民法典》第36条第2款规定的申请撤销未成年人监护人资格的诉讼主体是“其他依法具有监护资格的人,居民委员会、村民委员会、学

〔1〕 王慧:《〈民法总则〉撤销父母监护权条款的罅漏与完善》,载《江西社会科学》2017年第6期。

校、医疗机构、妇女联合会、残疾人联合会、未成年人保护组织、依法设立的老年人组织、民政部门等”。2014 年 12 月最高人民法院、最高人民检察院、公安部、民政部四部门联合出台的《关于依法处理监护人侵害未成年人权益行为若干问题的意见》(以下简称《处理监护人侵害未成年人意见》)第 27 条规定的申请监护权资格撤销的主体更为宽泛,包括“未成年人的其他监护人,祖父母、外祖父母、兄、姐,关系密切的其他亲属、朋友”,包括“未成年人住所地的村(居)民委员会,未成年人父、母所在单位”,包括“未成年人救助保护机构”“共青团”“关工委”等。其中,“未成年人救助保护机构”,包括救助管理站、未成年人救助保护中心等,是民政部门落实监护职责的重要工作机构。“共青团”是中国共产主义青年团的简称,是由信仰共产主义的中国青年组成的群众性组织。“关工委”是中国关心下一代工作委员会的简称,是以离退休老同志为主体,以关心、教育、培养全国各族青少年健康成长为目的的群众性工作组织。《处理监护人侵害未成年人意见》对申请人范围的规定,符合被监护人权益保护最大化原则,与《民法典》第 36 条第 2 款的兜底性规定并不冲突,依然有效。

民政部门向法院提起撤销监护人资格的诉讼,是以其他个人或组织没有及时申请为前提条件的。《民法典》第 36 条第 3 款明确规定,个人和民政部门以外的组织“没有及时”向人民法院申请撤销监护人的,民政部门应当申请。“没有及时”不是“没有”,也不是“不能”。民政部门是社会救助的最后一道防线,发现具有严重侵害被监护人合法权益的情形,即可提起申请撤销监护人的诉讼,而不需要等到其他个人或者组织都不能或不愿申请之后。民政部门申请撤销监护人资格,应当坚持客观标准,不以“经教育不改”为前置条件。

民政部门申请撤销未成年人监护人资格,应当坚持客观标准,不以“经教育不改”为前置条件,不以穷尽其他救济方法为前置条件。《意大利民法典》第330条、《日本民法典》第834条等没有设置监护权撤销的前置条件。而《德国民法典》第1666a条、《瑞士民法典》第311条等设置了监护权撤销的前置条件。撤销父母监护权措施是国家干预亲子关系力度最大、对亲子关系破坏性最强的一种方式，应遵循必要性原则。[1]《未成年人保护法》第118条规定，单位、居民委员会、村民委员会可以劝诫、制止监护人不依法履行职责或侵犯未成年人合法权益的行为；构成违反治安管理行为的，由公安机关依法给予行政处罚。《处理监护人侵害未成年人意见》第35条第2项规定，只有在监护人“经教育不改”的情况下，才能撤销监护人的资格。《民法典》第36条删除了“经教育不改”的主观条件，没有设置前置要件，强调撤销监护人事由的法定化，体现了以被监护人利益保护为中心的立法思想。因此，应当及时修改《处理监护人侵害未成年人意见》第35条中的“经教育不改的”“经公安机关和未成年人救助保护机构等部门三次以上批评教育拒不改正”等规定。

（二）申请撤销成年人监护人资格的民事诉权

原《婚姻法司法解释三》第8条规定：“无民事行为能力人的配偶有民法典第三十六条第一款规定行为，其他有监护资格的人可以要求撤销其监护资格，并依法指定新的监护人；变更后的监护人代理无民事行为能力一方提起离婚诉讼的，人民法院应予受理。”从规范表达形式来看，该条是申请监护人变更的规定，不同于《民法典》第36条申请撤销监护人资格的规定。对于申请变更监护人的法定事由，原《婚姻法司法解释三》第8条规定的法定事由是“虐待、遗弃”等严重损害行为。对于撤销监护人资格的法定条件，《民法典》第36条第1款规定了三种情形：一是实施严重损害被监护人身心健康的行为；二是不履行或怠于履

〔1〕 参见王慧：《〈民法总则〉撤销父母监护权条款的罅漏与完善》，载《江西社会科学》2017年第6期。

行监护职责,导致被监护人处于危困状况的行为;三是兜底性规定——实施严重侵害被监护人合法权益的其他行为。

从规范表达内容看,两者具有一致性。撤销监护人资格后,法院要按照最有利于被监护人的原则依法指定监护人,实际也是变更监护人。《民法典》没有专门条款规定监护人的变更,更没有规定监护人变更的法定事由。然而,从第30条协议监护、第31条第3款监护人擅自变更的法律责任等条款看,变更监护人的法定事由,要比撤销监护人资格的法定事由宽泛。从某种意义上讲,撤销监护人资格是变更监护人的一种类型。因此,原《婚姻法司法解释三》第8条应当根据《民法典》第36条的规定,作出相应的修改。具体而言,原《婚姻法司法解释三》第8条只规定了"无民事行为能力人",而没有规定"限制民事行为能力人";只规定了"配偶",而没有规定其他家庭成员;只规定了"其他有监护资格的人"的诉权,而没有规定社会组织的诉权,更没有规定民政部门的诉权。这些内容要根据《民法典》第36条作出修改。对于无民事行为能力或者限制民事行为能力的成年人,如果监护人严重侵害其合法权益,没有其他依法具有监护资格的人,或者相关的个人或者组织没有及时提出申请,民政部门应当提出申请。2021年1月1日起实施的最高人民法院《关于适用〈中华人民共和国民法典〉婚姻家庭编的解释(一)》第62条规定:"无民事行为能力人的配偶有民法典第三十六条第一款规定行为,其他有监护资格的人可以要求撤销其监护资格,并依法指定新的监护人;变更后的监护人代理无民事行为能力一方提起离婚诉讼的,人民法院应予受理。"

(三)申请撤销监护人部分资格的民事诉权

有学者主张,要么判决被申请人继续履行监护职责,要么判决完全撤销监护资格,无法有效平衡被监护人利益保护与维持监护关系稳定,有必要通过法律解释的方法创设监护职责部分撤销机制。[1] 在监护人浪费或者侵占被监护人财产的情况下,可以只剥夺其保管和处置被监护人财产的监护职责,而保留其他方面的监护职责。从法律解释的空间来看,《民法典·总则编》第36条第1款的确可以包括撤销监护人全部资格和撤销监护人部分资格两种类型。其一,该款第1项“严重损害”,是具有较大弹性的法律概念;其二,该款第2项采用了“监护职责部分或者全部”的表述;其三,该款第3项采用了兜底性“其他行为”。

然而,本书不赞成通过司法解释确立撤销监护人部分资格的制度,更不赞成民政部门提出此类申请。许多国家区分亲权、监护和保佐,并采取不同的立法例。如果通过司法解释创设了“撤销监护人部分资格”的制度,就会造成我国监护概念的多元化。这等于创设了与监护具有较大区别的保佐,超出了预定的立法目的。在立法过程中,有的意见建议,区分亲权与监护,甚至建议不用“监护”的概念,采用“照顾”“保佐”等概念。[2] 还有意见建议,在撤销监护人资格的情形中增加一项,即“实施严重损害被监护人财产的行为的”。立法者认为,在司法实务中这类案件较少,反映的问题也不是特别突出,未来可以根据司法实践的发展情况再作研究。[3] 最后通过的《民法典·总则编》仍然采用一体化的“监护”概念,没有将监护进行类型化区分财产监护和人身监护。目前司法实践中,只有民政部门申请撤销未成年人监护人资格的案例,而没有民政部门申请撤销成年人监护人的案例。据民政部社会事务司未成年人保护处统计,截至2017年8月,全国大致只有69起侵害未成年人权益被撤销监护人资格案件。[4] 撤销监护人资格的司法实践经验

---

〔1〕 参见陈甦主编:《民法总则评注》(上册),法律出版社2017年版,第272页。

〔2〕 参见《民法总则立法背景与观点全集》,法律出版社2017年版,第205~206页。

〔3〕 参见李适时主编:《中华人民共和国民法总则释义》,法律出版社2017年版,第108页。

〔4〕 参见《24省市已有撤销监护权案件 受侵害儿童心理救助不能缺位》,载搜狐网:https://www.sohu.com/a/166083321_123753,2021年2月27日最后访问。

还不够丰富，未来社会发展如果需要，可以通过民事特别法予以确立。

二、民政部门申请认定成年人民事行为能力的民事诉权

根据《民法典》第24条，民政部门的民事诉权分为两类：其一，将不能辨认或者不能完全辨认自己行为的成年人，向人民法院申请认定其为无民事行为能力人或者限制民事行为能力人；其二，将被人民法院认定为无民事行为能力人或限制民事行为能力人的成年人，申请恢复为限制民事行为能力人或者完全民事行为能力人。前者适用于存在该成年人权益迫切需要保护，且没有利害关系人的情形；后者适用于民政部门担任监护人，或其他监护人滥用监护权导致被监护人权益损害的情形。利害关系人和其他组织没有及时提出申请的，民政部门应当提出。

（一）申请认定为无民事行为能力人或者限制民事行为能力人

《民法典》第24条第2款规定，申请恢复成年人为限制民事行为能力人或者完全民事行为能力人的主体为"本人、利害关系人或者有关组织"。而原《民法通则》第19条第2款规定，申请主体是"本人、利害关系人"。《民事诉讼法》第190条规定，申请主体是"无民事行为能力人、限制民事行为能力人或者他的监护人"。三者相比，《民法典》规定的申请主体更为广泛，在原《民法通则》基础上增加了"有关组织"。申请恢复为限制民事行为能力人或者完全民事行为能力人，有利于实现该成年人的行为自由，因此从立法政策上应当鼓励提出申请，扩张申请的主体。民政部门是监护人，应当作为"利害关系人"提出申请，切实保护被监护人的合法权益。民政部门不是监护人的，应当作为"有关组织"提出申请。没有"利害关系人"，或者"利害关系人"没有提出申请，本人又没有独立的申请能力，包括民政部门在内的"有关组织"，可以向人民法院申请，解除对其意思能力的限制，帮助其实现自主生活或相对的自主

生活。

在《民法总则(草案)》一审稿、二审稿、三审稿中,认定成年人为无民事行为能力人或者限制民事行为能力人的申请主体,均只局限于“利害关系人”。在立法过程中,有的意见指出,有些老人、精神疾病人,虽然已经处于无民事行为能力或者限制民事行为能力的状态,但因可能没有利害关系人,不能依法设立监护、确定监护人。为此,《民法总则(草案)》大会审议稿增加了“有关组织”[1]。在家庭监护和社会监护缺位时,民政部门作为负责社会救济和社会福利的主要工作部门,应当承担起兜底性的监护职责,为“老有所养”提供有力的法律支撑。民政部门享有民事诉权,申请认定成年人民事行为能力,是履行监护职责的前提和基础。

根据《民法典》第24条第1款,申请主体是“利害关系人或者有关组织”。其中,“利害关系人”是指本人的近亲属、债权人、债务人、其他愿意承担监护职责的人。根据最高人民法院《关于贯彻执行〈中华人民共和国民法通则〉若干问题的意见(试行)》(以下简称原《民法通则意见》)第12条的规定,近亲属包括配偶、父母、子女、兄弟姐妹、祖父母、外祖父母、孙子女、外孙子女。债权人和债务人为了行使债权或确定民事法律行为的效力,可以作为申请人。意定监护协议中的确定的监护人,也可以作为申请人。经该成年人住所地的居民委员会、村民委员会或者民政部门同意,愿意承担监护职责的其他亲属、朋友,也可以作为申请人。没有“利害关系人”或者“利害关系人”不愿意申请的,“居民委员会、村民委员会、学校、医疗机构、妇女联合会、残疾人联合会、依法设立的老年人组织”等可以申请。这些社会组织没有申请的,民政部门应当及时申请。

[1] 李适时主编:《中华人民共和国民法总则释义》,法律出版社2017年版,第73页。

认定为无民事行为能力或者限制民事行为能力，是对成年人行为自由的重大限制，必须从严掌握。民政部门提起申请，更应当从严掌握。全国需要长期照护的失能老人约有3700万人，需要监护的失能老人约有700万人。[1] 并不是任何符合无民事行为能力或者限制民事行为能力标准的成年人，都要被法院认定。因此这一条款适用的前提条件是，存在保护该成年人合法权益的迫切需要。如果该成年人有近亲属，其近亲属没有申请，但不存在歧视、侮辱、虐待或者遗弃的行为，民政部门也不宜依职权提起申请。如果该成年人没有近亲属，也没有其他愿意承担监护职责的人，居民委员会等也不具备相应的条件，但存在保护该成年人合法权益的迫切需要，民政部门作为承担监护职责的兜底性机构，应当及时提出认定民事行为能力的申请。如果没有及时提出申请，造成该成年人权益损害或者其他民事主体权益损害的，民政部门应当根据过错程度、因果关系等承担相应的赔偿责任。

民政部门提出申请，法院应当为该成年人指定代理人。最高人民法院《关于适用〈中华人民共和国民事诉讼法〉的解释》第352条规定，没有其他近亲属的，法院可以指定愿意担任代理人的关系密切的朋友为代理人；没有关系密切朋友的，法院可以指定被申请人所在单位或者住所地的居民委员会、村民委员会、民政部门为代理人。该司法解释确立了民政部门作为被申请人的兜底代理人，具有科学性和合理性。然而，该司法解释没有考虑民政部门作为申请人的情形。为了防止民政部门滥用权力，条件成熟时，应当修改该司法解释，增加法律援助律师作为被申请人的代理人，切实保护其最基本的民事权益。

（二）申请恢复为限制民事行为能力人或者完全民事行为能力人

在《民法总则（草案）》一审稿、二审稿、三审稿中，申请恢复成年人

---

〔1〕 参见《民法总则立法背景与观点全集》，法律出版社2017年版，第577页。

为限制民事行为能力人或者完全民事行为能力人的主体,均包括"本人、利害关系人和有关组织"。最后通过的《民法典·总则编》第 24 条第 2 款,申请主体仍然规定为"本人、利害关系人或者有关组织"。根据原《民法通则》第 19 条第 2 款,申请主体是"本人、利害关系人"。根据《民事诉讼法》第 190 条,申请主体是"无民事行为能力人、限制民事行为能力人或者他的监护人"。三者相比,《民法典·总则编》规定的申请主体更为广泛,增加了"有关组织"。有学者指出,《民事诉讼法》第 190 条规定本人及其监护人作为申请人,足以实现立法目的,不需要扩张。[1] 本书认为,申请恢复为限制民事行为能力人或者完全民事行为能力人,有利于实现该成年人的行为自由,因此从立法政策上应当鼓励提出申请,扩张申请的主体。本人没有利害关系人或者利害关系人不愿意提出申请的,由有关群团组织或者民政部门等提出申请,有助于帮助这部分成年人实现自主意愿。[2] 《民法典》修改了现行法,属于民事行为能力认定的制度创新,即不能忽视民政部门等的诉权。

《民法典》第 24 条第 2 款中的"利害关系人"不仅包括本人的监护人,还包括本人的其他近亲属等。民政部门是监护人,应当作为"利害关系人"提出申请,切实保护被监护人的合法权益。民政部门不是监护人的,应当作为"有关组织"提出申请。没有"利害关系人"或者"利害关系人"没有提出申请,本人又没有独立的申请能力的,包括民政部门在内的"有关组织"可以向人民法院申请,解除对其意思能力的限制,帮助其实现自主生活或相对的自主生活。成年人的监护人滥用权利,应当提出申请而没有提出申请的,也应当承担赔偿责任。

---

〔1〕 参见陈甦主编:《民法总则评注》(上册),法律出版社 2017 年版,第 168 页。
〔2〕 参见李适时主编:《中华人民共和国民法总则释义》,法律出版社 2017 年版,第 72 页。

三、民政部门等申请宣告失踪或宣告死亡的民事诉权

《民法典》第40条、第44条、第45条、第46条、第50条分别规定了申请宣告失踪、申请变更财产代管人、申请撤销失踪宣告、申请死亡宣告、申请撤销死亡宣告。这些条款规定的申请主体是“利害关系人”或“本人或利害关系人”。“利害关系人”一般是指近亲属、债权人、债务人、合伙人、共有人等。民政部门等行政机关,在特定情形下可以作为“利害关系人”提出申请。

(一)申请宣告失踪、申请变更失踪人的财产代管人、申请撤销失踪宣告

在立法过程中,学术界对“利害关系人”的范围,存在较大的争议。有学者认为,检察院作为宣告失踪的申请主体是西方国家的成功典范,就我国实际情况而言,检察院作为国家监督监察机关,为维护国家利益、公共利益和他人合法权益而提出申请,是十分必要的。[1] 梁慧星主持的《中国民法典草案建议稿·总则》(以下简称《民法总则(草案建议稿)》)第34条第2款明确规定:“本人无利害关系人或者利害关系人不提出申请的,为保护本人或者他人的合法权益,应当由人民检察院提出前款规定的申请。”而有学者认为,宣告失踪主要涉及失踪人财产的管理以及债权债务的清偿,在绝大多数情况下不会涉及国家和社会利益,检察院作为宣告失踪的申请人并不妥当。[2]

立法者对“利害关系人”是否包括检察院,是否包括行政机关,采取了回避的立场。《民法典·总则编》第40条、第44条、第45条并没有明确“利害关系人”的含义。根据原《民法通则意见》第24条的规定,申

---

〔1〕 参见吴斌:《论自然人宣告制度的条件及其民事责任的承担》,载《河北法学》2003年第1期。
〔2〕 参见王利明:《中国民法典学者建议稿及立法理由:总则编》,法律出版社2005年版,第84页。

请宣告失踪的利害关系人,包括被申请宣告失踪人的近亲属以及其他与被申请人有民事权利义务关系的人。“其他与被申请人有民事权利义务关系的人”主要包括债权人、债务人、合伙人、共有人等。在立法过程中,各方面对该条司法解释的规定基本没有争议,但普遍认为,为了保持灵活性,还是继续作为司法解释的内容较好。[1] 最高人民法院出台的《〈中华人民共和国民法总则〉条文理解与适用》也是继续坚持司法解释效力的立场。[2]

从比较法上看,的确很多国家的检察官可以提出申请。如《日本民法典》第26条规定,“家庭法院因利害关系人或检察官的请求,可以改任管理人”。《法国民法典》第112条规定,“监护法官得应有利害关系的当事人或检察官的请求,确定存在失踪的推定”。《意大利民法典》第48条规定,“基于利害关系人或合法的推定继承人或者检察官的请求”,“任命财产的管理人”。2017年6月修改后的我国《民事诉讼法》第55条第1款规定,“法律规定的机关和有关组织”可以对污染环境等损害社会公共利益的行为提起诉讼。第2款规定,在没有前款规定的机关和组织或者前款规定的机关和组织不提起诉讼的情况下,“人民检察院”可以向人民法院提起诉讼。检察院作为我国法律监督机关,享有兜底性的民事诉权,可以在行政机关不行使相应民事诉权时发挥补充的作用。

“利害关系人”是否包括行政机关,需要深入的研究。本书认为,民政部门、社会保障部门和公安部门等行政机关,如果与失踪人之间存在私法或者公法的权利义务关系,可以作为申请宣告失踪、变更财产代管人、撤销失踪宣告的利害关系人。民政部门、社会保障部门与失踪人之间,可能存在给付社会救助金或社会保障金的权利义务关系。这些公

[1] 参见张荣顺主编:《中华人民共和国民法总则解读》,中国法制出版社2017年版,第123页。

[2] 参见沈德咏主编:《〈中华人民共和国民法总则〉条文理解与适用》(上册),人民法院出版社2017年版,第335页。

法上的债权债务，可以类推适用私法上债权债务的规定。对于民政部门和社会保障部门的诉权，可以通过司法解释予以确定。而对于公安机关的诉权，如果要确立，必须通过立法的方式。公安机关是我国人口管理机关，负责自然人的出生、死亡等登记事项，负责查找失踪人报警的受理、初查和处置等。公安机关是自行解决失踪问题，还是让法院确认失踪问题，涉及公安机关、检察机关和审判机关的职责划分，涉及国家公权力的科学配置。公安机关实行相对严格的人口管理，进行户籍登记，具有浓郁的国家强制色彩。按照大部制改革的顶层制度设计，未来公安机关的户籍登记职能，可以移交民政部门，实现户籍登记和婚姻登记、收养登记的统一。这样民政部门可以更好发挥社会救助的职能，更好维护公共利益，集中处理宣告失踪等事宜。

（二）申请死亡宣告、申请撤销死亡宣告

有学者指出，失踪人无利害关系人，或虽有利害关系人但不提出死亡宣告，而不申请宣告死亡会造成国家或者集体利益损害的，由人民检察院提出申请。[1] 而有学者指出，以“稳定法律关系”为由，确定检察院有权申请宣告死亡，无异于强行规定只要失踪达到法定期限，就必须宣告失踪人死亡，这种做法有失合理。[2] 《民法典》第46条、第50条对此采取了回避的立场，表述为“利害关系人”。

没有利害关系人或者虽有利害关系人但不愿意提出宣告死亡，有时的确会损害社会公共利益。主要包括以下三种情形：其一，遗产无人继承。根据原《继承法》第32条，在遗产无人继承的情况下，如意外事件导致近亲属均死亡的，遗产依法应归属于国家或者集体。法院宣告该失踪人死亡后，国家或者集体可以获得相关财产的所有权。其二，享

〔1〕 参见尹田：《论宣告失踪与宣告死亡》，载《法学研究》2001年第6期。
〔2〕 参见王利明：《中国民法典学者建议稿及立法理由：总则编》，法律出版社2005年版，第94页。

受低保等社会保障的人长期失踪。此时,失踪人有"利害关系人",但"利害关系人"基于自身利益,不愿意申请失踪人死亡。其三,自然人长期失踪,没有利害关系人,身份登记信息长期不能注销。如空难等意外事件发生时,个人失踪人没有利害关系人,无法启动宣告死亡的程序。

按照传统做法,公民长期失踪,公安机关往往基于人口管理职责,直接注销其身份登记信息。按照《民法典》第46条的规定,公民长期失踪,必须经法院确认才能宣告死亡,才能注销其身份登记信息。这是司法最终决定的要求,也是民事权益保障的要求。这样从逻辑上看,公安机关要提出申请。然而,这涉及国家治理结构的重大问题,需要打破传统的观念。本书倾向于未来赋予民政部门更多的职责,负责公民的出生登记、死亡登记,并且宣告死亡也由民政部门提出申请。"宣告失踪和宣告死亡"与"民事权利能力和民事行为能力""监护"具有同等的法律地位,都是自然人的基本民事制度。《民法典》规定民政部门可以申请认定自然人的民事行为能力,可以提起撤销自然人的监护人,赋予其申请宣告失踪和宣告死亡的职责,才具有逻辑的一致性。当前,民政部门如果不是失踪人的监护人,还不宜提出相关的申请。如果民政部门该提出而不提出,检察院作为法律监督机关可以提起,从而保护相关人的合法权益。

四、民政部门等请求保护英雄烈士等人格权益的民事诉权

《民法典·总则编》第185条规定:"侵害英雄烈士等的姓名、肖像、名誉、荣誉,损害社会公共利益的,应当承担民事责任。"英雄烈士的近亲属,可以向法院起诉,要求追究侵权人的侵权责任。如果英雄烈士没有近亲属,作为维护英雄烈士权益的民政部门和军队政治机关等,应当提起相应的诉讼。

(一)英雄烈士等人格权益保护的特殊意义

对英雄烈士等的人格权益进行特别保护,并不违背民法平等原则。《民法典》第994条规定:“死者的姓名、肖像、名誉、荣誉、隐私、遗体等受到侵害的,其配偶、子女、父母有权依法请求行为人承担民事责任;死者没有配偶、子女且父母已经死亡的,其他近亲属有权依法请求行为人承担民事责任。”如果没有近亲属,自然人死亡后的相关人格权益,就很难得到保护。英雄烈士等的人格权益,涉及社会公共利益,应立法予以特别保护。一些人利用歪曲事实、诽谤抹黑等方式恶意诋毁侮辱英雄烈士的名誉、荣誉等,损害了社会公共利益,社会影响很恶劣。[1] 如果英雄烈士等的近亲属,因各种原因不愿提起相关诉讼,在必要时国家有关部门可以提起。国家可以对英雄烈士等的近亲属提供法律援助,实行诉讼费缓交或减免等措施。

(二)民政部门和军队政治机关等提起诉讼的主要原因

有学者主张,应当由各级人民检察院行使保护英雄烈士等人格权益的民事诉权。[2] 有法官建议,“英雄烈士等”生前所在单位、民政部门或军队政治机关以及检察机关,可以作为申请主体。[3] 在比较法上,有国家规定的是检察院提起诉讼。比如,《匈牙利民法典》第86条规定:“如果损害死者(或者已撤销的法人)声誉的行为同时也损害社会利益,则检察长也有权提起诉讼。”《英雄烈士保护法》第25条规定,被侵害的英雄烈士没有近亲属或者近亲属不提起诉讼的,检察机关可以对侵害英雄烈士的姓名、肖像、名誉、荣誉,损害社会公共利益的行为依法向人民法院提起诉讼。

---

〔1〕 参见李适时主编:《中华人民共和国民法总则释义》,法律出版社2017年版,第579~580页。

〔2〕 参见梁慧星:《〈民法总则〉重要条文的理解与适用》,载《四川大学学报(哲学社会科学版)》2017年第4期。

〔3〕 参见茆荣华主编:《〈民法总则〉司法适用与审判实务》,法律出版社2017年版,第398页。

本书认为,民政部门和军队政治机关等提起诉讼,更符合实际情况。首先,要明确“英雄烈士等”的含义。法律意义上的“英雄烈士”是指“人民英雄”与“烈士”所组成的整体。“人民英雄”主要是中国共产党、人民军队和中华人民共和国历史上涌现的人民英雄。“等”字表示,与英雄、烈士具有同类性质、同类贡献的人,也应当是法律特别保护的对象。在中国特色社会主义建设和保卫祖国中作出巨大贡献、建立卓越功勋的杰出人士也应当包括在内。其次,根据《烈士褒扬条例》和《军人抚恤优待条例》的规定,民政部门负责烈士的认定,军队政治机关负责现役军人死亡批准为烈士的审批。受传统观念影响,民政部门和军队政治机关更多关注英雄烈士的相关财产权益。随着民事权益观念的变迁,人格权益的保护越来越重要。针对侵害英雄烈士人格权益的行为,民政部门和军队政治机关应当及时提起诉讼。再次,对于没有认定或无法认定为“烈士”的英雄或其他杰出人士的保护,并没有具体的行政主管机关。目前,检察院作为兜底的民事公益诉讼提起机关,可以弥补法律没有规定有关机关或有关机关不提起的不足。未来民政部门的职责应当扩大,作为“英雄烈士等”的兜底保护机关。最后,“英雄烈士等”生前所在单位不宜提起诉讼。《民法典·总则编》取消了单位作为监护人的规定,肯定了单位独立的经济利益,扩大了社会组织参与社会管理的职权。

(三)民政部门和军队政治机关等提起诉讼的范围界定

保护英雄烈士等的人格权益,不能以“姓名、肖像、名誉、荣誉”为限。有观点认为,从文义解释上看,立法者并没有使用概括性词语,说明立法者系有意为之,因此应当限缩解释,不宜认为包括隐私利益。[1]

---

〔1〕 参见沈德咏主编:《〈中华人民共和国民法总则〉条文理解与适用》(下册),人民法院出版社2017年版,第1224页。

本书认为,虽然立法者没有使用“等”的不完全列举表达,但根据体系解释,特别是《民法典》第109条一般人格权的规定,保护的范围应当是扩张的。非法利用、损害遗体、遗骨,或者以违反社会公共利益的其他方式损害一般人格利益的,同样应当受到惩罚。保护英雄烈士等的人格权益,以“损害社会公共利益”为限。2016年10月,最高人民法院发布人民法院依法保护“狼牙山五壮士”等英雄人物人格权益典型案例,强调英雄人物的事迹、形象和精神价值,已经成为中华民族共同记忆和民族感情的一部分。[1] 据此,侵害英雄烈士等的人格权益,就推定“损害社会公共利益”,民政部门和军队政治机关等就可以提起诉讼,并且不需要对此举证。当然,民政部门和军队政治机关等不提起,检察机关可以提起。

五、法人主管机关申请指定法人清算组成员的民事诉权

《民法典》第70条第3款规定,清算义务人未及时履行清算义务,主管机关或者利害关系人可以申请人民法院指定有关人员组成清算组进行清算。该条与《公司法》等法律以及相关司法解释的关系,需要进一步梳理。主管机关如何确定,在何种情况下需要向法院申请指定法人清算组成员,也需要深入研究。

(一)法人主管机关申请指定清算组成员的原因分析

从比较法来看,行政机关可以请求法院指定清算组成员。在英国公司法中,国务大臣、金融服务局、社区利益公司监管人等,可以作为申请主体。[2] 《日本民法典》第75条规定,无前条规定的清算人,或因清算人欠缺而有产生损害之虞时,法院可以因利害关系人或检察官的请

〔1〕 参见《最高法发布保护英雄人物人格权益典型案例》,载搜狐网:http://news.sohu.com/20161019/n470679963.shtml,2021年2月27日最后访问。

〔2〕 参见葛伟军:《英国公司法要义》,法律出版社2014年版,第472页。

求或依职权选任清算人。

《民法典》第70条第3款中的“主管机关”,应当限缩解释为“业务主管机关”。主管机关是国家管制社会观念的表达,既包括业务主管机关,也指登记主管机关。营利法人的登记机关是工商部门,非营利法人的登记机关是民政部门。改革的方向是放松管制,鼓励自治,并不是每一个法人都有业务主管机关。基于公司自治的制度安排,大部分公司并没有业务主管机关。对于营利法人,登记机关是工商部门。对于非营利法人,登记机关是民政部门。工商部门和民政部门原则上只负责法人登记事宜,并不具有业务管理的职能。法人终止原则属于私人自治的范畴,如不涉及公共利益,公权力就不能干预。根据《公司法》第6条第2款和第12条第2款,公司审批才能设立的,或经营范围须经审批的,才受业务主管机关的管理。根据2015年《行业协会商会与行政机关脱钩总体方案》的规定,行业协会商会依法直接登记和独立运行,取消行政机关(包括下属单位)与行业协会商会的主办、主管、联系和挂靠关系。法人终止原则属于私人自治的范畴;如不涉及公共利益,公权力就不能干预。

主管机关作为申请法院指定清算组成员,是《民法典》作出的重大制度变革。对于申请主体,《公司法》第183条规定了“债权人”,原最高人民法院《关于适用〈中华人民共和国公司法〉若干问题的规定(二)》(以下简称原《公司法司法解释二》)第7条第3款增加了“股东”。2020年12月23日修改,2021年1月1日开始实施的《公司法司法解释二》第7条规定:“公司应当依照民法典第七十条、公司法第一百八十三条的规定,在解散事由出现之日起十五日内成立清算组,开始自行清算。有下列情形之一,债权人、公司股东、董事或其他利害关系人申请人民法院指定清算组进行清算的,人民法院应予受理:(一)公司解散逾期不成立清算组进行清算的;(二)虽然成立清算组但故意拖延清算的;

（三）违法清算可能严重损害债权人或者股东利益的。"《农民专业合作社法》第 48 条第 2 款规定，申请法院指定清算组的主体，局限于成员和债权人，同样不包括主管机关。"主管机关"提起申请指定清算组成员的诉讼，目前主要体现在慈善等特殊领域。《慈善法》第 18 条第 2 款规定，慈善组织决策机构不成立清算组或者清算组不履行职责的，民政部门可以向法院提起申请指定清算组成员的诉讼。立法者对此的解释是，慈善组织作为非营利组织，涉及社会公共利益，与公司的营利性质有所不同，申请主体有所不同，因此赋予民政部门申请人民法院指定组成清算组的权利。[1]《民法典》赋予所有法人的主管机关向法院申请指定清算组成员，并不仅仅是针对慈善组织的主管机关。《公司法》和《农民专业合作社法》等特别法及其司法解释，需要适时予以修改。根据《商业银行法》第 70 条、《民办教育促进法》第 58 条等，在保险、银行、证券、信托、民办学校等领域，"业务主管机关"可以自行组织清算组，而不必要通过诉讼程序。哪些领域主管机关可以自行确定清算组成员，哪些领域主管机关要通过诉讼的方式，需要随着实践的发展，进一步予以明确化。

（二）法人主管机关申请指定清算组成员的范围限定

"业务主管机关"提起申请指定清算组成员的诉讼，原则上应当限定在行政解散的情形。《民法典》第 69 条规定，法人解散事由包括"依法被吊销营业执照、登记证书，被责令关闭或者被撤销"等。"吊销营业执照、登记证书，被责令关闭"与"被撤销"不同，前者是行政处罚，仍然具有法人资格，只是违法需要处理。后者不是行政处罚，是对不符合登记条件的法人，予以撤销。两者的法律界定虽然不同，但都属于行政解

〔1〕 参见李适时、李立国主编：《中华人民共和国慈善法释义》，中国民主法制出版社 2016 年版，第 69 页。

散,主管机关提出指定清算组成员的申请,具有正当性。对于自愿解散,法人主管机关原则上应当尊重当事人的意思。根据《慈善法》第18条第2款,在自愿解散中,不成立清算组或者清算组不履行职责,民政部门就有权向法院提起申请指定清算组成员的诉讼。

法人主管机关申请指定清算组成员,目前不适用于法人主管机关自行组织清算的情形。与原《民法通则》第47条相比,《民法典》第70条删去了"主管机关"组织清算的职责,增加了"主管机关"申请确定清算组成员的义务。根据现行民事特别法,在保险、银行、证券、信托、民办学校等领域,主管机关可以自行组织清算组,而不必要通过诉讼程序申请法院指定清算组成员。如《商业银行法》第70条规定,商业银行被吊销营业执照的,银行业监督管理机构应当依法组织清算。《保险法》第149条规定,保险公司被吊销营业执照,或偿债能力明显过低,保险监督管理机构应当依法组织清算。《民办教育促进法》第58条规定,民办学校被审批机关依法撤销的,由审批机关组织清算。这些民事特别法规定的主管机关自行组织清算,上位法是原《民法通则》第47条以及原《民法通则意见》第59条。行政机关自行组织清算,在有计划的商品经济时代,具有合理性。但随着市场在资源配置中决定作用的提出,公司清算越来越具有专业性。行政机关向法院申请确定清算组成员,通过市场化的社会中介机构解决清算中的问题,更具有国家治理现代化的意义。未来改革的方向是,减少或者取消法人主管机关自行组织清算的权限。

六、捐助法人主管机关请求撤销捐助法人决议的民事诉权

《民法典》第94条规定,捐助法人的决策机构、执行机构或者其法定代表人作出决定的程序违反法律、行政法规、法人章程,或者决定内容违反法人章程的,捐助人等利害关系人或主管机关可以请求人民法

院撤销该决定。对于我国捐助法人主管机关的此类诉权,在法律适用中应当把握三点。

(一)捐助法人主管机关请求撤销决议的原因分析

捐助法人包括基金会、社会服务机构和宗教活动场所等。捐助法人的登记主管机关是民政部门;业务主管机关可能是民政部门,也可能是其他部门。根据《基金会管理条例》第 7 条的规定,基金会的主管机关是国务院有关部门或其授权的组织,或省、自治区、直辖市人民政府有关部门或其授权的组织。如民政部为中华社会救助基金会的业务主管机关,卫健委为中国医学基金会的业务主管机关,中国法学会为中国法学交流基金会的业务主管机关。根据《社会服务机构登记管理暂行条例》第 6 条的规定,社会服务机构的主管机关为县级以上人民政府的有关部门或授权的有关组织。根据《宗教事务条例》第 6 条的规定,宗教活动场所的主管机关为县级以上人民政府宗教事务部门。

捐助法人"主管机关"向法院提起撤销决议的诉讼,只是最后的救济路径。该条的表述是"利害关系人或主管机关",比"主管机关或者利害关系人"更符合立法目的,因为主管机关的民事诉权只是处于补充作用。"利害关系人"包括捐助财产的受益人、捐助人的近亲属等。"主管机关"依法享有行政职责,可以责令捐助法人负责人依法承担相应行政责任,建议捐助法人自行撤销决议。这里的建议权,是行政权行使的新特征,符合软法治理的要求。如果捐助法人拒不撤销,捐助人等"利害关系人"也没有及时起诉,"主管机关"可以提起起诉。赋予主管机关诉权,加大了对捐助法人的监督力度,保护了捐助人的权益。

(二)捐助法人主管机关提起诉讼的类型

《民法典》第 94 条规定,捐助法人的决策机构、执行机构或者其法定代表人作出决定的程序违反法律、行政法规、法人章程,或者决定内容违反法人章程的,"捐助人等利害关系人或主管机关"可以请求人民法院撤销该决定。

首先,“主管机关”向法院提起撤销决定的诉讼,只是最后的救济路径。该条的表述是“利害关系人或主管机关”,比《民法典》第 71 条第 3 款的表述“主管机关或者利害关系人”更恰当。

其次,该条款的类推适用,需要类型化处理。其一,“主管机关”可以提起捐助法人决议不存在之诉和决议无效之诉。确定决议效力是法院的职权,因此“主管机关”不能自行确定决议的效力。决议不存在之诉和决议无效之诉,与决议撤销之诉具有类似性,应当可以参照适用。其二,“主管机关”可以提起其他非营利法人决议撤销之诉。《民法典》第 95 条规定,不能按照法人章程规定或者权力机构的决议处理的,由主管机关主持转给宗旨相同或者相近的以公益为目的的法人,并向社会公告。该条款也有“主管机关”的表述。对于事业单位法人、社会团体法人、社会服务机构法人等的决议撤销,必要时也可以参照,因为这往往涉及国家利益和社会利益。其三,“主管机关”不能提起营利法人决议撤销之诉。《民法典》第 85 条规定,请求撤销营利法人的权力机构、执行机构决议的主体限定在“营利法人的出资人”。该条规定范围应当适当扩张,不能只限于股东,还应包括董事、监事等,但不能扩张到“主管机关”。

《民法典》第 94 条只规定了捐助法人主管机关提起决议撤销之诉,而没有规定提起决议不成立或决议无效的诉讼。这并不是立法疏漏,决议可撤销属于法人内部事宜,因此放在法人一章予以规定。[1] 决议的成立与效力适用《民法典·总则编》第六章“民事法律行为”的规定。决议不存在之诉和决议无效之诉,与决议撤销之诉,具有类似性,应当可以参照适用。最高人民法院《关于适用〈中华人民共和国公司法〉若

〔1〕 参见李适时主编:《中华人民共和国民法总则释义》,法律出版社 2017 年版,第 293 页。

干问题的规定(四)》(以下简称原《公司法司法解释四》)第5条对股东会或者股东大会、董事会决议不成立的事由,作出了具体的规定。对此可以参照适用,如虚构决议、未对决议事项进行表决、表决人数不符合章程规定等,均构成决议不成立。《民法典》第146条、第153条等规定了民事法律行为的无效,这对于捐助法人决议同样适用。

(三)捐助法人主管机关民事诉权的参照适用

其他非营利法人主管机关必要时,可以提起决议撤销之诉、决议不成立之诉或无效之诉。《民法典》第95条规定,不能按照法人章程规定或者权力机构的决议处理的,由主管机关主持转给宗旨相同或者相近的以公益为目的的法人,并向社会公告。该条款也有"主管机关"的表述。事业单位法人、社会团体法人等其他非营利法人与捐助法人虽然具有重大的区别,但都是以非营利为目的。事业单位、社会团体、基金会和社会服务机构等,并不是严格的二元划分,可能存在分类的模糊,存在分类的交叉。因此,其他非营利法人必要时也可以参照《民法典》第94条第2款的规定,维护国家利益和社会利益。

其他非营利法人主管机关可以提起撤销剩余财产不当分配决议的诉讼。《民法典》第95条规定了为公益目的成立的非营利法人终止时剩余财产的处置。该条包括三层含义:其一,不得向出资人、设立人或者会员分配剩余财产;其二,剩余财产要用于公益目的;其三,无法按照章程或决议处理的,主管机关主持转给宗旨相同或者相近的法人。如果非营利法人终止时,通过决议不当处分了剩余财产,用于非公益目的,该法人的主管机关有权提起民事公益诉讼。从理论上看,法人的主管机关可以责令非营利法人及其相关责任人退还剩余财产,还可以进行行政处罚等。然而,是否用于非公益目的,通过法院审理予以确定,更能凸显司法权的权威。毕竟,要求返还财产,更多属于民法上的诉权。

营利法人主管机关不能提起决议撤销之诉,也不能提起决议不成立或无效之诉。《民法典》第 85 条规定,请求撤销营利法人的权力机构、执行机构决议的主体限定在“营利法人的出资人”。《公司法》第 22 条第 2 款和原《公司法司法解释四》第 2 条,与该条规定一致,原告主体资格应当具有股东资格。对于决议不成立或者无效之诉,《民法典》对原告主体资格没有规定。原《公司法司法解释四》第 1 条规定,公司股东、董事、监事等具有原告主体资格。据此,营利法人决议不成立或者无效之诉的原告主体资格,应当适当扩张,不能只限于股东,还应包括董事、监事、职工、债权人等,但不能扩张到“主管机关”。2020 年 12 月 23 日修改,2021 年 1 月 1 日开始实施的《公司法司法解释四》第 2 条规定:“依据民法典第八十五条、公司法第二十二条第二款请求撤销股东会或者股东大会、董事会决议的原告,应当在起诉时具有公司股东资格。”第 4 条规定:“股东请求撤销股东会或者股东大会、董事会决议,符合民法典第八十五条、公司法第二十二条第二款规定的,人民法院应当予以支持,但会议召集程序或者表决方式仅有轻微瑕疵,且对决议未产生实质影响的,人民法院不予支持。”

七、行政机关民事诉权的理论反思

《民法典·总则编》包括至少有 10 个行政机关民事诉权条款,由此引发的民法理念变迁以及国家治理理念的变迁,需要从理论上系统予以梳理。应当充分发挥行政机关民事诉权的功能,扩大社会组织的民事诉权,充分发挥检察院民事诉权的补充作用。学术界应当充分借鉴“政治—法学”的研究范式,将民法典编纂提高到政治文明建设的高度,推动国家治理能力和治理体系的现代化。

(一)行政机关民事诉权的定位

有学者认为,行政机关可以通过行政处罚和行政强制等手段,督促违法者纠正违法行为,而不需要采取民事公益诉讼的方式。行政机关提起民事公益诉讼，会造成行政权与司法权的功能错位，使民事诉讼结构失衡，还可能会成为遮掩行政失误的“合法”手段，滋生权力“寻租”和利益勾兑行为。[1] 而有学者认为，对行政机关提起民事公益诉讼，应当保持开放、乐观的态度，担忧遮盖行政失误就不让提起公益诉讼，是一种因噎废食的非理性选择。[2] 2012 年修改后的《民事诉讼法》第 55 条第 1 款规定：“对污染环境、侵害众多消费者合法权益等损害社会公共利益的行为，法律规定的机关和有关组织可以向人民法院提起诉讼。”

本书认为，行政机关提起民事公益诉讼，具有正当性。行政主管机关等有关机关，作为公共利益的主要维护者和公共事务的管理者，就其职责范围内，提起民事公益诉讼，可以弥补行政手段的不足。行政罚款等行政手段，难以填补环境污染和生态破坏等损害公共利益造成的损失，对违法者的威慑不够。监管部门因地方保护主义或者受其他因素制约等原因，不能为或者消极不作为，因此允许行政机关提起民事公益诉讼，可以弥补行政监管的局限。针对污染环境、侵害众多消费者合法权益的案件多发，损害公共利益的情况比较严重，《民事诉讼法》明确予以规定。同时，为扩大适用留下空间，立法采取了“等”的兜底性规定。

传统行政权直接介入民事生活，是计划经济体制的产物。弘扬私法自治精神，减少国家公权力对市民社会的不当干涉，仍然是我国民法典编纂应当坚持的首要原则。我国《民法典》第 1 条立法目的条款，两次使用了“社会主义”，使用“维护社会和经济秩序”的表述，而不是“维护经济和社会秩序”。第 128 条明确规定，对未成年人、老年人、残疾人、妇女、消费者等的民事权利，实行特别保护。根据党的十九大的报告，中国特色社会主义进入新时代，我国社会主要矛盾已经转化为人民

〔1〕 参见唐玉富：《公益诉讼原告主体范围之扩张》，载《浙江工商大学学报》2015 年第 2 期。
〔2〕 参见王胜明主编：《中华人民共和国民事诉讼法释义》，法律出版社 2012 年版，第 105 页。

日益增长的美好生活需要和不平衡不充分的发展之间的矛盾。在此背景下，民法社会化进程不断加快，弱势群体保护正在成为立法的重点。行政主管机关作为特定民事领域公共利益的维护者，提起民事公益诉讼，既可以促使其依法行政，又可以利用民事诉讼程序弥补行政手段的不足。

在认定自然人民事行为能力、监护、宣告失踪、宣告死亡、变更失踪人财产代管人等领域，弱势群体的权益保护需要行政权的积极介入。在维护慈善组织和捐助人合法权益、维护英雄烈士合法权益等领域，也需要行政权的积极介入。行政机关向法院申请提起申请认定成年人民事行为能力、撤销监护人资格、申请宣告失踪或宣告死亡、请求撤销捐助法人决议、申请确定法人清算组成员、保护英雄烈士人格利益等，属于行政权行使方式的重大创新。行政权虽然介入了民事生活，但只是通过司法裁判的途径介入，一方面坚持司法最终决定的理念，另一方面也避免了行政权的不当干预，展示了国家治理的新理念。

（二）社会组织民事诉权的定位

随着参与制民主的发展，国家公权力呈现向社会转移的趋势，各种社会团体、行业协会、自治团体等发挥越来越重要的作用。社会组织的整体实力不断提升，已经成为政府职能的主要承接者、公共服务的重要提供者，是国家治理不可或缺的重要力量。现代治理的核心是治理主体的多元化和非中心化，从“国家统治”到“国家治理”，关键是国家不再垄断所有的治理事项，而是让社会组织成为治理主体。《民事诉讼法》第 55 条第 1 款赋予环保组织和消费者协会等社会组织，提起民事公益诉讼的权利。这是社会组织参与公共治理的重要表现，也是国家治理能力和治理体系现代化的重要支撑。因此，从政策导向看，需要鼓励符合条件的社会组织提起诉讼，发挥其在国家治理中的作用。

根据《民法典》第 24 条和第 36 条，民政部门申请认定自然人民事行为能力，申请撤销监护人资格，是以居民委员会、村民委员会、学校、医疗机构、妇女联合会、残疾人联合会、依法设立的老年人组织等社会组织不及时行使相应诉权为前提的。民政部门是监护职责的法定兜底部门，国家监护只发挥最后的补充作用。充分发挥各种社会组织的职能，有利于减轻民政部门的工作压力。实践中，未成年人救助保护机构、共青团、机关工委、工会等都可以作为申请主体。

对于法人主管机关向法院申请指定清算组成员，捐助法人主管机关向法院申请撤销捐助法人决议，《民法典》第 70 条和第 94 条并没有规定与此相对应的社会组织诉权。目前需要鼓励符合条件的社会组织提起诉讼，发挥其在国家治理中的作用。如可以考虑慈善业协会分担捐助法人主管机关的部分职责，赋予其申请撤销捐助法人决议的诉权。但是否赋予其他行业协会如银行业协会、保险业协会、证券业协会等申请指定清算组成员的权限，需要进一步研究。毕竟按照目前的法律规定，金融机构主管机关可以自行组织清算组，不需要经法院指定程序。

对于民政部门等提起保护英雄烈士等人格权益相关的诉讼，应当由英雄烈士等的户籍所在地或住所所在地的民政部门管辖。为了更好保护英雄烈士等人格权益，国家应当鼓励设立各种英雄烈士等的保护组织，以减轻民政部门的诉讼压力。可以考虑成立英雄烈士等的保护协会，或者成立保护英雄烈士等的基金会。《英雄烈士保护法》规定了检察机关可以提起民事公益诉讼。从未来发展看，应当增加社会组织的民事诉权，可以通过司法解释的方式确定。

当然，并不是任何行政机关民事诉权，都需要相应的社会组织诉权相配套。如《民法典》第 46 条只是笼统规定为“利害关系人”。按照本书前面的论述，在公安部门人口管理的职能移交民政部门后，民政部门可以作为申请宣告死亡的主体。相关社会组织如果不是失踪人的监护人,不宜作为申请宣告死亡的主体。因为死亡宣告是重大事件,会产生一系列私法和公法上的法律后果。如果没有利害关系人,则应当由行政机关集中统一行使,以避免管理的混乱,徒增操作成本。

(三)检察院民事诉权的定位

最高人民检察院发布的《关于强化检察职能、依法保护国有资产的通知》,强调"检察机关应充分发挥检察职能,对侵害国家利益、社会公共利益的民事违法行为提起诉讼"。2017 年 6 月修改后的我国《民事诉讼法》第 55 条第 1 款明确规定了检察院兜底性的民事诉权。检察院享有《民法典》规定的相关行政机关的民事诉权,也享有基于社会公共利益保护需要的其他民事诉权。

从实然看,检察院在行政机关提起公益诉讼过程中,发挥了重要作用。2015 年 2 月,检察机关支持起诉的全国首例民政部门申请撤销监护权案件,在江苏省徐州市铜山区法院开庭审理并当庭判决。[1] 2017 年 12 月,湖南省道县法院作出一起撤销监护权的判决,这起案件均系上海市青浦区检察院建议湖南省道县民政局启动的撤销未成年人监护权之诉,也是全国首例检察机关跨区域督促异地撤销监护权的案件。[2] 2017 年 10 月,北京市首例民政部门申请撤销监护人资格案件得到及时有效的解决,主要得益于公安、检察、法院、民政、团委、妇联、社工机构、法援律师等机关、机构的共同努力。[3] 在这些案件中,检察院向民政局发出了检察建议书,建议其提起申请撤销监护人资格的诉讼;并向法院递交了支持起诉意见书,阐述了相关的案件事实和法律适用。甚至在

〔1〕 参见《检方支持起诉的首例民政部门申请撤销监护权案宣判》,载正义网:http://news.jcrb.com/jxsw/201502/t20150206_1475899.html,2021 年 2 月 27 日最后访问。

〔2〕 参见《全国首例检察机关督促异地撤销监护权案件判决》,载正义网:http://news.jcrb.com/jxsw/201801/t20180101_1830729.html,2021 年 2 月 27 日最后访问。

〔3〕 参见《海淀法院审结北京市首例民政部门申请撤销监护人资格案件》,载北京法院网:http://bjgy.chinacourt.gov.cn/article/detail/2017/10/id/3029128.shtml,2021 年 2 月 27 日最后访问。

有的案件中,检察官还多次陪同承办法官去案发地等调查取证。[1] 在这些案件中,提起诉讼的主体是民政部门,检察院只是行使相应的建议权和监督权。虽然早在2003年,山东省乐陵市检察院就针对某化工厂污染环境的行为提起公益诉讼,然而检察院直接提起民事公益诉讼的案件还比较少,需要其更加积极行使民事诉权。如目前对于有权申请宣告失踪和宣告死亡等的行政机关,立法还没有正式确定。从解释论上,检察院可以对此提出申请,充分发挥兜底性作用,强化弱势群体利益的保护。

综上所述,民法典编纂绝不仅仅是平等主体之间的私权关系,更是国家公权力运行方式的改革。民法典是民事生活的基本法,也应当成为国家公权力的行为准则。《民法典》中行政机关民事诉权条款,具有深层次的立法理由,落实好实现好将产生良好的社会效果。行政权应当在有限政府和责任政府的构建中,推动这些条款更为有效地实施。《处理监护人侵害未成年人意见》只规定民政部门申请撤销未成年人监护人资格,而没有规定民政部门申请撤销成年人监护人资格,应当进行修改完善,统一规定。不能辨认或者不能完全辨认自己行为的成年人没有近亲属,也没有其他愿意承担监护职责的人或有关组织的,民政部门作为承担监护职责的兜底性机构,应当及时向法院提出认定该成年人民事行为能力的申请。民政部门是成年人的监护人,或民政部门虽然不是成年人的监护人,但其监护人拒不申请或怠于申请的,民政部门也可以向法院提出将该成年人恢复为限制民事行为能力人或者完全民事行为能力人的申请。民政部门、社会保障部门和公安部门等行政机关,如果与失踪人之间存在私法或者公法的权利义务关系,可以作为宣

---

〔1〕 参见赵聊、李庆:《未成年人检察公益诉讼制度构建研究——以全国首例民政部门申请撤销监护权案为例》,载《青少年犯罪问题》2015年第5期。

告失踪或宣告死亡的申请主体。民政部门和军队政治机关等,可以作为维护英雄烈士等人格权益的诉讼主体。法人主管机关向法院申请指定清算组成员,目前主要适用于慈善组织等领域,未来应当扩大适用范围,逐步取消法人主管机关自行组织清算的权限。捐助法人主管机关可以请求法院撤销捐助法人决议、确认决议无效或不成立,其他非营利法人主管机关必要时可以参照适用。行政机关这些民事诉权对法院的审判工作提出了新的挑战,需要实务界和学术界高度关注。《最高人民法院公报》2007 年第 6 期刊载的《高淳县民政局诉王昌胜、吕芳、天安保险江苏分公司交通事故人身损害赔偿纠纷案》中,驳回了高淳县民政局的起诉。2011 年,最高人民法院民一庭系统梳理诸多类似案件后认为,因侵权行为导致流浪乞讨人员等身份不明人员死亡,在法律未明确授权的情况下,民政部门等行政部门或其他机构无权向人民法院提起民事诉讼。[1] 2012 年、2017 年《民事诉讼法》进行了两次修改,确立了民事公益诉讼制度。《民法典·总则编》确立了以家庭监护为基础、社会监护为补充、国家监护为兜底的监护体系,为有关社会组织和民政部门提起民事公益诉讼或民事公益非诉程序,提供了有力的法律支撑。因此,法院应当及时更新观念,积极回应新时代的社会需求,充分发挥司法在国家治理现代化进程中的作用。

---

〔1〕 参见《民事审判指导与参考》(第 2 辑),人民法院出版社 2011 年版,第 118 页。

CHAPTER 02 >>

第二章

《民法典·物权编》中行政权运行规范

《民法典·物权编》中有大量的行政权运行规范，需要区分不同的情形，科学阐释特定语境下的物权与行政权关系。不动产登记规范和动产登记规范是物权与行政权关系的最直接表现。国家所有权、集体所有权，以及具有公共属性的业主共有权的行使，均需要行政权的积极参与。现代社会的相邻关系出现了更多的行政管制，需要妥当处理私法上的相邻关系和公法上的相邻关系。物权与行政权的关系，具有多元性。行政权不干预物权，行政机关负有不得妨碍和侵犯物权的义务。行政权确认物权，如不动产物权和机动车、船舶、航空器等特殊动产的公示，需要行政机关登记确认。行政权审批物权，如探矿权、采矿权、宅基地使用权等用益物权的设立，需要行政权的批准。行政权指导物权，如地方人民政府有关部门应当指导、协助业主大会的成立和业主委员会的选举。行政权裁决物权，如对于土地权属纠纷，行政机关可以调解、裁决。行政权行使物权，如国有资产的行使主体是行政机关,主要是国资委和土地管理部门。行政权保护物权,如物权受到侵害时,除了民事救济外,还有行政救济。

第一节 《民法典·物权编》中的不动产登记规范

《民法典》对不动产物权登记的效力、不动产登记机构的审查职责、不动产登记机构的赔偿责任、不动产登记资料的查询等,作出了具体的规定。不动产冒名登记、不动产登记错误的赔偿和不动产登记资料的查询等问题,实践中仍然存在争议,需要进一步深入地分析。不动产冒名处分,是否构成善意取得,不动产登记机构要不要承担赔偿责任,学术界存在较大的争议,司法裁判也不统一。不动产登记信息是否属于政府信息,查询的范围如何确定也存在较大的争议。不动产登记更多是民事登记,要更多地运用民法思维,更多地运用民事权利思维。《民法典·物权编》中不动产登记规范的解释与适用,要更多考虑不动产物权公示的立法目的,而不是过分强调不动产登记中的行政权。

一、不动产冒名登记的权属争议

不动产冒名登记是不动产冒名处分的重要类型,主要是指假冒他人身份进行不动产的抵押或转让等。保护交易第三人,还是真实权利人,学术界和实务界存在不同的观点。从诉讼模式来看,有当事人选择了民事诉讼,有当事人选择了行政诉讼。不动产登记是行政确认行为,还是不动产公示行为,是学术界讨论的深层次问题,也是不同当事人主张自身权益的前提和基础。

(一)民事案件的不同裁判

第一,合同不成立。在夏某与淮南通商农村商业银行股份有限公司抵押权纠纷一案中，安徽省淮南市田家庵区人民法院认为，合同中夏某的签名及指印，均不是夏某本人所签所捺，因此，该合同缺乏成立要件。[1] 在兴业银行股份有限公司上海淮海支行与上海洛丹商贸有限公司、张某等金融借款合同纠纷一案中，上海市静安区人民法院认为，《最高额抵押合同》约定以张某、陈某甲、陈某乙三人共有的房产作为抵押担保物，但处分共有的不动产应当经全体共同共有人同意，陈某甲的签名系伪造，且事后陈某甲亦未予以追认，故不能认定上述三被告与原告形成了抵押担保的合意，该合同不成立。[2]

第二，合同无效。在陈某甲与陈某乙、付某房屋买卖合同纠纷一案中，黑龙江省哈尔滨市道外区人民法院认为，被告陈某乙在其父亲陈某丙死亡后，自行邀请冒名陈某丙的长者与被告付某在房屋管理部门签订房地产买卖合同，被告陈某乙将该房出售给被告付某的行为损害了原告的合法权益，同时蒙骗房屋管理部门，系属以合法形式掩盖非法目的，被告陈某乙与被告付某签订的房屋买卖合同应属无效。[3] 在李某、干某等与刘某房屋买卖合同纠纷一案中，上海市第二中级人民法院认为，冒名签订的处分房屋的"协议"损害了他人的合法利益，且真实权利人并未对"协议进行追认"，所以"协议应归于无效"。[4] 在嘉兴市佳实典当有限责任公司因与被申请人葛某、黄某民间借贷纠纷一案中，浙江省嘉兴市中级人民认为，签订的房屋买卖协议书系他人冒名签订，并非本人，且该房屋买卖协议非当事人的真实意思表示，违反法律规定，应为无效合同。[5] 在刘某与付某、孔某房屋买卖合同一案中，江苏省苏州市虎丘区人民法院认为，在共同共有关系存续期间，部分共有人擅自处

[1] 参见安徽省淮南市田家庵区人民法院(2017)皖0403民初4444号民事判决书。
[2] 参见上海市静安区人民法院(2016)沪0106民初30670号民事判决书。
[3] 参见黑龙江省哈尔滨市道外区人民法院(2014)外民一初字第413号民事判决书。
[4] 参见上海市第二中级人民法院(2015)沪二中民二(民)终字第1452号民事判决书。
[5] 参见浙江省嘉兴市中级人民法院(2020)浙04民申20号裁定书。

分共有财产，对被冒名者并不产生法律效力，所以冒名签订的“协议”无效。[1]

第三，适用善意取得制度。江苏省泰州市中级人民法院审理的“陈某与夏某、朱某等确认合同无效纠纷上诉案”、江苏省镇江市中级人民法院审理的“江苏镇江农村商业银行股份有限公司谏壁支行与朱某、镇江市金星矿山设备制造有限公司等金融借款合同纠纷上诉案”、广东省阳江市中级人民法院审理的“李某甲与吴某、李某乙、周某房屋买卖合同纠纷上诉案”、四川省南充市中级人民法院审理的“李某、蓬安县农村信用合作联社金融借款合同纠纷上诉案”、河北省邯郸市中级人民法院审理的“吴某甲与被上诉人吴某乙、董某因房屋买卖合同纠纷上诉案”、上海市第二中级人民法院审理的“沈某与龚某、姜某等抵押合同纠纷上诉案”、福建省厦门市中级人民法院审理的“兴业银行股份有限公司厦门分行与陈某、董某借款合同纠纷上诉案”等，[2]均存在冒名者和被冒名者之间对不动产共有的关系。上述法院均认为，当事人之间签订的“协议”属于擅自处分夫妻共同财产，虽然构成无权处分，但相对人符合原《物权法》第106条关于善意取得的规定，适用善意取得制度。

第四，适用无权代理。在杨某与雅安市天全县鑫诚小额贷款有限公司等抵押合同纠纷案中，四川省天全县人民法院认为，该冒名行为可以类推适用无权代理制度下表见代理的规定。案外第三人假称自己是杨某并从事了抵押、签字等行为，而鑫诚公司对此并不知情，其在主观上是善意的。冒名处分与表见代理在可归责性、信赖利益保护等方面，

〔1〕 参见江苏省泰州市中级人民法院(2010)虎民初字第1530号判决书。

〔2〕 参见江苏省镇江市中级人民法院(2017)苏12民终968号判决书、江苏省泰州市中级人民法院(2017)苏11民终1892号判决书、广东省阳江市中级人民法院(2015)阳中法民一终字第507号判决书、四川省南充市中级人民法院(2016)川13民终1920号判决书、河北省邯郸市中级人民法院(2013)邯市民一终字第133号判决书、上海市第二中级人民法院(2014)沪二中民二(民)终字第1241号判决书和福建省厦门市中级人民法院(2015)厦民终字第139号判决书。

具有很强的关联性。综上所述,根据表见代理制度的规定,鑫诚公司有理由相信案外第三人是有代理权的,杨某与鑫诚公司之间的抵押合同关系依法成立并生效。[1] 在蒋某与沈某甲、沈某乙民间借贷纠纷一案中,浙江省杭州市中级人民法院认为,冒名处分行为除非存在代理或表见代理之情形,否则对被冒名人不产生法律效力。[2] 在柳某与汪某民间借贷纠纷一案中,浙江省杭州市中级人民法院认为,该案可以类推适用原《合同法》第 49 条的规定,案涉《借款协议》及《补充协议》对柳某具有法律约束力。[3]

第五,涉及刑事犯罪而予以驳回。在徐某与平安普惠融资担保有限公司确认合同无效纠纷案中,张家港市中级人民法院认为,方某因涉嫌合同诈骗已被公安机关立案侦查,该案中的贷款、担保、抵押等事宜,方某同样涉嫌合同诈骗,对于原、被告是否参与其中,公安机关尚未侦查完毕,故应裁定驳回徐某的起诉。[4] 在赵某与龚某、蒋某民间借贷纠纷一案中,江苏省南京市秦淮区人民法院认为,龚某与蒋某的借贷,不能完全排除涉嫌套路贷犯罪,龚某及相关人员串通冒蒋某之名办理抵押登记手续,也涉嫌合同诈骗犯罪,故该案不宜由法院继续审理,而应移送公安机关处理;若公安机关或其他机关明确本案与刑事无涉,则赵某可另行提起诉讼。[5]

(二)行政案件的不同裁判

第一,行政机关未尽审慎义务而撤销登记行为的裁判。在王某与北京市规划和自然资源委员会不动产登记纠纷一案中,法院认为王某乙虚构房产赠与事实,在王某甲本人未亲自到场情况下,持非王某甲本

[1] 参见四川省天全县人民法院四川省天全县人民法院(2016)川 1825 民初 334 号判决书。
[2] 参见浙江省杭州市中级人民法院浙江省杭州市中级人民法院(2020)浙 01 民再 3 号判决书。
[3] 参见浙江省杭州市中级人民法院(2019)浙 01 民再 57 号判决书。
[4] 参见(2017)苏 0582 民初 486 号判决书。
[5] 参见(2020)苏 0104 民初 1809 号判决书。

人亲自签署的登记材料办理房屋不动产转移登记,导致被诉不动产转移登记行为失去重要事实依据;不动产登记部门未能提供证据证明在办理上述转移登记时对到场申请人是否为王某甲本人进行了查验核对,属程序违法;王某甲要求撤销被诉不动产转移登记行为及违规向王某乙颁发的第0016430号不动产权证,应予支持。[1] 在王某诉衡水市不动产登记局不动产登记管理一案中,法院认为衡水市不动产登记局在为申请人办理不动产登记过程中,在王某未到现场,也未提交其身份证明的情况下,为王某办理冀(2016)衡水市不动产权第××号房产登记手续,违反法律规定,依法应予撤销。[2] 在黄某与被告雅安市房地产管理局行政登记一案中,法院认为市房管局在未查明当事人是否到场,办理人是否具有委托代办资格的情况下,进行了雅房他权字第0032868号他项权登记,明显不当,应予撤销。[3] 在程某、刘某诉北京市规划和自然资源委员会房屋转移登记一案中,原房屋登记机构办理不动产登记时,未尽到对申请人身份证明材料与申请主体是否一致进行查验的职责,因此法院判决予以撤销。[4]

第二,行政机关尽到审慎义务,但冒名行为被确认的,撤销行政登记的裁判。在段某诉成都市城乡房产管理局、第三人韦某房管行政登记纠纷一案中,法院认为被告在对申请人提供的材料依法进行审查后,按照法定程序作出房屋抵押登记,其审查程序合法,审查行为并无不当。对于登记申请书、主债权合同及房屋抵押登记合同上的签名是否真实,被告市房管局无法审核,故应视为被告已经尽到了审慎合理的审核义务。根据《行政诉讼法》第70条之规定,无效合同作为基础材料提

[1] 参见(2020)京02行终1003号行政判决书。
[2] 参见(2019)冀11行终57号行政判决书。
[3] 参见(2017)川1823行初11号行政判决书。
[4] 参见(2019)京0102行初631行政判决书。

交行政机关进行房屋登记的行为属于被告作出行政行为的主要证据不足的情形，应当予以撤销。[1]

第三，冒名行为被确认后但第三人善意取得抵押权的，即只确认行政行为违法但不撤销的裁判。在陈某诉盐城市国土资源局撤销不动产登记一案中，法院认为虽然办理涉案房屋他项权证书时申请材料中的签字，不是原告陈某所签，但被告市国土局已经尽到了房屋抵押登记的审查义务，第三人何某亦已经取得了涉案房屋的抵押权，并经常州市钟楼区人民法院(2017)苏0404民初494号民事判决书进行认定，而原告未提交证据证明第三人取得涉案房屋抵押权属非善意取得。综上所述，该案不宜撤销涉案房屋他项权证书，而应只确认被告颁发涉案房屋他项权证书的行为违法。[2]

第四，冒名行为被确认后但第三人未善意取得抵押权的，撤销行政登记行为的裁判。在耿某诉被告乾安县自然资源局及第三人田某、张某房屋登记一案中，法院认为该案中，被告对第三人田某、张某提交的申请材料尽到了合理的审慎审查义务，其办理登记行为当时并无不当。该案原告耿某并未到场，协助办理过户登记的“耿某”并非原告本人，因此第三人田某、张某提交的申请材料中，涉及“耿某”身份信息的均为虚假材料。且第三人张某已于2019年4月17日到法院立案，其起诉称，第三人田某向其借款45万元人民币未还，并用该案涉案房屋作为抵押，因此第三人张某不属于善意取得涉案房屋所有权。综上所述，原告申请撤销登记的请求，法院予以支持。[3]

(三)学术界的争鸣

对不动产冒名登记的权属争议，学术界的观点差异较大，主要有以

---

〔1〕 参见(2014)成华行初字第98号行政判决书。
〔2〕 参见(2017)苏0903行初588号行政判决书。
〔3〕 参见(2019)吉0723行初3号行政判决书。

下几种观点:

第一,适用代理制度。不动产善意取得的前提应该是不动产登记簿错误,而不是所谓的"无权处分"。因此,冒名处分不动产没有适用善意取得的余地。交易相对人是对冒名行为人的身份产生信赖,而不是对登记簿本身的信赖。类推适用表见代理制度更符合整个民法的理论体系,对整个法律规范的冲击较少,是一种比较好的方案。要从冒名者的意愿、被冒名者是否追认、相对人主观上是否善意等标准来综合认定是否需要善意保护。[1]

第二,适用善意取得制度。一种观点认为,冒名处分不动产的行为,属于广义上的"无权处分",符合原《物权法》第106条规定的不动产善意取得的构成要件。

第三,根据冒名处分不动产的具体情形,有些情况下可适用善意取得制度,有些情况下可适用无权代理制度。该观点主要从市场的动态交易安全和静态的不动产所有权保护、被冒名者和相对人的风险控制能力等方面来予以论述。[2]

第四,既不适用善意取得制度,也不适用代理制度。从相对人的意愿以及相对人是否善意来看,冒名处分不动产构成诈骗,合同应按无效处理。[3]

本书认为,冒名处分的合同不是无效,不是可撤销,不是效力待定,

---

〔1〕 参见杨代雄:《使用他人名义实施法律行为的效果——法律行为主体的"名"与"实"》,载《中国法学》2010年第4期;郭明龙:《不动产"冒名处分"中善意第三人权益之保护——兼与王利明教授、傅鼎生教授商榷》,载《武汉理工大学学报(社会科学版)》2012年第5期;金印:《冒名处分他人不动产的私法效力》,载《法商研究》2014年第5期;冉克平:《论冒名处分不动产的私法效果》,载《中国法学》2015年第1期;石一峰:《再论冒名处分不动产的私法适用——类推适用的视角》,载《现代法学》2017年第3期。

〔2〕 参见熊丙万:《论善意取得制度正当性的运用》,载王利明主编:《判解研究》(第2辑),人民法院出版社2009年版,第137~138页。

〔3〕 参见傅鼎生:《不动产善意取得应排除冒名处分之适用》,载《法学》2011年第12期;梅夏英:《登记错误与第三人的保护》,载王利明主编:《判解研究》(第2辑),人民法院出版社2009年版,第123、125页;杨代雄:《使用他人名义实施法律行为的效果——法律行为主体的"名"与"实"》,载《中国法学》2010年第4期。

而是不成立。《民法典》第 134 条第 1 款规定："民事法律行为可以基于双方或者多方的意思表示一致成立，也可以基于单方的意思表示成立。"意思表示一致是合同成立的要件之一，一方欠缺意思表示，合同是不成立的。假冒他人名义签订的，对被假冒的当事人不发生效力，因为被假冒的当事人没有意思表示。该合同对假冒行为人是否发生法律效力，要对合同本身进行合理的解释。虽然合同本身签署的主体是被假冒的当事人，但从事活动是假冒的行为人。不过，假冒行为人形式上签署合同，但是没有签订合同的意思，只有诈骗的意思。因此，不管从哪个角度看，冒名处分的合同都是不成立的，因此谈不上合同无效的问题。

《民法典》没有规定交易安全原则，只是在一些具体制度设计中体现了交易安全的理念。《民法典》第 86 条规定："营利法人从事经营活动，应当遵守商业道德，维护交易安全，接受政府和社会的监督，承担社会责任。"该条中虽然采用了"交易安全"的表述，但也不能认为《民法典》规定了交易安全原则。该条更多是倡导性规范，不能作为裁判规范。《全国法院民商事审判工作会议纪要》（法〔2019〕254 号）指出："特别注意外观主义系民商法上的学理概括，并非现行法律规定的原则，现行法律只是规定了体现外观主义的具体规则，如《物权法》第 106 条规定的善意取得，《合同法》第 49 条、《民法总则》第 172 条规定的表见代理，《合同法》第 50 条规定的越权代表，审判实务中应当依据有关具体法律规则进行判断，类推适用亦应当以法律规则设定的情形、条件为基础。从现行法律规则看，外观主义是为保护交易安全设置的例外规定，一般适用于因合理信赖权利外观或意思表示外观的交易行为。实际权利人与名义权利人的关系，应注重财产的实质归属，而不单纯地取决于公示外观。总之，审判实务中要准确把握外观主义的适用边界，避免泛化和滥用。"

《民法典》第 311 条规定了不动产的善意取得,与原《物权法》第 106 条的表述是一致的。不动产冒名处分行为,并不是不动产善意取得条款所规定的无权处分行为。不动产善意取得以不动产登记公信力为基础,以登记权利人与真实权利人不一致为前提。交易第三人主张善意保护,是以相信冒名登记人是真实权利人为前提,以人的信赖为基础的。善意保护是民法追求真实意思表示的例外,要适用于法律规定的情形,不能随意扩张。因此,在不动产冒名登记纠纷案件中,原则要保护真实的权利人。如果要保护交易第三人,只能类推适用不动产善意取得规范,类推适用要严格遵循关键要素基本相似的原则。

行政法上的信赖保护与民法上的信赖保护,具有功能上的相似性。最高人民法院《关于审理房屋登记案件若干问题的规定》(以下简称《房屋登记司法解释》)第 11 条第 3 款规定:"被诉房屋登记行为违法,但判决撤销将给公共利益造成重大损失或者房屋已为第三人善意取得的,判决确认被诉行为违法,不撤销登记行为。"该款中的"房屋已为第三人善意取得",要符合民法善意取得的规定。也就是说,在行政诉讼案件中,是否撤销登记行为,要考虑民事法律关系。《房屋登记司法解释》第 8 条规定:"当事人以作为房屋登记行为基础的买卖、共有、赠与、抵押、婚姻、继承等民事法律关系无效或者应当撤销为由,对房屋登记行为提起行政诉讼的,人民法院应当告知当事人先行解决民事争议,民事争议处理期间不计算在行政诉讼起诉期限内;已经受理的,裁定中止诉讼。"该条区分登记基础关系与登记行政关系,前者是民事纠纷,后者属于行政纠纷。不过,该条采用"民事法律关系无效或者应当撤销"的表述不够科学。比较严谨的说法是,民事法律行为的不成立、无效或撤销。对于假冒登记的行为,属于民事法律行为的不成立。从诉讼程序来看,通过民事诉讼解决更为科学。登记机构是否尽到了职责,与诉争房屋的归属没有必然的联系。

实践中，有法院认为，确认民事法律行为效力，是解决冒名登记行政行为合法性的前提。在孔某诉腾冲市自然资源局、第三人赵某不动产登记纠纷一案中，法院认为案涉不动产登记行为系基于不动产买卖合同、依据当事人申请而进行的转移登记，该不动产登记行为并不创设权利，仅系在物权变动后对权利归属进行记载和确认。根据查明的法律事实可知，该案存在他人以原告名义与第三人签订不动产买卖合同并申请进行转移登记的情形，此时他人以原告名义签订合同并办理登记的行为效力待定，也即作为转移登记行政行为的基础法律关系效力尚未明确，对此原告应先通过其他途径解决民事争议。在未解决民事争议、尚未对作为行政登记法律基础的物权变动效力予以确认的情况下提起该案行政诉讼，不符合行政诉讼的起诉条件。[1] 在孙某、杨某诉上海市自然资源确权登记局不动产转移登记一案中，法院认为，市确权登记局作为不动产登记部门，并无审查民事合同效力的职能，对于申请人的身份和递交材料的真实性已经通过相关身份证明和书证原件予以核查，履行了法定的审查职责。在民事争议尚未解决的情况下，孙某、杨某请求确认被诉不动产转移登记行政行为违法，事实根据和法律依据尚不充分，难以支持。[2]

综上所述，在不动产冒名登记纠纷中，保护原权利人还是交易第三人，要综合考量各种因素。如果没有特别的理由，要推定保护原权利人，交易安全保护原则仅仅是例外。如果冒名行为人带着被冒名权利人的身份证或户口簿原件，去办理不动产登记手续，再加上其他合理信赖因素，就有可能保护交易第三人。类推适用表见代理、善意取得，必须具有充足的理由。从诉讼程序来看，要更多通过民事诉讼解决产权

〔1〕 参见(2019)云05行初107号行政裁定书。
〔2〕 参见(2020)沪03行终209号行政判决书。

归属问题。行政诉讼只是解决行政行为是否违法,并不能直接决定产权归属问题。目前在冒名处分不动产行为模式下,绝大多数是被冒名人提起行政诉讼,要求撤销行政登记行为。最高人民法院《关于适用〈中华人民共和国民法典〉物权编的解释(一)》第1条规定:“因不动产物权的归属,以及作为不动产物权登记基础的买卖、赠与、抵押等产生争议,当事人提起民事诉讼的,应当依法受理。当事人已经在行政诉讼中申请一并解决上述民事争议,且人民法院一并审理的除外。”该司法解释在区分民事诉讼与行政诉讼基础上,通过行政附带民事诉讼解决民事争议,具有一定合理性。与民事诉讼相比,行政诉讼案件的收费低廉,也促使一部分当事人首选行政诉讼。在《民法典》实施背景下,要进一步突出不动产登记的民事属性,还要区分民事诉讼与行政诉讼,尽量减少行政附带民事诉讼模式,及时修改相关司法解释。

二、不动产登记错误的行政赔偿

《民法典》第222条规定:“当事人提供虚假材料申请登记,造成他人损害的,应当承担赔偿责任。因登记错误,造成他人损害的,登记机构应当承担赔偿责任。登记机构赔偿后,可以向造成登记错误的人追偿。”该条中的登记机构赔偿责任如何承担,实务界和学术界存在较大的争议。

(一)实践中的司法裁判

第一,诉讼路径。行政赔偿责任与民事赔偿责任的关系,实践中有两种做法:一种裁判路径是,当事人应当先行民事赔偿,再行国家赔偿;另一种裁判路径是,当事人先行选择行政赔偿方式时,法院应受理并依法判决。

在冯某诉湖北省武汉市国土资源和房产管理局房屋登记行政赔偿纠纷案中,法院认为:“被告是法律授权对武汉市房屋权属登记负有管理职责的行政机关。因其未尽审查注意义务，使被查封的房屋被转移登记到他人名下，其违法行为已被人民法院生效判决书予以确认。因冯某的房屋已无法收回，给冯某造成财产损失且损失的产生与被告的违法行为存在因果关系，故被告对冯某的财产损失依法负有赔偿义务。被告主张应由原告穷尽救济途径再行主张赔偿的辩称缺乏法律依据。"[1]在该案中，法院认为，不需要穷尽民事救济途径再行主张国家赔偿。而在马某诉深圳市国土资源和房产管理局行政赔偿案中，法院认为房屋登记部门因程序违法作出错误登记行为，相对人可直接提起国家赔偿之诉，但是否赔偿还要根据是否有直接因果关系来决定。[2]

第二，比例划分。混合侵权时，法院认定登记机构承担责任的比例不同。在冒名处分不动产行为模式下，若被冒名人或者第三人提起行政诉讼，要求行政赔偿的，冒名行为被确认后，法院判定行政机关应按照过错比例承担赔偿责任，一般是20% ~50%。但行政机关若尽到审慎义务的，无须承担赔偿责任。

在郁某诉上海市住房保障和房屋管理局房地产登记纠纷案中，法院认为："在多因一果的刑事责任、行政责任和民事责任并存的情况下，造成了原告损害结果的发生。故由法院根据违法具体行政行为在损害结果中的原因力比例酌定被告应当承担的行政赔偿责任。被告在向原告承担了赔付责任后，可依法向负有退赔责任的王某行使追偿权，也可以依法向负有直接责任的工作人员追索。……判决被告上海市住房保障和房屋管理局应于本判决生效之日起30日内赔偿原告郁某人民币5万元整。"[3]该案中，在刑事判决已确定王某退赔25万元，但在王某赔偿能力不足的情况下，郁某又提起行政赔偿诉讼，法院根据过错，判决

---

〔1〕 参见湖北省武汉市江岸区人民法院(2008)岸行初字第48号行政判决书。

〔2〕 参见广东省深圳市中级人民法院(2009)深中法行终字第90号行政判决书。

〔3〕 参见上海市黄浦区人民法院(2008)黄行赔初字第107号行政判决书。

房屋登记机构赔偿5万元。

在谢某与衡阳市自然资源和规划局、衡阳高新技术产业开发区管理委员会赔偿案中,法院认为,原市房产局承担30%的责任,登记申请人承担20%的责任。市国土局作为继续行使原市房产局职权的机关,需向谢某承担50%的行政赔偿责任。被告高新区管委会出具长胜综合楼113房产权证明的行为,已被人民法院生效判决确认为违法,且客观上其行为也是造成登记错误的重要原因,法院确定由高新区管委会对谢某113房损失承担50%的行政赔偿责任。[1]

在徐某与芒市国土资源局及第三人杨某甲、杨某乙行政赔偿纠纷一案中,法院认定,芒市国土资源局未对申请人提交的材料尽到审慎审查的义务,导致使用权人为徐某的芒国用(2013)第××号土地变更登记权利人为第三人杨某甲、杨某乙,给徐某造成了经济损失,芒市国土资源局应承担相应赔偿责任。法院综合各方当事人在该案中的过错责任,决定由芒市国土资源局承担该土地价值823,491.30元20%的赔偿责任,即823,491.30×20%=164,698.26元。[2]

第三,赔偿权利人。不动产登记错误,涉及第三人时,有法院没有认定善意取得,判决确认行为违法,撤销原房屋登记。部分法院认定善意取得,只是确认登记行为违法,而不是撤销错误的房屋登记,由原权利人主张赔偿损失。

在于某诉吉林省吉林市房地产管理局房屋登记纠纷案中,法院认为,申请人提交的于某身份证上的照片,与原告于某本人及公安局户籍档案中于某的两张照片均不相符,被告及第三人也指认当时去办理转移登记的申请人不是原告于某本人。另外,于某新版身份证已于2005

〔1〕 参见湖南省衡阳市中级人民法院(2019)湘04行赔初4号行政判决书。
〔2〕 参见(2018)云31行赔终2号行政赔偿判决书。

年 11 月发放,申请人申请办理房屋转移登记时却使用了已经收缴的旧版身份证。因此,房产局对申请人及材料的真实性未能准确判断,法院确认行政行为违法。[1]

而在王某与浙江省宁波市房产管理局房屋所有权登记纠纷上诉案中,法院认为,房管局的职责是查验房屋产权证和身份证明的真实性,没能发现第三人郑某所带男子不是真正的权利人王某,既是房管局自身职责、能力、条件所限,也是房管局出于对当事人提供真实房屋产权证、身份证明等登记材料真实的合理信任,并非未尽合理、审慎注意义务,应优先保护善意第三人的利益。上诉人王某请求撤销房屋所有权证的请求,没有事实和法律依据。[2]

第四,赔偿范围。在李某诉铁岭市国土资源局、铁岭市公证处、金某房屋登记行政违法及行政赔偿一案中,法院认为,冒名行未经民事判决确认,已经登记在第三人名下的不动产登记又更正登记为被冒名人。铁岭市国土资源局作为房屋登记主管部门,其在办理被诉房屋登记过程中,未对相关权利人的身份进行认真审核,未能尽到合理审慎职责,对违法房屋登记行为负有不可推卸的责任。因此,铁岭市国土资源局应当赔偿李某直接经济损失 546,388 元的 30% 及自 2014 年 5 月 26 日起至判决履行时止同期银行存款利息。[3]

(二)学术界的不同观点

对于不动产登记机构赔偿责任是民事责任还是行政责任,学术界存在争议。王荣珍教授认为,在当前国家机关或者国家机关工作人员职务侵权实际上存在国家赔偿和民事赔偿并行立法,且缺乏冲突解决

---

〔1〕 参见(2008)昌行初字第 24 号行政判决书。
〔2〕 参见(2010)浙甬行终字第 16 号行政判决书。
〔3〕 参见(2019)辽 12 行终 20 号行政判决书

规则的情形下,宜明确不动产登记机构赔偿责任为民事赔偿。[1] 孟强教授对将不动产登记机构登记错误定性为民事责任最有利于受害人的救济这一观点进行反驳,其认为将登记错误的赔偿责任定性为行政责任,对保护真正权利人并无不利。[2]

混合过错责任类型下登记机构的赔偿责任,学术界也存在争议。王荣珍教授认为在混合过错责任类型(排除登记申请人与登记机构工作人员恶意串通情形)下,提供虚假材料登记申请人对登记错误损害的发生具有主观故意,恶意程度重,多为登记结果的受益者,登记机构工作人员没有履行审慎职责,只是消极不作为下的过失,并且不是最终受益者,补充责任更为合适。[3] 陈思静、陈耀东认为,登记机构承担的是独立责任,而非补充责任,受害人可以选择由登记机构赔偿或造成登记错误的人赔偿。当登记机构与申请人共同过错导致登记错误时,登记机构承担的是连带责任而非补充责任。[4]

本书认为,《民法典》第222条采用"登记机构",而不是"登记机关",为未来改革预留了较大的空间。《不动产登记暂行条例》第6条规定:"国务院国土资源主管部门负责指导、监督全国不动产登记工作。县级以上地方人民政府应当确定一个部门为本行政区域的不动产登记机构,负责不动产登记工作,并接受上级人民政府不动产登记主管部门的指导、监督。"根据现行法的规定,不动产登记机构是不动产登记机关,登记错误造成损害,要承担国家赔偿责任。虽然从理论上看,国家赔偿责任也还是一种侵权责任,但从诉讼目的和程序看,国家赔偿责任

〔1〕 参见王荣珍:《我国不动产登记机构赔偿责任的司法困境与立法反思》,载《政法论坛》2019年第4期。

〔2〕 参见孟强:《论不动产登记机构登记错误的赔偿责任——兼评〈不动产登记暂行条例(征求意见稿)〉相关规定》,载《政治与法律》2014年第12期。

〔3〕 参见王荣珍:《我国不动产登记机构赔偿责任的司法困境与立法反思》,载《政法论坛》2019年第4期。

〔4〕 参见陈思静、陈耀东:《不动产登记机构赔偿责任研究》,载《广西社会科学》2015年第2期。

是一种独立的责任形态。提交虚假材料的当事人和不动产登记机构混合过错的情况,如何承担责任,涉及民法与行政法的交叉问题。从权利保护的角度看,不应当要求当事人穷尽所有民事救济后,再向不动产登记机构提出国家赔偿的要求。不过,这样会产生一个问题,就是不动产登记机构赔偿后,如何向提供虚假材料的当事人追偿。从理论上分析,这是行政机关向民事主体主张的民事权益,可以通过民事诉讼的路径予以解决。这实际上是"官"告"民",进行民事追偿。这种做法实践上不可行,不宜操作。因此,在行政诉讼中,应当追加第三人,通过行政附带民事诉讼,一并解决赔偿顺位和赔偿比例问题。

三、不动产登记资料的查询问题

《民法典》第 218 条规定:"权利人、利害关系人可以申请查询、复制不动产登记资料,登记机构应当提供。"《不动产登记暂行条例》第 27 条规定:"权利人、利害关系人可以依法查询、复制不动产登记资料,不动产登记机构应当提供。有关国家机关可以依照法律、行政法规的规定查询、复制与调查处理事项有关的不动产登记资料。"不动产登记信息是否属于政府信息,对其的界定将会对查询模式产生重大的影响,学术界对此还存在争议。

(一)不动产登记资料查询的理论争议

一种观点认为,不动产登记资料不属于政府信息。依据原《物权法》第 18 条的规定,登记资料的公开是有限的公开,只有权利人、利害关系人有权申请、查询登记资料。因此,登记资料的公开不适用《政府信息公开条例》的规定。[1] 不动产登记是不动产物权公示的一种手段,不动产登记资料并非政府信息,因为《政府信息公开条例》重点立法目

〔1〕 参见程啸:《不动产登记法研究》,法律出版社 2011 年版,第 241 页。

的是"提高政府工作的透明度,促进依法行政",让公民有渠道监督政府的自由裁量行为。[1] 另一种观点认为,不动产登记资料属于政府信息。从《政府信息公开条例》规整的政府信息来看,不动产登记资料应属于政府信息。[2] 房屋权属状况信息是依申请公开的政府信息。[3]

本书认为,不动产登记信息属性的争议,实质是登记权利人隐私权与查询人知情权的不断博弈。在不动产登记中,登记机构只是对申请人提交的登记材料进行形式审核,并没有较大的自由裁量空间,这也不是《政府信息公开条例》立法规制的内容。登记是不动产权利公示的方法,政府职责更是为不动产权利公示提供服务。因此,不动产登记资料不关系公共利益,不宜作为政府信息。国务院办公厅政府信息与政务公开办公室针对原国土资源部办公厅《关于不动产登记资料依申请公开问题的函》作出的国办公开办函〔2016〕206 号答复明确:"不动产登记资料查询,以及户籍信息查询、工商登记资料查询等,属于特定行政管理领域的业务查询事项,其法律依据、办理程序、法律后果等,与《政府信息公开条例》所调整的政府信息公开行为存在根本性差别,当事人依据《政府信息公开条例》申请这类业务查询的,告知其依据相应的法律法规规定办理。"在崔某与吉林省延吉市人民政府政府信息公开案中,崔某请求延吉市政府公开延集建 97 字第 141001 号集体土地建设用地使用证的全部档案。最高人民法院明确指出,崔某申请公开的信息不属于政府信息公开的范围。[4]

(二)不动产登记资料的查询内容

第一种观点认为,不动产登记资料包括不动产登记簿和不动产登

〔1〕 参见金曼:《不动产登记资料的查询主体研究》,载《河南财经政法大学学报》2016 年第 4 期。

〔2〕 参见高圣平:《政府信息公开视角下的不动产登记查询规则》,载《法学》2015 年第 1 期。

〔3〕 参见张颖:《以政府信息公开为由申请查询不动产登记信息的应如何处理?》,载《中国土地》2015 年第 7 期。

〔4〕 参见最高人民法院(2020)最高法行申 6484 号行政裁定书。

记原始材料。不动产登记簿册还包括地籍图、地籍调查表、房地产测绘资料、不动产权源文书、登记申请等补充资料。[1] 不动产登记资料是指所有与登记相关的文件材料,不仅包括不动产登记簿记载的内容,而且包括作为档案留存的登记资料如当事人的登记申请表、不动产物权变动的原因事件。[2] 土地登记资料包括:原始登记资料,如土地权属来源文件、土地登记申请书、地籍调查表和地籍图等;房屋登记资料对房屋权利的记载信息和原始登记凭证。[3]

第二种观点认为,不动产登记资料限于不动产登记簿。孙宪忠教授主编的《不动产登记条例草案建议稿》第21条第1款规定:"权利人、利害关系人申请查询、复制不动产登记簿的不动产登记机构应当提供。"[4]于海涌教授草拟的《中国不动产登记法草案(学者建议稿)》第10条亦规定:"不动产登记结果应向社会公开,登记簿记载的内容要可供查阅、复制。"[5]

第三种观点,朱程教授认为,不动产登记资料不包括不动产登记簿。不动产登记资料是登记活动中形成的一系列书面证明材料,用以推动登记程序的进行和完成,不包括不动产登记簿。[6]

《不动产登记暂行条例实施细则》第97条规定:"国家实行不动产登记资料依法查询制度……权利人可以查询、复制其不动产登记资料。因不动产交易、继承、诉讼等涉及的利害关系人可以查询、复制不动产自然状况、权利人及其不动产查封、抵押、预告登记、异议登记等状况……"

---

〔1〕 参见常鹏翱:《不动产登记簿的制度建构》,载《法律科学(西北政法大学学报)》2009年第5期。
〔2〕 参见王利明:《物权法研究》(上卷),中国人民大学出版社2013年版,第336页。
〔3〕 参见高圣平:《政府信息公开视角下的不动产登记查询规则》,载《法学》2015年第1期。
〔4〕 孙宪忠主编:《不动产登记条例草案建议稿》,中国社会科学出版社2014年版,第45页。
〔5〕 于海涌:《论不动产登记》,法律出版社2007年版,第355页。
〔6〕 参见朱程:《论不动产登记簿的法律构建》,载《中国房地产》2007年第12期。

该规定区分权利人和利害关系人,具有相当的合理性。权利人原则可以查询所有的不动产登记资料,而利害关系人仅能查询与其权益有密切关联的资料。

(三)不动产登记信息的查询主体

不动产登记信息的查询主体,有三种不同的观点。第一种观点为有限说。公开对象不是社会上的所有人,不能任何人都可以随意地知悉他人在不动产登记簿上的权利记载。[1] 不加以区分地认为所有人都可以去查询、复制登记资料,实际上是一种误导。[2] 第二种观点为无限说。我国原《物权法》第18条的规定是有严重缺陷的,应当将其修正为查询主体不加限制。[3] 明确信息公开的内容应是不动产登记的全部资料,彻底改变目前仅能查询或使用有限登记资料的做法。[4] 不动产登记簿由登记机关统一印制和保存,记载内容对社会公开,任何人可依法查阅。[5] 第三种观点为区分说。对于不动产登记簿中的绝大部分信息,任何单位和个人均可申请查询;原始登记资料的查询主体范围则受到限制。[6]

本书认为,有限说更为合理,不动产登记毕竟更多服务于物权公示的要求,具有私法属性。而对于利害关系人的范围,也有不同的观点。第一种观点认为,"利害关系人"应当是与所登记的不动产具有法律上利害关系之人,包括与交易当事人和与登记权利人发生其他法律纠纷的人,但潜在交易当事人不属于利害关系人,因其可以通过取得权利人的授权而为之。[7] 第二种观点认为,对"利害关系人"的界定,既应包

---

[1] 参见孙宪忠:《不动产登记基本范畴解析》,载《法学家》2014年第6期。
[2] 参见韦红浪:《关于房地产登记档案公开查询与利用的几点思考》,载《城建档案》2014年第8期。
[3] 参见黄莹、吴鹏:《论不动产登记的查询主体》,载《法学评论》2009年第3期。
[4] 参见王崇敏:《我国不动产登记制度若干问题探讨》,载《中国法学》2003年第2期。
[5] 参见孟勤国:《中国物权法草案建议稿》,载《法学评论》2002年第5期。
[6] 参见高圣平:《政府信息公开视角下的不动产登记查询规则》,载《法学》2015年第1期。
[7] 参见程啸:《不动产登记法研究》,法律出版社2011年版,第242页。

括法律利益人，还应包括具有事实利益的人，如潜在交易人、近亲属等对信息登记有经济利益、科技利益、人格利益、公共利益或其他合理利益等。[1]《不动产登记暂行条例实施细则》第 97 条第 4 款规定："因不动产交易、继承、诉讼等涉及的利害关系人可以查询、复制不动产自然状况、权利人及其不动产查封、抵押、预告登记、异议登记等状况。"

第二节　《民法典·物权编》中的动产登记规范

占有是普通动产物权的公示方法，登记是特定动产物权的公示方法。机动车、船舶、航空器等特殊动产的登记，应当定性为民事登记，弱化其行政监管色彩。对动产物权登记中的"善意第三人"，需要进行合理的解释。基于国家治理体系和治理能力的要求，动产物权登记机构应当统一，统一的模式可以继续探讨。自 2021 年 1 月 1 日起，人民银行征信中心统一承担动产和权利担保登记的职责，具有合理性和现实性。未来应当实行机动车、船舶、航空器等特殊动产的统一登记，由交通运输部门负责。在不动产统一登记和动产统一登记的基础上，要建立财产登记局。在财产登记局的基础上，要逐步实现财产登记与身份登记的统一，实现户籍登记与婚姻登记的统一，实现营利法人登记与非营利法人的统一。设立独立的民事登记局，是物权登记顶层制度设计的重要目标。

一、特殊动产物权登记的问题

《民法典》第 225 条规定："船舶、航空器和机动车等的物权的设立、

---

〔1〕 参见常鹏翱：《不动产登记法》，社会科学文献出版社 2011 年版，第 82 页。

变更、转让和消灭,未经登记,不得对抗善意第三人。”有学者认为,航空器、船舶、汽车的价值大于一般的动产,但对其采取的是传统的不动产权利变动表征方式——登记,因此航空器等应该与一般的动产有所区分,应该被视为不动产或“准不动产”。[1] 也有学者认为,从物理性能看航空器是动产,只不过在公示手段上采取了登记方式,因此应当称为特殊动产。[2] 是特殊动产,还是准不动产,这是国家立法政策的考量问题,也直接决定诸多的制度设计问题。学术界对机动车登记讨论较多,因此本书更多以船舶登记错误、航空器登记机构和登记效力等方面初步分析特殊动产登记与行政权的关系。

(一)船舶登记错误的行政赔偿

《海商法》和《船舶登记条例》等均没有规定船舶登记错误的行政赔偿。司法实务中,主张船舶登记错误并要求赔偿的往往是船舶抵押权人,即为船舶提供贷款或担保的担保权人。如在“巢湖市中小企业信用担保有限公司诉巢湖市地方海事局行政赔偿纠纷上诉案”中,海事局(被告、被上诉人)驻无为县刘渡镇办证点工作人员刘某(玩忽职守罪,不予起诉)在张某(诈骗人,已判刑)仅提供无效的船舶建造合同(合同约定付定金生效,但是未付定金)、未到现场勘查、未要求提供预付定金证明的情况下出具船舶龙骨安放完毕证明,海事局未审查核实船舶所有权证明文件即颁发船舶所有权登记证书。张某以该所有权证书在巢湖市中小企业信用担保有限公司(原告、上诉人)作抵押(反担保),但未办理抵押登记。因此,法院判决上诉人(海事局)承担70%赔偿责任,被上诉人(担保公司)等承担30%责任。[3]

在“原告倪某诉被告信阳市地方海事局及第三人船舶交易服务中

[1] 参见孙宪忠:《物权法基本范畴及主要制度的反思(上)》,载《中国法学》1999 年第 5 期。
[2] 参见王立志、杨惠:《略论航空器与船舶物权登记的几个问题》,载《法学杂志》2010 年第 4 期。
[3] 参见安徽省巢湖市中级人民法院(2007)巢行终字第 67 号。

心、刘某、冯某撤销船舶所有权证书案”中,被告信阳市地方海事局不认真履行审查义务,在船舶查封期间即受理了第三人刘某的船舶名称核定申请,其受理行为显然不当;被告在冒名倪某办理船舶注销手续时,亦未认真履行审查义务,致使原告倪某的船舶被注销并过户到了第三人刘某名下,其注销与登记行为同样违法。判决确认被告信阳市地方海事局 250206000073 船舶所有权注销登记行为及 250208000191 船舶所有权登记行为违法。第三人冯某应赔偿原告损失 145 万元,已支付 70 万元,余款 75 万元应于该判决书生效后 10 日内支付,如冯某逾期无力支付,则由被告信阳市地方海事局承担补充赔偿责任。[1]

(二)航空器登记机构和登记效力

航空器登记机构出现多元化,需要建立“在建航空器”和航空器机身以外设备的登记制度,建立民用航空器权利的预告登记。《民用航空法》第 11 条规定:“民用航空器权利人应当就下列权利分别向国务院民用航空主管部门办理权利登记……”第 12 条规定:“国务院民用航空主管部门设立民用航空器权利登记簿。同一民用航空器的权利登记事项应当记载于同一权利登记簿中。民用航空器权利登记事项,可以供公众查询、复制或者摘录。”《民用航空法》规定了民用航空器权利包括航空器架构、发动机、螺旋桨、无线电设备及其他为了在航空器上使用的物品,然而实际操作中民航局却只办理航空器整机的权利登记,航空器机身以外的设备却无处登记。因此,“建造中民用航空器”所有权也就不可能具有使用和收益的权能,其所有权之利益则主要表现为“以为担保,而获取信用”。[2] 有学者指出,特殊动产应该借鉴不动产的预告登记制度,建立船舶的预告登记制度。这种观点具有相当的道理,有利于

---

〔1〕 参见河南省信阳市浉河区人民法院行政判决书(2013)浉行初字第 02 号。

〔2〕 参见孟繁超、朱彤彤:《民用航空器物权体系建构若干问题研究》,载《安徽大学学报(哲学社会科学版)》2008 年第 1 期。

避免一物二卖。[1] 2011年以后，民航局不再是唯一一个办理航空器权利登记的机关，中国人民银行征信中心开发管理的"动产融资统一登记系统"也能办理航空器权利登记。[2] 国务院《关于取消一批行政许可事项的决定》（国发〔2017〕46号）将民用航空器权利登记转变性质，由原来的行政许可变更为政府提供的公共服务事项。

对于航空器未经登记的，《民法典》第225条采用的是"不得对抗善意第三人"，《民用航空法》第14条采用的是"不得对抗第三人"。对此如何理解，学术上存在不同的观点：第一种观点认为，特殊动产物权变动自合同生效时发生效力，登记只是产生对抗第三人的效力；第二种观点认为，交付是特殊动产物权变动的生效要件，登记是对抗要件而非生效要件；[3] 第三种观点认为，登记和交付都能产生特殊动产物权变动的效力，但登记优先于交付。[4] 最高人民法院《关于审理买卖合同纠纷案件适用法律问题的解释》即采用了第二种观点。这既尊重了当事人的意思自治，又激励当事人为了取得对抗善意第三人的效力而办理登记。

二、一般动产抵押登记的问题

《民法典》第416条新增价款债权抵押权并赋予其优先效力，并将"正常经营活动中的买受人"的适用范围从浮动抵押扩大到所有动产抵押。学术界对一般动产抵押的效力有较多的研究，而较少关注动产抵押登记错误问题。《民法典》原则只规定了不动产登记错误，但没有规

---

〔1〕 参见孙毅：《建立船舶预告登记制度的探讨》，载《中国海事》2008年第2期。

〔2〕 参见李光荣、王力主编：《中国融资租赁业发展报告（2014～2015）》，社会科学文献出版社2015年版，第20页。

〔3〕 参见崔建远：《再论动产物权变动的生效要件》，载《法学家》2010年第5期。

〔4〕 参见程啸：《论动产多重买卖中标的物所有权归属的确定标准——评最高法院买卖合同司法解释第9、10条》，载《清华法学》2012年第6期。

定船舶、航空器和机动车等特殊动产的登记错误,也没有规定一般动产抵押登记错误。

(一)动产抵押登记登记审查的标准

对于动产抵押登记审查标准,理论上有不同的观点。有学者认为,动产抵押登记机关对申请材料采取的是声明登记制下的形式审查,而不是实质审查。声明登记制之下,登记申请材料的真实性、准确性和合法性完全由当事人自行判断,登记机关并无职权或责任就此进行实质审查。[1] 登记机关仅对登记申请人所提交的登记申请材料进行形式上的比对,至于物权的变动过程与登记之状态是否相符,登记机关不负调查职责。[2] 声明登记制和交易登记制的选择,需要斟酌和权衡权利保障、登记效率和交易安全等因素,我国社会信用体系尚未完善,采后者为宜。[3] 动产抵押登记并不构成既存抵押权的登记,而只是一种警示和公告,它仅仅表明在抵押人其时或此后取得所有权或处分权的财产之上在其时或此后可能存在抵押权。而有学者认为,我国现行法的动产抵押登记程序并未照搬声明登记制,而是深受不动产登记程序的影响,并随着实践发展形成多元化登记模式。工商行政管理部门负责普通动产抵押登记,其他行政管理部门各自负责其专属的特殊动产抵押登记,登记部门分散,登记程序各不相同。[4] 普通动产抵押登记机关依然奉行的是"实质审查"的标准,使登记抵押信息的真实性与准确性能够得到必要的保障,在很大程度上能够达到使人"信"的效果。[5]

---

[1] 参见高圣平:《动产抵押登记的审查责任——基于裁判分歧的分析和展开》,载《法学评论》2018 年第 1 期。

[2] 参见高圣平:《动产抵押登记的审查责任——基于裁判分歧的分析和展开》,载《法学评论》2018 年第 1 期。

[3] 参见谢鸿飞:《动产担保物权的规则变革与法律适用》,载《国家检察官学院学报》2020 年第 4 期。

[4] 参见庄加园:《动产抵押的登记对抗原理》,载《法学研究》2018 年第 5 期。

[5] 参见张玉涛:《民法典编纂视野下动产抵押登记对抗规则的解释适用》,载《上海法学研究》2019 年第 19 卷。

对于登记机关对抵押物和当事人身份的审查,也有不同的观点。有学者认为,抵押物是否属于原《物权法》第184条规定的禁止抵押的财产的范围,应由当事人自己判断,登记机构无权限也无能力就此作出判断,即使违反了原《物权法》第184条的规定,最终也仅仅导致动产抵押合同无效。[1] 当事人仅需提交记载有当事人的身份及担保财产等少量内容的担保声明书,而无须提交基础交易文件,登记机关并不详细核查动产担保物权的具体内容。[2] 而有学者认为,工商行政管理部门既要避免过严的错误倾向,片面要求抵押人必须提供正式的商业发票才给予办理登记,否则不予登记,也要避免过宽的错误倾向,在仅能证明抵押人对抵押物实际占有、使用的情况下就给予办理登记。[3]

(二)实践中的司法裁判

第一类是工商局对抵押物的审查。这类案件也是工商局动产抵押登记错误最主要的原因,法院主要依据的是原《物权法》第184条和原《担保法》第44条的规定来对抵押物的权属情况进行审理。在"郑某等诉长沙市工商行政管理局雨花分局等登记行政管理案"中,法院认为,永兴彩印厂与郑某申请办理涉案动产抵押登记时提交的材料,不足以证明永兴彩印厂对涉案设备享有所有权,且生产设备使用权不属于原《物权法》规定的可以抵押的财产范围。长沙市原工商行政管理局雨花分局作出涉案动产登记时未对涉案抵押物的所有权权属情况进行审查,未尽到审慎审查义务,作出的"长工商雨抵设字(2015)12号"的动产抵押登记,依法应予撤销。[4] 在"上诉人泰兴市市场监督管理局与被

[1] 参见高圣平:《动产抵押登记的法理——以〈动产抵押登记办法〉的修改为中心》,载《法学》2016年第2期。

[2] 参见高圣平:《动产担保交易的功能主义与形式主义——中国〈民法典〉的处理模式及其影响》,载《国外社会科学》2020年第4期。

[3] 参见许煌灯、苏继红等:《从一起行政诉讼案谈动产抵押中的权属认定问题》,载《工商行政管理》2004年第4期。

[4] 参见湖南省长沙市中级人民法院(2016)湘01行终786号行政判决书。

上诉人江苏泰宝工业炉有限公司登记纠纷案”中，法院认为，工商登记部门在进行动产抵押登记时，应当就当事人是否对抵押物具有合法处分权进行审查。上诉人在作出案涉动产抵押登记行为时，仅要求原审第三人填写动产抵押登记书，自行阅读《动产抵押登记须知》，并未要求提供抵押财产的权属证明，未尽到审查义务，导致案涉动产抵押登记行为认定事实错误。〔1〕 在“兰州银行股份有限公司武威分行等与范某动产抵押登记纠纷再审案”中，法院认为，凉州动押2015—27号《动产抵押登记书》抵押物概况一栏中记载抵押物名称为库存商品玉米，所有权归属为武威市富民种业有限责任公司。法院已生效的民事判决已经确定，案涉库存商品玉米不属于武威市富民种业有限责任公司所有。凉州区原工商局未对案涉库存商品玉米所有权进行核实，对申请人提交的《动产抵押登记书》相关内容的真实性未尽到合理审慎审查义务，其作出的抵押登记行为认定事实错误。〔2〕

第二类是工商行政管理部门对抵押人提交的材料的审查。在司法实践中，工商行政管理部门对当事人提交的材料有的是形式审查，有的是实质审查。在“河南开源物流有限责任公司、河南开源房地产开发有限责任公司不服漯河市工商行政管理局作出的企业动产抵押物登记证案”中，法院认为，市工商行政管理部门作为登记机关，要对当事人提交的申请材料进行书面审查，当事人对其提交的书面申请材料的真实性承担责任。郾城信用社在签订抵押担保合同前，没有对抵押物进行严格的审查核实，市工商行政管理部门在没有对宏泰公司的情况说明和资产评估报告进行严格审查的情况下出具的企业动产抵押物登记证存在失误，故应对其中1000米部分的铁路专用线的抵押予以撤销。〔3〕 在

〔1〕 参见江苏省泰州市中级人民法院(2017)苏12行终第51号判决书。
〔2〕 参见甘肃省高级人民法院(2019)甘行申第24号判决书。
〔3〕 参见河南省漯河市源汇区人民法院(2011)源行初字第9号判决书。

“江门市蓬江区市场监督管理局等与日立租赁(中国)有限公司等登记纠纷上诉案”中,法院认为蓬江市场监督管理局仅对汇昌印刷公司及荷塘支行提交的《动产抵押登记书》、抵押合同双方当事人主体资格证明、代理人身份证明文件和授权委托书进行形式审查,未要求上述两申请人提交涉案抵押物所有权或使用权归属证明材料,对上述两申请人自行提交的进口增值税专用缴款书实际未作审查核实,蓬江市场监督管理局作出涉案动产抵押登记未尽到审查义务,该登记行为违法。法院判决予以撤销。[1]

第三类是对当事人身份的审查。在“方某等诉迟某等工商行政登记案”中,法院认为,根据《居民身份证法》第 11 条规定,居民身份证有效期满、公民姓名变更或者证件严重损坏不能辨认的,公民应当申请换领新证。刘某办理抵押登记时提交的是已过期 10 年的身份证,莱阳市原工商行政管理局以该身份证作为有效证件来进行抵押登记,未尽到审慎审查义务,属程序违法。

三、动产物权统一登记的问题

学者基本上都主张建立统一的动产抵押登记机关,但侧重点有所不同。有学者认为,应建立统一的登记对抗主义、统一登记机关,规范登记事项,并适当引入烙印或刻记、购物发票背书制度、财产目录表制度、公证制度、动产抵押查询系统等,形成多元化的动产抵押公示体系。[2] 我国应该建立统一的动产抵押登记机关,现存的动产抵押登记作为行政机关的职能而不是一种公示方法,从而造成了登记与行政机关的设置和职能合一的问题,形成了多个登记机关负责动产抵押登记

[1] 参见广东省江门市中级人民法院(2015)江中法行终字第 137 号行政判决书。
[2] 参见熊进光:《论我国动产抵押登记制度的缺陷及其完善》,载《河北法学》2004 年第 5 期。

的现状,不利于有关交易当事人查阅登记,很难给交易的当事人全面的信息,同时也增加了市场的交易风险。[1] 动产抵押登记的统一,已经成为理论界和实务界的基本共识。有学者主张,由中国人民银行征信中心统一登记主要有三大优势:该机构不具有行政身份,不会对私权利造成侵扰;有独立的财产,能够在给当事人造成损害时有能力进行经济赔偿;有财政拨款支持,能够少收取手续费。[2] 有学者认为,市场监督管理总局牵头组建国家动产登记局进行管理,原因在于动产登记本身有维护市场秩序和交易安全的功能。[3]

全国市场监管动产抵押登记业务系统于 2018 年 12 月起在全国上线运行,其共有动产抵押登记申请、登记、公示和查询四项功能。2019 年 3 月,国家市场监督管理总局修改后的《动产抵押登记办法》对登记内容、登记程序、登记审查等方面作了进一步的简化。《民法典》删除了原《物权法》有关担保物权登记机构的规定,为统一动产抵押登记登记系统的构建留下了空间。根据国务院《关于实施动产和权利担保统一登记的决定》(国发〔2020〕18 号)的要求,自 2021 年 1 月 1 日起,中国人民银行征信中心动产融资统一登记公示系统,承接全国动产和权利担保统一登记服务,担保类型包括生产设备、原材料、半成品、产品抵押;应收账款质押;存款单、仓单、提单质押;融资租赁;保理;所有权保留;其他可以登记的动产和权利担保,但机动车抵押、船舶抵押、航空器抵押、债券质押、基金份额质押、股权质押、知识产权中的财产权质押除外。

目前更多的是动产抵押登记机构的统一,不涉及船舶、航空器和机动车等特殊动产。从未来发展来看,船舶不一定由船舶管理部门登记,

---

〔1〕 参见乔旭升、刘宗胜:《我国动产抵押公示登记制度的立法完善》,载《求实》2006 年第 S3 期。

〔2〕 参见周伟军、刘良毕:《我国统一动产担保物权登记制度探索》,载《海南金融》2012 年第 1 期。

〔3〕 参见孟勤国:《动产的现实价值与物权编规则需求》,载《社会科学战线》2019 年第 2 期。

航空器不一定由航空管理部门登记,机动车不一定由公安部门负责登记。特殊动产与一般动产一样,登记只是物权的一种公示方法,与行政管理没有必然的联系。不动产登记机构已经统一,结束了房屋、土地分散登记的格局。动产登记机构未来也应当统一,改变由不同部门登记的局面,提高登记的整体效率。本书主张,在不动产登记局的基础上,设立财产登记局,统一所有财产的登记,包括不动产、动产和知识产权等。在财产登记局的基础上,设立民事登记局,实现财产登记与身份登记的统一,实现户籍登记与婚姻登记的统一,实现户籍登记与收养登记的统一,实现营利法人、非营利法人和特别法人登记的统一。保护第三人的私权公示理论、政府机构设置的大部制理论和社会信用体系建设的大数据理论,是设立民事登记局的理论基础。民事登记机构在多大程度上统一,关系民事法律制度的实现,关系国家行政权的行使。学术界应当深入讨论设立民事登记局的必要性和可行性,提供顶层制度设计方案。

第三节 《民法典·物权编》所有权行使中的行政权

所有权是支配权,但随着社会发展,由于城乡规划、环境保护、耕地保护、市场监管、文物保护等原因,所有权受到行政权越来越多的影响。国家财产和集体财产,以及共有的私有财产,解决公共性问题,需要行政权的具体支撑。国家所有权行使主体的科学配置,是国家治理体系和治理能力现代化的基本要求。要进一步明确集体土地所有权的行使主体,弱化行政权对所有权权能不必要的限制。地方人民政府有关部门对设立业主大会和选举业主委员会给予指导和协助。要依法规制行政征收权和行政征用权,并给所有权人充分的补偿。

一、所有权行使的法律边界

《民法典》第240条规定:“所有权人对自己的不动产或者动产,依法享有占有、使用、收益和处分的权利。”该条的规范目的,在于明确所有权的定义,在于明确所有权的客体、积极权能、消极权能和行使的法律边界等。

(一)“依法”还是“不违反法律”

所有权是在法律允许的范围内行使,还是在法律禁止范围外均可行使,是两种不同的立法观念。“法无禁止即自由”和“法无授权即禁止”,是一枚硬币的两面,相辅相成。所谓“法律之下的自由”就蕴含着“法无禁止即自由”的要义。[1] “法无禁止即自由”是一条西方传统法律世界中的经典谚语,是西方自由主义的产物。“法无禁止即自由”指向民众的行为,只要不违反法律的强制性规范,即有广泛的自由空间。“法无授权即禁止”指向国家权力,遵循“越权无效”原则。国家权力属于公权,主要由公法进行调整,遵循“越权无效”原则;公民权利属于私权,主要由私法调整,奉行“法无禁止即自由”的原则。[2] 私法的原则是“协议就是法律”,适用听许原则、任意原则、私法自治原则;公法的原则是“公法的规范不得由私人间的协议而变更”。[3] 私法的法律规范模式是“凡是法律未禁止的,都是允许的”;公法的法律规范模式是“凡是法律未允许的,都是禁止的”。[4] 公民权利与国家权力作为一对范畴,有着完全不同的利益指向、不同的运行原则并由不同的法律调整。“法无禁止即自由”实质上就是限制国家权力,保障公民权利。只要法

---

〔1〕 参见王人博、程燎原:《权利及其救济》,山东人民出版社1998年版,第230页。

〔2〕 参见谢维雁:《走向平衡的宪政理论——对中国宪法学的一个初步检视》,载张海斌主编:《华东法律评论》(第3卷),法律出版社2005年版,第81页。

〔3〕 参见董保华等:《社会法原论》,中国政法大学出版社2001年版,第19页。

〔4〕 参见邱本:《市场法治论》,中国检察出版社2002年版,第91页。

律不禁止,均属于所有权人的自治范围。这是推进国家治理体系和治理能力现代化的要求,也是推进政府负面清单制度改革的需要。《民法典》第8条规定:“民事主体从事民事活动,不得违反法律,不得违背公序良俗。”因此,根据体系解释,《民法典》第240条中的“依法”应解释为“不违反法律”。

(二)所有权的“依法”限制

对所有权的限制,可以分为私法的限制和公法的限制。私法的限制又可分为两种,其一为权利行使的限制,其二为相邻关系的限制。[1]私法上限制所有权,遵循禁止权利滥用原则、诚实信用原则、权利失效原则等。我国《城乡规划法》《土地管理法》《城市房地产管理法》《建筑法》《农村土地承包法》《森林法》《草原法》《矿产资源法》《煤炭法》《水法》《渔业法》《海域使用管理法》《电力法》《民用航空法》《海商法》《道路交通安全法》《野生动物保护法》《文物保护法》《产品质量法》《食品安全法》《环境保护法》《大气污染防治法》《水污染防治法》《固体废物污染环境防治法》等一系列法律,对所有权的行使边界,针对不同的类型和情形,作出了具体的规定。公法上对所有权的限制种类繁多,更多是对公共利益的维护,包括宪法的限制和行政法的限制等。行政法上的所有权的限制主要包括:区域规划法和建筑法上的限制;社会环境保护法上的限制;街道或居住区容貌限制,如位置标识、广告设置等;公共卫生法的限制;电业、通信、航空法限制;历史文物保护法上的限制;森林法、渔业法上的限制;治安法、消防法上的限制;国家安全法上的限制。[2]

(三)对土地所有权行使的限制

土地所有权是各种所有权中最基础最重要的一种类型,对其进行

〔1〕 参见梁慧星:《中国民法典草案建议稿附理由·物权编》,法律出版社2013年版,第99页。
〔2〕 参见高富平:《物权法原论》(第2版),法律出版社2014年版,第140页。

适当限制是各国通行的做法。《民法典》第244条规定:“国家对耕地实行特殊保护,严格限制农用地转为建设用地,控制建设用地总量。不得违反法律规定的权限和程序征收集体所有的土地。”该条规范目的有两个:一是明确耕地的特殊保护;二是明确禁止非法征地。实行最严格的耕地保护制度,严格控制农用地转为建设用地是我国的基本国策。征收农村土地,应当按照特殊保护耕地的原则,依照法律规定的权限和程序进行,切实保护耕地,保护农民利益,保障社会安定和经济的可持续发展。[1] 该条属于不完全法条,如何对耕地进行特殊保护,违反耕地特殊保护的法律责任,以及征收集体土地的权限和程序等,并不明确。这依赖于其他法律相关条款,本条更多是立法政策的宣示性规定。2019年修改后的《土地管理法》对此作出了具体的规定。违反耕地保护的强制性规定,当事人所签订的合同是无效的,有关行政主管部门可以予以罚款等。

二、国家所有权行使中的行政权

国家所有权具有公众属性,行政权的科学配置对于国家所有权的行使具有重大的意义。国务院如何代表国家,由国务院哪个部门具体负责,地方政府及其相关部门能否行使国家所有权,是实践中和理论没有较好解决的问题。

(一)国务院代表国家行使国家所有权的论争

1. 立法上的规定

《民法典》第246条第2款规定:“国有财产由国务院代表国家行使所有权。法律另有规定的,依照其规定。”在《民法典》征求意见过程中,

---

〔1〕 参见全国人大常委会法制工作委员会民法室编:《中华人民共和国物权法条文说明、立法理由及相关规定》(第2版),北京大学出版社2017年版,第89页。

有意见认为,由“国务院代表国家行使国家所有权”可操作性不强。有意见认为,国家资源的所有权实际上有不少是由地方人民政府具体行使的,应规定地方人民政府也有权代表国家具体行使国家自然资源的所有权。有意见认为,要明确实践中行使所有权的地方各级人民政府同国务院之间的关系是委托还是授权。也有意见认为,应当由全国人民代表大会代表国家行使国家财产所有权。立法机关经研究认为,全国人民代表大会是最高的权力机关,国务院是最高国家权力机关的执行机关。由国务院代表国家行使所有权也是现行的管理体制。[1]

根据《土地管理法》第2条第2款、《矿产资源法》第3条第1款、《水法》第3条、《草原法》第9条第1款、《海域使用管理法》第3条第1款、《企业国有资产法》第3条,国家所有的土地所有权、矿产资源国家所有权、水资源国家所有权、国家所有的草原使用权、海域国家所有权、国有资产所有权,由国务院代表国家行使。国有财产依照法律的规定,可以由地方人民政府及其相关部门行使。这是“法律另有规定的,依照其规定”的应有之义。如《土地管理法》第5条规定,国务院自然资源部门负责全国的土地工作,县级以上人民政府自然资源主管部门的设置和职责,根据国务院的有关规定确定。《草原法》第9条规定,草原行政主管部门负责草原监督管理工作。《森林法》第9条规定,林业主管行政部门负责林业监督管理工作。《水法》第12条规定,水行政主管行政部门负责水资源的监督管理工作。《矿产资源法》第11条规定,地质矿产主管行政部门负责矿产资源勘查、开采的监督管理工作。《煤炭法》第12条规定,煤炭主管行政部门负责煤炭行业的监督管理。《渔业法》第6条规定,渔业主管行政部门负责渔业的监督管理。

---

〔1〕 参见黄薇主编:《中华人民共和国民法典物权编释义》,法律出版社2020年版,第72~73页。

2. 学术上的争议

对于国家所有权的本质，学术界存在私人所有说、全民所有说、权力机关所有说、机关法人所有说、公共所有说、公所有权说、中央政府所有说、分级所有说、集合共有说、总有说、信托所有说等不同观点。一些学者对国家所有权本身的提法提出了质疑，其认为应用公法法人所有权替代国家所有权。[1] 抽象意义的“国家”不能形成具体的对物的支配，无法行使权利，也无法确定其义务和责任，因此要确立公法法人的物权主体地位。[2] 这种观点具有一定的合理性，强调用传统民法思维解决国有财产的法律保护问题。国家所有权的确不同于传统的私人所有权，具有某种公权力属性。

3. 解释路径与未来立法

立法明确国家所有权，明确国家专有的财产范围，不仅具有法律意义，还具有政治意义。从解释论上，在承认国家所有权的前提下，进行法律制度的建构是科学的，也是可行的。《民法典》继续规定由国务院代表国家行使所有权，更多强调国务院作为中央人民政府，是最高国家行政机关，能够充分反映全国人民的意志和利益。实践中，国有资产并非完全是由国务院行使所有权，地方各级人民政府均在享有和行使国家财产所有权。就营利法人看，存在中央企业和地方企业，前者是中央政府直接管理的企业，后者是地方人民政府直接管理的企业。“省属国有企业”“市属国有企业”“县属国有企业”等，虽然被冠以国有的名义，但实际上是按照“谁投资，谁受益”的原则由地方各级人民政府享有投资者权益。因此，从现实的角度来看，“大一统”的国家所有权只存在于人民的观念中，从来不存在统一的国家所有权。我国虽然是单一制国

---

〔1〕 参见孙宪忠等：《国家所有权的行使与保护研究》，中国社会科学出版社2015年版，第580页。

〔2〕 参见孙宪忠：《中国物权法总论》（第2版），法律出版社2009年版，第31页。

家,但中央和地方存在财产上的分权。因此,根据委托理论,承认各级政府因国务院的委托行使国家所有权,承认所有权的分级享有,是解决现实利益冲突的前提和基础。

从立法论的角度来看,应当打破绝对的、统一的、不可分割的国家所有权观念,用科学的民法学理论去进行具体制度建构,建立公法法人所有权制度。所有权是特定人对特定物行使的特定权利,所有权的主体和所有权的客体都是确定的。《民法典》第246条规定的"国家所有权"并不是严格法律意义上的所有权,而是具有较强的政治意义。国家所有的表现形式是多种多样的,既可以是国家所有权,也可以是股权,还可以是管理权。根据《民法典》第57条和第60条,法人具有独立的财产,承担独立的责任。《民法典》第255条和第256条强调,国家机关和国家举办的事业单位对其直接支配不动产和动产的权益,包括占有、使用以及依照法律和国务院的有关规定收益、处分的权利。[1] 国家机关法人、事业单位法人对其财产享有的权利就是所有权。不应当承认双重所有权,一方面承认国家所有权,另一方面又承认法人的所有权。也不应当既承认国家所有权,又承认地方政府所有权。应当从制度建构的角度,承认各级政府系公法法人,均享有法律意义上的所有权。有学者指出,承认公法法人财产权符合物权特定的要求,有利于明确政府的职责,有利于提高政府服务的效能,有利于调动各级政府的积极性,有利于规范政府的行为。[2] 《民法典》第97条规定了机关法人,没有规定其他类型的公法法人。在国家机关设置上,如何区分作为私权利主体的机构和作为公权力主体的机关,需要我们进一步探讨。

---

〔1〕《民法典》第255条规定:"国家机关对其直接支配的不动产和动产,享有占有、使用以及依照法律和国务院的有关规定处分的权利。"第256条规定:"国家举办的事业单位对其直接支配的不动产和动产,享有占有、使用以及依照法律和国务院的有关规定收益、处分的权利。"

〔2〕参见孙宪忠等:《国家所有权的行使与保护研究》,中国社会科学文献出版社2015年版,第94~95页。

(二)国有自然资源资产监督管理委员会的设立

2021年1月1日实施的最高人民法院《关于审理涉及国有土地使用权合同纠纷案件适用法律问题的解释》第1条规定:"本解释所称的土地使用权出让合同,是指市、县人民政府自然资源主管部门作为出让方将国有土地使用权在一定年限内让与受让方,受让方支付土地使用权出让金的合同。"该司法解释将《民法典》作为解释的依据,整体上将国有土地使用权出让合同定性为民事合同。2015年颁布的最高人民法院《关于适用〈中华人民共和国行政诉讼法〉若干问题的解释》第11条,将行政特许经营合同等作为行政协议,突出行政法上的权利和义务。[1]最高人民法院《关于审理行政协议案件若干问题的规定》(法释〔2019〕17号)第1条和第2条规定了行政协议的内涵和外延,但没有明确将国有建设用地出让合同认定为行政协议。因此,国有建设用地使用权出让合同的性质,在理论上和实践中均存在较大的争议。

1. 国有建设用地使用权出让合同性质的理论争议

理论界主要存在的学说观点有民事合同说、行政合同说以及双阶理论学说等。第一,民事合同学说。行政合同的判定要借鉴"近因理论"或采用"直接执行公务说",建设用地使用权出让合同中的行政因素所占比重比较小,更多的还是民事因素,因此应当定性为民事合同。[2]合同性质的判断,应当从以下两个方面进行考量:一是合同的签订是否是为了社会公共利益,实现行政管理目标;二是合同关系是民事法律关系还是行政法律关系。建设用地使用权出让合同不具有公益性,合同

---

〔1〕 最高人民法院《关于适用〈中华人民共和国行政诉讼法〉若干问题的解释》第11条规定:"行政机关为实现公共利益或者行政管理目标,在法定职责范围内,与公民、法人或者其他组织协商订立的具有行政法上权利义务内容的协议,属于行政诉讼法第十二条第一款第十一项规定的行政协议。公民、法人或者其他组织就下列行政协议提起行政诉讼的,人民法院应当依法受理:(一)政府特许经营协议;(二)土地、房屋等征收征用补偿协议;(三)其他行政协议。"

〔2〕 参见崔建远:《行政合同族的边界及其确定根据》,载《环球法律评论》2017年第4期。

的内容是民事法律关系,因此应当定性为民事合同。第二,行政合同说。国有建设用地使用权出让合同是土地行政管理部门与受让方协商订立的体现行政法律关系的合同,是为了实现社会公共利益或者行政管理目标。资源的公共性是国有建设用地使用权出让合同等合同行政性的根本源头,这一特殊特征决定了这些合同应该受到公法调整,而不是受到私法规范调整。[1] 行政法上权利义务是判定行政合同的主要标准,在国有建设用地使用权出让合同中,有部分权利义务具备行政的属性,还有一些看似是民法权利义务的内容,实际上具有"质变"成行政法上权利义务的可能。[2] 第三,双阶理论学说。在国有建设用地使用权的出让阶段,具有行政许可的色彩和明显的公法特征,土地受让方可以通过公法途径寻求救济;出让合同的签订履行阶段,非行政性因素占据很大的比例,理应受到私法规范的调整,属于民事合同的范畴。[3]

2. 国有建设用地使用权出让合同性质的实践争议

按照民事诉讼处理,还是行政诉讼处理,实践中法院裁判不一致。有当事人按照民事诉讼起诉,法院以属于行政纠纷为由,驳回当事人的起诉。如在海南荣华工业发展有限公司与琼海市自然资源和规划局国有土地使用权出让合同纠纷案中,法院认为出让合同具有合同属性,但从整体上属于行政行为范畴,《行政诉讼法》第12条立法本意已经将出让合同纳入行政协议。[4] 在四平万合房地产开发有限公司与四平市自然资源局、四平市四通城市基础设施建设投资有限公司建设用地使用权出让合同纠纷案中,法院认为,政府作出的解除合同、收回土地的行

---

〔1〕 参见陈国栋:《行政合同行政性新论——兼与崔建远教授商榷》,载《学术界》2018年第9期。

〔2〕 参见韩宁:《行政协议判断标准之重构——以"行政法上权利义务"为核心》,载《华东政法大学学报》2017年第1期。

〔3〕 参见陈鑫范、吴明熠:《土地使用权出让合同的混合属性解析及其司法救济适用——基于双阶理论的思考与修正》,载《北京科技大学学报(社会科学版)》2019年第4期。

〔4〕 参见海南省高级人民法院(2019)琼民终969号民事裁定书。

为，是其作为土地管理部门的监督和管理行为，是具有可诉性的具体行政行为。[1] 在旬阳县国土资源局与旬阳县富源工贸有限公司建设用地使用权出让合同纠纷中，法院认为出让合同系行政机关为实现公共利益或行政管理目标在法定职责范围内与公民或法人签订的行政协议。[2]

有当事人按照行政诉讼起诉，法院以属于民事纠纷为由，驳回当事人的起诉。如在福建省融天房地产开发有限公司与大田县自然资源局等国有建设用地使用权出让合同一案中，法院认为，涉案合同于2013年签订，新的《行政诉讼法》于2015年5月1日开始实施，涉案合同应定性为民事争议。[3] 在陕西商洛德祥机械制造股份有限公司与山阳县自然资源局国有建设用地使用权出让合同一案中，法院认为双方系平等主体，而不是管理与被管理的关系；且原告诉求解除合同、返还出让金、赔偿利息损失均属于民事诉求。[4] 蒋某诉石柱土家族自治县规划和自然资源局等不履行法定职责一案中，法院认为，依据最高人民法院《关于适用〈中华人民共和国行政诉讼法〉若干问题的解释》，涉案合同不是行政协议；而最高人民法院《关于审理涉及国有土地使用权合同纠纷案件适用法律问题的解释》将涉案合同定性为民事合同。[5]

法院裁判不统一有多种原因，最重要的原因是土地管理部门具有双重属性。

土地管理部门是国有建设用地使用权出让合同的出让方还是国家行政机关，享有相应行政职权。《行政诉讼法》扩大了行政协议范围，但并未将国有建设用地使用权出让合同作为行政协议进行明确列举，同

[1] 参见吉林省高级人民法院（2019）吉民终546号民事裁定书。
[2] 参见陕西省安康市中级人民法院（2018）陕09民终888号民事裁定书。
[3] 参见福建省三明市中级人民法院（2019）闽04行终76号行政裁定书。
[4] 参见陕西省商洛市中级人民法院（2019）陕10行终38号行政裁定书。
[5] 参见重庆市高级人民法院（2019）渝行申563号行政裁定书。

时最高人民法院《关于审理涉及国有土地使用权合同纠纷案件适用法律问题的解释》还没有废止,这也是裁判不统一的原因。在旬阳县富源工贸有限公司与旬阳县国土资源局国有土地使用权出让合同纠纷案件中,法院认为"双方不具备平等的法律地位,认为土地出让行为是政府土地行政主管部门履行土地管理行政职权……合同为双方设定的权利、义务基本上都是管理性的规定,应定性为行政合同"。[1] 而在河南华顺房地产开发有限公司与舞钢市国土资源局建设用地使用权纠纷案中,法院认为"舞钢市国土资源局代表舞钢市人民政府对土地使用权进行处分,其与合同相对方受让人系平等主体……本案应属民事受案范围"。[2]

土地管理部门的不当行为,既构成了民法上的违约行为,也构成了行政法上的不法行为。当事人寻求行政救济的事由,大多都是因为行政机关在合同履行过程作出了不当的决定书。当事人提起行政诉讼时认为,土地管理部门作出的决定书违法,一些法院却判决认为系违约行为。如在乐陵市立林房地产开发有限公司与乐陵市国土资源局土地行政决定案件中,法院认为"乐陵市国土资源局……所作的《关于撤销国有建设用地使用权出让合同的决定》……行为的表现形式是以行政机关决定的方式作出,但作为国有土地使用权出让合同的一方当事人,其在该决定中履行的并不是行政机关的法定管理职责,而是一种基于平等民事主体之间解除合同的(重复)通知行为。该行为不符合具体行政行为的法定特征,实质上是一种民事行为,不属于《行政诉讼法》规定的受案范围"。[3]

〔1〕 参见陕西省安康市中级人民法院(2018)陕09民终888号民事裁定书。
〔2〕 参见河南省高级人民法院(2018)豫申5265号民事裁定书。
〔3〕 参见山东省德州市中级人民法院(2014)德中行终字第1号行政判决书。

3. 国有建设用地使用权出让合同性质的解决路径

国家既是公权力的主体,又是所有权的主体。国家所有权是通过国务院行使的,而国务院是行政机关,具有行政管理的相关职责,因此,区分作为所有权主体的国家和作为公权力主体的国家,就成为理论和实践中的疑难问题。土地管理部门作为国有土地建设用地使用权的出让主体及土地行政管理机构,不仅享有民事权利和义务,还享有相应的行政管理职能。民事调整和行政处理并存是国有建设用地使用权出让合同纠纷的重要特征。妥当处理国有建设用地出让合同纠纷,就要从制度设计上区分作为国家土地所有权的部门和作为土地管理的部门,前者是私权利主体,后者是公权力主体。

党的十八届三中全会决议中共中央《关于全面深化改革若干重大问题的决定》指出,健全国家自然资源资产管理体制,统一行使全民所有自然资源资产所有者职责。目前自然资源部下属的自然资源所有者权益司,具体负责全民所有自然资源资产划拨、出让、租赁、作价出资和土地储备政策等。在自然资源部的框架下,自然资源所有者权益司与自然资源调查监测司、自然资源开发利用司、国土空间用途管制司、国土空间生态修复司等相对独立,在一定程度上实现了所有者和管理者的分离。这种做法具有相当的历史合理性,但功能毕竟有限。随着改革的深入,要继续贯彻所有者和管理者相分离的思想,设立更为独立的国有自然资源资产部门。从理论上看,有两种改革模式:一是设立独立的国有自然资源所有者权益部门,与承担行政职责的国务院自然资源部相区分;二是扩大国资委的职责,涵盖国有自然资源所有者权益监管管理。从大部制改革路径看,功能相同或相近的政府部门应当合并。因此,改革国有资产监督管理委员会的职责,扩大国有资产监督管理委员会的权限,是比较理想的选择。考虑到改革的难度,目前也可以考虑组建与国有资产监督管理委员会并列的“国有自然资源资产监督管理委员会”。

“国有自然资源资产监督管理委员会”与国务院自然资源部不同，前者是国家自然资源使用权的行使主体，后者是对自然资源管理的行政机关，包括对国有自然资源的管理和对集体自然资源的管理。国家所有的自然资源与集体所有的自然资源，在法律上是平等的，要进行统一的登记、统一的规划和统一的空间用途管制。《土地管理法》第63条中规定，集体经营性建设用地使用权与国家建设用地使用权一样，可以转让、互换、出资、赠与或者抵押。集体建设用地使用权出让是民事合同，理论上和实践中没有争议。从建立城乡统一建设用地市场的改革目标出发，国有建设用地出让合同应当界定为民事合同。这样方能实现交易规则的统一，实现国有土地产权和集体土地产权的平等保护。因此，国有自然资源资产监督管理委员会代表国家，对属于全民所有的自然资源资产行使所有者权利，而建设用地使用权登记，以及因行使行政优益权而对出让合同行使单方解除权等，由国务院自然资源部负责监督和管理。

(三)国家取得遗失物所有权中的行政权

国家在一定条件下，可以取得遗失物、提存物、遗产等财产的所有权。这是所有权取得的一种方式，具有民法的意义，也具有行政法意义。国家取得所有权，具体是由国务院哪个部门负责，是由地方政府哪个部门负责，具体的取得程序等，是理论界和实践中一直没有较好解决的问题。

公安机关在遗失物管理中具有重要的职责。《民法典》第314条规定：“拾得遗失物，应当返还权利人。拾得人应当及时通知权利人领取，或者送交公安等有关部门。”遗失物品后，人们往往会到公安机关报告。同时，公安机关具有侦查能力和鉴别能力，因此，从解释论的角度来看，要明确将公安机关作为遗失物管理机关。公安机关作为遗失物管理的主要职能部门，受理拾得人送交的遗失物，也受理其他有关部门送交的遗失物。要明确公安机关对遗失物的通知招领义务，因为其在发布招领信息、查询权利人下落等方面具有不可比拟的优势。公安机关在受理遗失物后，应当尽快通知权利人，无法通知权利人的，应当尽快发布招领公告。自发布招领公告起的一年内无人认领的，遗失物就归国家所有。与原《物权法》第113条相比，《民法典》第318条将时间由“六个月”修改为“一年”，更好保护了遗失物权利人的利益。但统一定为“一年”也不尽合理。对于不宜保存的物品，或者保管费较高的物品，要赋予公安机关拍卖变价权。对于证书、资格证明等具有人身属性的物品，从确保资源有效利用的角度和保护权利人特定权益的角度，应当延长此类遗失物的公告期限。危险物品和毒品等禁止流通和限制流通遗失物，不得随意流入社会。其中，禁止流通物由公安机关统一移交专业单位进行销毁或妥善处理。对于实践中的遗忘物，应当参照遗失物的规定，由公安机关公告处理。

根据在“法信网”上的搜索，对于遗失物的管理，共有5个地方规范性文件，包括大连市人民政府办公厅《关于规范和完善拾得遗失物品管理工作的通知》（大政办发〔2011〕37号）、武汉市人民政府办公厅《关于规范和完善拾得遗失物品招领和报失工作的通知》（武政办〔2009〕29号）、《广州市出租汽车乘客遗失物品处理办法》（穗交〔2010〕3号）、《沈阳市拾得遗失物管理办法》（沈公发〔1988〕13号）、2014年制定的贵阳市道路运输管理局、贵阳市公安局公共交通公安管理分局《关于加强对出租汽车乘客遗失物品管理的通告》等。其中，武汉市人民政府办公厅《关于规范和完善拾得遗失物品招领和报失工作的通知》指出，对于无人认领的遗失物，由公安机关交市财政部门依法处理。该通知对于交财政部门后如何处理，没有规定。遗失物拍卖变卖所得的价款，作为财政的收入，用于营利目的还是用于非营利目的，也并没有规定。

《民法典》第 1160 条规定:“无人继承又无人受遗赠的遗产,归国家所有,用于公益事业……”因此根据类比解释,遗失物拍卖变卖所得的价款,亦应当用于公益事业。《民法典》第 574 条第 2 款规定:“债权人领取提存物的权利,自提存之日起五年内不行使而消灭,提存物扣除提存费用后归国家所有。”对于提存物,国家如何取得所有权,由哪个政府部门具体负责,需要进一步探讨。

三、集体所有权行使中的行政权

集体经济组织具有准国家的角色,肩负着公共的职能,不能遵循营利法人的运营模式。国家一方面作为私法的主体,是国家所有权主体;另一方面作为公权力主体,是国家监管的主体。在私法领域,国家公权力要退出,应当更加平等对待国有土地和集体土地,逐步允许国家与集体、集体与集体之间的土地所有权交易。在公法领域,国家权力要加强对集体土地利用的监管,监管的手段包括土地利用规划、耕地保护目标实现等。

(一)集体所有权本身的公共属性

坚持土地公有制性质不能改变,是农村集体土地改革的政治底线。土地承包经营权和宅基地使用权具有“准所有权”或“类所有权”的属性,强化土地使用权人的权益保护,是公有制条件下实现土地资源市场化配置的基本要求。然而,这并不意味着将土地使用权塑造为一种“胜似所有权”的权利,将土地所有权架空。因此,做虚集体土地所有权主体,违反了社会主义法治基本的政治理念。从集体所有制产生之初,集体就要承担起类似政府的职责。集体是地缘和血缘的共同体,有其财产、成员、决策机制、分配机制,在某种程度上就是一个微型的国家。1982 年《宪法》文本中的“集体”,是计划经济体制下经济资源的生产单位和分配单位。随着乡镇政府的成立,乡镇集体经济组织的行政职能逐步弱化。随着村民委员会的成立,村集体经济组织的行政职能逐步弱化。然而,截至目前,仍有大部分村没有成立集体经济组织,而由村民委员会代行其职责。根据《农村土地承包法》第 14 条和第 15 条,集体经济组织有监督承包方依照承包合同约定的用途合理利用和保护土地等权利,要承担组织本集体经济组织内的农业基础设施建设等义务。这些权利和义务在某种程度上属于政府的职责。因此,集体经济组织具有公共性,替国家分担了部分公共管理的职责。

(二)集体所有权的行使主体

《民法典》在"民事主体"一章并没有明确将"集体"作为权利主体。《民法典》第三章第四节规定了特别法人,其中第 99 条规定"农村集体经济组织法人"。集体经济组织是民事主体的一种类型,而对于集体本身的主体地位,立法并没有明确规定。《民法典》第 55 条在规定农村承包经营户的概念时,沿袭了原《民法通则》第 27 条,采取了"农村集体经济组织的成员"的概念。《民法典·物权编》继承了原《物权法》相关条款的表达,采用了"集体所有""本集体成员集体所有""农民集体""城镇集体"等。《民法典·继承编》沿袭原《继承法》,采用了"集体所有制单位"的表达。

从法律文本看,"集体"与"集体经济组织"的关系逐步发生了变化:第一,由"劳动群众集体所有"到"集体所有";第二,由"集体所有"到"集体经济组织所有";第三,由"集体经济组织所有"到"集体经济组织法人所有";第四,由"农村集体经济组织的劳动者"到"农村集体经济组织的成员"。因此,本书认为,将集体与集体经济组织区分的改革思路是否符合历史发展的规律和改革发展的要求有待商榷。集体土地所有权中的"集体",在某种程度上可以被"集体经济组织"替代,这是从法律上建构集体主体制度的客观需要。如果只是将集体经济组织作为集体的代行机构,那么仍然面临集体主体制度本身的缺位问题。区分"集体"和"集体经济组织",区分"集体成员"和"集体经济组织成员",从法律逻辑上看并不可行。根据《宪法》文本,农村土地所有权主体是集体,并没有规定法人可以成为权利主体。《民法典》将农村集体经济组织界定为特殊法人,实际上是需要对《宪法》相关条款进行合理解释。

根据《民法典》第101条第2款,未设立村集体经济组织的,村民委员会可以依法代行村集体经济组织的职能。村民委员会代村集体经济组织的职责与村民委员会公共管理的职责要进行区分。村民委员会是一个自治组织,承担村集体的管理和服务,是一个公法上的组织。而集体所有权是物权法上的概念,是属于"私"法的范畴。集体土地所有权的主体,主要分为三类:村民小组集体、村集体和乡镇集体。村民委员会只有村一级,而无更为细化的组委会或更高的乡镇委会。在理论上,应当采取政经分离的改革路径,集体经济组织与村民委员会相分离。然而,考虑到组织运行的成本,在今后相当长的时间内,所有农村集体均设立集体经济组织的改革路径并不可行。集体所有权的行使,并不是一概排斥行政权,有时还需要行政权的协助。适当的行政权配置,不仅不会阻碍集体经济组织行使所有权,还有利于农村集体土地所有权的行使。

（三）行政权对集体所有权行使的管控

集体承包地的调整,以及将承包地发包给集体经济组织以外的单位或个人,都要经行政权审批。《民法典》第336条规定,因自然灾害严重毁损承包地等特殊情形,需要适当调整承包的耕地和草地的,应当依照农村土地承包的法律规定办理。根据《农村土地承包法》第28条,承包期内承包地的调整,要经过乡镇人民政府和县级人民政府农业农村、草原、林业主管的批准。《农村土地承包法》第52条规定,将承包地发包给集体经济组织以外的单位或个人,需要经乡镇政府的审批。上述两个类型的行政审批,立法目的是稳定承包关系,尽量不调整承包地,尽量在集体经济组织内部承包。这些事项是集体经济组织内部的事项,不涉及公共利益,集体经济组织独立决策即可。至于集体经济组织决策不民主或者虽然民主决策但损害了少数人利益的,可以采取法律救济。

宅基地使用权的设立应当由集体确定,而不是由乡镇人民政府确定。《民法典》第 363 条规定:"宅基地使用权的取得、行使和转让,适用土地管理的法律和国家有关规定。"2019 年修改后的《土地管理法》第 62 条第 4 款规定:"农村村民住宅用地,由乡(镇)人民政府审核批准;其中,涉及占用农用地的,依照本法第四十四条的规定办理审批手续。"由此可见,乡镇人民政府实际上享有宅基地使用权的设立权限。根据 2019 年修改前的《土地管理法》,宅基地使用权的设立须乡镇人民政府审核后,报送县级人民政府批准。根据用益物权的基本原理,土地所有权人有权自主决定是否创设用益物权。宅基地作为农民集体土地的一部分,是否设立宅基地使用权,决策主体应当为农民集体。乡镇人民政府审批宅基地,不具备相应的法理基础,公权力过度干预私权利,影响了村民自治。宅基地使用权合同的设立,本身不应当是行政许可或行政审批。宅基地使用权设立属于集体经济组织成员自治的表现,土地所有者与土地使用者之间对土地利用的约定,原则上并不影响国家和他人的利益。因此,从解释学来看,应当运用私法的理论去解释宅基地使用权的设立,应当承认宅基地使用权出让合同。一些改革试点地区,尝试宅基地使用权的有偿取得,民事合同的性质就比较明显。即使传统上以一户一宅、无偿取得、长久使用为特征的宅基地取得方式,同样可以按照物权法的基本理论,解释出宅基地使用权设立的概念,解释出让土地承包经营合同、建设用地使用权出让、地役权合同、居住权合同等类似的宅基地使用权出让合同。至于乡镇政府的批准,应当解释为核准,弱化乡镇政府权力,只要这些合同不违反集体土地规划,不占用耕地,就应当同意。

集体建设用地使用权入市需要经过行政权的批准。《民法典》第344条规定的建设用地使用权客体仍然局限于国有土地。《民法典》对集体建设用地使用权没有直接规定,而是采用了转致条款,其中第361条规定,集体建设用地出让等,应当依照土地管理的法律规定。《土地管理法》第63条规定,只有土地利用总体规划、城乡规划确定为工业、商业等经营性用途,并经依法登记的集体经营性建设用地,才可以通过出让、出租等方式予以流转。集体对宅基地、集体公益性建设用地和空闲土地等的处分权,受到行政权较为严格的限制。

(四)对集体土地产权监管方式的转化

国家公权力对集体土地产权监管方式要发生变化,要更多采用公法手段的监管,而不是限制集体土地产权的权能。"守夜式"的国家并不能解决公共利益的维护问题,并不能解决私法领域的私人强制问题和弱者保护问题。因土地资源的有限性,集体土地产权行使过程中,难免发生侵占耕地、违反规划等行为。

从立法修改方向看,就要赋予集体土地产权更多的权能。基于产权平等保护理念,在坚持社会主义土地公有制基础上,未来应当允许国家与集体或集体与集体之间的土地所有权交易。因修改水利工程移民安居、整体扶贫搬迁、新农村建设撤村并村等,发生长期甚至永久占有其他集体经济组织土地的情形。现实的做法,往往是通过行政的力量,通过政府政策推动予以解决。这实际上回避了法律与现实生活之间的矛盾,并不是依法处理问题的思维模式。当然,现行《宪法》并不允许任何形式的土地所有权交易。国家公权力应当更加平等对待国有土地产权和集体土地产权,要转化对集体土地产权的管制方式。国家不能限制集体土地产权的权能,不能变相分享集体土地的部分权能,而应当更多通过公法方式对集体土地进行必要的管制。集体经济组织不能完全以市场为导向,仍然具有相当的公共性,这是由其公有制属性决定的。

四、业主共有权行使中的行政权

国有财产和集体财产具有公共属性,与行政权具有不可分割的关系。业主共有是共有的一种形态,因较多的人聚集在一起生活,同样不可避免具有公共属性。业主对建筑区划内的共有部分,包括但不局限于电梯、楼梯、过道、外墙面、水箱、电箱、水电气的主管道等,享有共有的权利,承担共有的义务。业主通过业主大会和业主委员会,行使对共有物的管理权。一方面,业主大会和选举业主委员会的成立,是私权主体的行为,排斥行政权的参加。另一方面,面临业主委员会成立难的现实问题,行政权要给予指导、帮助和监督。

(一)业主大会成立、业主委员会选举相关的行政立法权

《民法典》第277条第1款规定:“业主可以设立业主大会,选举业主委员会。业主大会、业主委员会成立的具体条件和程序,依照法律、法规的规定。”该条明确采用“法规”,就排除了“规章”,不符合地方立法现状。如南宁市政府2007年颁布的《南宁市物业管理办法》第54条规定:“业主……确需改变物业使用性质的,应当经过业主大会通过并报规划行政主管部门办理有关手续。影响毗连物业业主合法权益的,还应当征得毗连物业业主的书面同意。”该地方规章是对将住宅改变为经营性用房的具体细化。2010年北京市政府颁布的《北京市物业管理办法》和2012年湖南省政府颁布的《湖南省实施〈物业管理条例〉办法》等,是对业主大会、业主委会管理职责和业主义务的进一步细化。从立法技术上看,如果《民法典》要推动全国民事立法统一,采用“法律、行政法规”更为合适;如果《民法典》要维持目前立法现状,采用广义的“法律”的表达更为合适。从解释论角度,可以包括政府规章或规范性文件。

为规范物业管理活动,2003 年国务院颁布了《物业管理条例》,2007 年、2016 年、2018 年进行了三次修改。2020 年 10 月 27 日在“法信网”搜索“物业管理条例”,一共有 162 个地方人大常委会颁布了物业管理条例。省级的地方法规主要包括《江苏省物业管理条例》《辽宁省物业管理条例》《山西省物业管理条例》《重庆市物业管理条例》《北京市物业管理条例》等。地级市颁布的地方法规主要包括《武汉市物业管理条例》《沈阳市物业管理条例》《西安市物业管理条例》《银川市物业管理条例》《宁波市住宅小区物业管理条例》《宁波市住宅小区物业管理条例》等。2020 年 10 月 27 日在“法信网”搜索“物业管理办法”,一共有 56 个地方政府颁布了物业管理办法。省级政府颁布的规章主要包括《云南省城市住宅小区物业管理办法》《江苏省城市住宅区物业管理办法》《甘肃省物业管理办法》《吉林省物业管理办法》《吉林市物业管理条例实施细则》等。县市政府颁布的规章主要包括《威海市物业管理办法》《邯郸市物业管理办法》《云浮市物业管理办法》《廊坊市物业管理办法》《邯郸市物业管理办法》《东莞市物业管理办法》《金华市物业管理办法》《昆明市物业管理办法》《萍乡市物业管理办法》《邯郸市物业管理办法》《铜川市物业管理办法》《铁岭市物业管理办法》《拉萨市物业管理办法》《南宁市物业管理办法》《西宁市物业管理办法》《淄博市城市住宅小区物业管理办法(试行)》《贵阳市城镇住宅区物业管理办法》《武汉市城镇物业管理办法》《长春市住宅小区物业管理办法》《珠海市住宅小区物业管理办法》等。

部分政府对规章的立法依据予以明确。其中,一些是根据同级人大所颁布的物业管理条例。如吉林市人民政府颁布的《吉林市物业管理条例实施细则》,是根据吉林市人大所颁布的《吉林市物业管理条例》。一些是根据上级人大颁布的物业管理条例,或者国务院颁布的物业管理条例。如《威海市物业管理办法》是根据《物业管理条例》《山东省物业管理条例》颁布的。还有些地方规章,并没有明确立法依据。如银川市人民政府颁布的《银川市住宅小区物业管理办法》等。需要指出的是,大多数地方法规都是以国务院颁布的《物业管理条例》为依据,但也有例外。如《北京市物业管理条例》第1条就没有明确立法依据。因此,针对业主大会、业主委员会的地方立法,在立法依据方面比较混乱,不符合法治国家建设的要求,需要予以规范。

(二)业主大会成立、业主委员会选举相关的行政指导、行政协助

行政指导和行政协助是行政权行使的重要形式。《民法典》第277条第2款规定:“地方人民政府有关部门、居民委员会应当对设立业主大会和选举业主委员会给予指导和协助。”地方人民政府有关部门、居民委员会如何指导,如何协助,需要进一步研究。按照住房和城乡建设部2009年制定的《业主大会和业主委员会指导规则》(建房〔2009〕274号)第6条规定:“物业所在地的区、县房地产行政主管部门和街道办事处、乡镇人民政府负责对设立业主大会和选举业主委员会给予指导和协助,负责对业主大会和业主委员会的日常活动进行指导和监督。”根据该指导规则,行政权对业主大会、业主委员会的指导和协助主要表现在:第一,业主要向区、县房地产行政主管部门或者街道办事处、乡镇人民政府提出筹备业主大会书面申请;第二,首次业主大会会议筹备组由街道办事处、乡镇人民政府代表和居民委员会代表、业主代表、建设单位代表组成;第三,街道办事处、乡镇人民政府协调解决筹备组中业主代表推荐或自荐中的争议问题;第四,业主委员会委员资格终止或业主委员会任期届满后,物业所在地的公安机关可以协助解决档案资料、印章及其他属于全体业主所有的财物的移交问题;第五,所在地的居民委员会,业主委员会逾期不组织换届的,在街道办事处、乡镇人民政府的指导和监督下组织换届选举工作;第六,物业所在地的居民委员会,在业主委员会无法选举产生或者业主委员会委员人数不足时,在街道办

事处、乡镇人民政府的指导和监督下，可以代行业主委员会的职责；第七，房地产行政主管部门和街道办事处、乡镇人民政府有权责令业主大会、业主委员会限期改正或者撤销违反法律法规的决定。行政主管部门在依法协助、指导业主大会设立时，应当以业主房产证记载的面积作为专有部分面积为依据确定每位业主的投票权。[1] 因此，行政权参与首次业主大会会议筹备组、协调解决业主委员会委员推荐或自荐中的问题、解决业主委员会缺位的相关问题、处理业主大会或业主委员会的违法决定等。

居民委员会是基层群众自治组织，但肩负着公共职责，主要为：协助维护社会治安，协助政府做好公共卫生、计划生育、优抚救济、青少年教育等工作。居民委员会在地方人民政府有关部门的指导和监督下，参与业主委员会的设立等工作。对于居民委员会与业主委员会的关系，学术界存在不同的观点。第一种观点主张，将业主大会作为居民委员会的下设机构，因为居民委员会工作任务中的行政事务占据相当部分，存在行政化的倾向，这样做能够有效地统筹、利用现有的社区资源。[2] 第二种观点主张，住宅小区要依托社区居民委员会实行自治管理。

在尚未选聘物业服务企业且未组建业主委员会的住宅小区，居民委员会在某种程度上起到了业主委员会的作用，承担了公共区域的物业管理工作。《上海市居民委员会工作条例》第21条等对此提供了较为明确的依据。中共中央、国务院2017年6月印发的《关于加强和完善城乡社区治理的意见》指出，探索在无物业管理的老旧小区依托社区居民委员会实行自治管理。第三种观点认为，居民委员会代为行使业主组织职责。考虑我国的特殊国情，特殊情况下由居民委员会代行业

---

〔1〕 参见广东省高级人民法院（2014）粤高法行终字第529号行政判决书。

〔2〕 参见黄娟：《保守仰或激进？——从居委会与业主委员会的关系看居委会的未来变革》，载《河北法学》2010年第2期。

主委员会的职责，具有相当的合理性。《上海市居民委员会工作条例》第 20 条和《广州市物业管理暂行办法》第 63 条对此予以规定。业主自治是居民自治的重要体现，居民委员会可以介入业主自治实现过程。居民委员会是社区公共利益的维护者，要保证房屋使用的公共安全，要监督物业服务相关信息公开，要通过政策指引，鼓励召开业主大会，鼓励设立业主委员会。居民委员会应当协助政府指导业主委员会组建和换届选举的组织工作，应当协助政府指导业主委员会建立健全日常运作的工作制度。居民委员会参与业主委员会的设立等工作，并不影响业主自治权利，相反有利于业主自治权利的实现。

行政权对业主委员会监督管理的另外一种重要表现形式是备案。《物业管理条例》第 16 条第 1 款规定："业主委员会应当自选举产生之日起 30 日内，向物业所在地的区、县人民政府房地产行政主管部门备案。"行政备案不是行政许可，也不是行政确认。行政备案的目的在于信息收集和存档备查，行政备案行为本身并不创设资格或权利。政府职能依行政相对人的申请而作出行政备案的决定，但不能依职权主动作出。根据《业主大会和业主委员会指导规则》，行政备案是业主委员会刻制印章的前提条件。行政备案本身不具有公信力，备案的业主委员会可能是非法成立的，没有备案的业主委员会也可能是合法有效的。当然，行政备案作为一种行政行为，可以通过行政复议或者行政诉讼予以救济。

五、不动产或者动产征收中的行政权

征收是国家以行政权为基础，强制取得民事主体财产所有权的行为。物权变动自征收决定生效时发生效力，与通过民事法律行为产生的物权变动具有同等效力。《民法典》第 243 条基本承袭原《物权法》第 42 条。具体修改的地方包括：(1) 新增"及时"支付补偿款的要求；

(2)将“农村村民住宅”明确纳入征收集体所有土地需要进行的补偿范围内;(3)将“单位”改成“组织”,将“拆迁”改为“征收”,将“和”改为“或者”。该条的规范目的在于明确征收的条件、程序和补偿,保护被征收权利人的合法财产。该条平衡财产权的保护与公共利益维护的关系,既是赋予行政机关权力,也是限制行政机关权力。因此,征收往往有严格的法定条件和法定程序,并给予被征收人公平、合理的补偿。

(一)征收的目的、权限、程序和对象

《民法典》第243条第1款规定:“为了公共利益的需要,依照法律规定的权限和程序可以征收集体所有的土地和组织、个人的房屋以及其他不动产。”其中“公共利益”是征收的目的。征收的“权限和程序”由法律具体规定。“集体所有的土地和组织、个人的房屋以及其他不动产”是征收的对象。

1. 征收的目的

《民法典》第243条第1款延续《宪法》第10条第3款、原《物权法》第42条的表达,将征收的目的笼统界定为“公共利益”,但对其内涵并没有进一步明确。根据全国人大常委会法制工作委员会民法室的表述,在原《物权法》起草过程中,有人主张明确界定公共利益的范围,以限制有的地方政府滥用征收权力,侵害群众利益。全国人大原法律委员会、全国人大常委会法制工作委员会同国务院原法制办公室、原国土资源部等部门及专家反复研究认为:在不同领域内,在不同情形下,公共利益是不同的,情况相当复杂,原《物权法》难以对公共利益作出统一的具体界定,还是分别由《土地管理法》《城市房地产管理法》等单行法规定较为切合实际。[1] 公共利益到底应该由哪个主体来判断,也存在

〔1〕 参见《中华人民共和国物权法条文说明、立法理由及相关规定》(第2版),北京大学出版社2017年版,第80~81页。

较大争议。有学者主张,公共利益应当由立法机关判断,全国和地方人大应该在决定征收过程中发挥实质性作用。[1] 有学者主张,公共利益应当由法院判断,防止政府等部门对公共利益的滥用,就不能由政府来认定什么是公共利益的需要,应由司法机构来裁判。[2] 有学者主张,公共利益应当采取听证的方式确定,让民众去判断公共利益。[3] 公共利益应当由法律明确规定、提供最基本制度框架为宜。就具体征收个案而言,政府采取听证程序,听取利益相关者对法律和事实问题的陈述,能够较为妥当解决公共利益的判断问题。司法作为保障公民权益的最后一道门槛,应当通过一系列的司法判决,引领"公共利益"的具体判断。

根据全国人大常委会法制工作委员会民法室的意见,作为征收目的的公共利益,应当具备下列特征:(1)受益人须具有不特定性。(2)公众享有利益须具有实质性和直接性。为了谋求商业利益或者单位的利益,需要他人转让其不动产或动产的,应当通过平等协商、公平买卖的办法解决,而不是借助国家强制力来实现。[4] 完善集体土地征收制度,关键是界定公共利益范围,不将公共利益扩大化。2019 年修改后的《土地管理法》第 45 条采取了列举和概括规定的方式,明确了公共利益的范围,具有相当的科学性。实践中,存在争议的是符合公共利益的成片开放。当前国内还处于城市化快速扩张的阶段,而且是整片扩张,几平方公里、十几平方公里,甚至几十平方公里的土地变成城市建设用地,

---

〔1〕 参见袁曙宏:《公共利益如何界定?》,载新浪网:http://news. sina. com. cn/o/2004 - 08 - 11/05203358445s. shtml,2021 年 2 月 27 日最后访问。

〔2〕 参见尹田:《追问物权法的公共利益:公共利益应由司法来裁判》,载新浪网:http://news. sina. com. cn/c/2005 - 08 - 17/12497522102. shtml,2020 年 3 月 20 日最后访问。

〔3〕 参见刘俊海:《寻求公共利益与个体利益的最佳平衡点》,载搜狐网:http://news. sohu. com/20040803/n221330639. shtml,2021 年 2 月 27 日最后访问。

〔4〕 参见石宏主编:《中华人民共和国民法总则:条文说明、立法理由及相关规定》,法律出版社 2017 年版,第 274 页。

这其中既有经营性建设项目,还有公益性建设项目。成片开放在实践中是作为征收的理由,被认定为符合公共利益。对此,立法长期缺乏相关的制度约束。2019 年修改后的《土地管理法》对此予以规范,强调成片开发需要在符合土地利用总体规划的城镇建设用地范围内进行,且成片开发必须经过省级人民政府批准,符合国务院自然资源主管部门规定的标准等。这实际上是进一步限缩了征收集体土地的范围,是集体建设用地直接入市改革的配套制度安排。

2. 征收的权限和程序

根据《土地管理法》第 46 条,征收集体土地的审批主体是国务院和省、自治区、直辖市人民政府。根据《土地管理法》第 47 条,征收集体土地的程序主要包括农用地转为建设用地的审批程序、公告征地决定程序、改进征地补偿方案程序、公告征地决定等。征收国有土地上房屋的程序主要包括公告征收补偿方案程序、改进征收补偿方案程序、征收补偿费用提前安排程序、公告征收决定程序等。征收应当遵循公开透明民主的理念,必须进行公告、听取被征收主体的意见、开展风险评估、公告征地决定、改进征地补偿方案等,在征地的各个环节做到公开、透明、便民、高效。征收违反法定的权限和程序,复议机关可以决定撤销、变更或确认该具体行政行为违法,人民法院可以撤销或者部分撤销该具体行政行为。有时为了国家利益或公共利益,只是确认征收行为违法,并责令其采取补救措施,但不撤销征收行为。

3. 征收的对象

《民法典》第 243 条第 1 款明确的征收对象是“集体所有的土地和组织、个人的房屋以及其他不动产”。我国《宪法》第 10 条第 3 款规定的征收对象是“土地”,《民法典》第 243 条将“土地”扩展到“不动产”。征收的对象限于不动产,主要是考虑到动产一般都有很多替代品,政府无须通过征收的方法取得。《民法典》第 494 条第 1 款规定:“国家根据抢险救灾、疫情防控或者其他需要下达国家订货任务、指令性任务的，有关民事主体之间应当依照有关法律、行政法规规定的权利和义务订立合同。”对于动产，国家可以采用征购的方式实现。在承认房屋扩张征收制度的情况下，机器设备等附着物有可能成为征收的对象。

第一，集体土地所有权的征收。《民法典》第243条第1款中作为征收对象的“土地”是广义的土地，包括森林、山岭、草原、荒地、滩涂等。我国实行土地公有制，土地归国家和集体所有。因此，征收的对象只能是集体所有的土地。

第二，房屋所有权的征收。《民法典》第243条第1款中作为征收对象的“房屋”，是指自然人、法人和非法人组织的房屋，包括集体土地上的房屋，也包括国有土地上的房屋。2011年国务院通过的《国有土地上房屋征收与补偿条例》第2条规定：“为了公共利益的需要，征收国有土地上单位、个人的房屋，应当对被征收房屋所有权人（以下称被征收人）给予公平补偿。”《国有土地上房屋征收与补偿条例》是在原《物权法》颁布后制定的，废止了原来的《城市房屋拆迁管理条例》，明确将国有土地上房屋作为征收的对象。除了一般房屋征收外，还有区段房屋征收，征收的客体是一定区域的所有房屋。《国有土地上房屋征收与补偿条例》第8条第5项规定，“由政府依照城乡规划法有关规定组织实施的对危房集中、基础设施落后等地段进行旧城区改建的需要”，市、县级人民政府作出房屋征收决定。这种征收被称为区段征收，以改善被征收人住房条件，实现土地集中利用的“危旧房”改造、“城中村”改造等。危旧房改造是指以改善居住条件为目标，对一定范围内环境差、年代久、有安全隐患的房屋予以征收，统一规划后重新建设的制度。[1] 城中村改造也是实践中征收的一种重要类型，要实行“城中村”的集体改

〔1〕 参见顾大松：《房屋征收法律制度研究》，东南大学出版社2017年版，第111页。

制,实现居住条件的改善。

第三,国有建设用地使用权的征收。关于国有建设用地使用权提前收回是不是征收,存在争议。2019 年修改后的《城市房地产管理法》第 20 条规定:"国家对土地使用者依法取得的土地使用权,在出让合同约定的使用年限届满前不收回;在特殊情况下,根据社会公共利益的需要,可以依照法律程序的提前收回,并根据土地使用者使用土地的实际年限和开发土地的实际情况给予相应的补偿。"《民法典》第 358 条规定:"建设用地使用权期限届满前,因公共利益需要提前收回该土地的,应当依据本法第二百四十三条的规定对该土地上的房屋以及其他不动产给予补偿,并退还相应的出让金。"从理论上看,征收是导致所有权变动的法定事由,用益物权和担保物权并不是征收的对象。我国城市土地是国家所有,土地所有权不能交易。基于我国特殊的国情,将国家建设用地使用权纳入征收的范围,更有利于保护权利人的程序权益和实体权益。《民法典》第 117 条规定的征收对象,只是泛泛表达为"不动产或者动产",并没有限定为"不动产或者动产的所有权"。因此,从司法适用技术上,国有建设用地使用权的征收,可以适用该条款的规定。国家对于征收有明确的程序和权限要求,对于国有建设用地使用权的提前收回,则没有相应的要求。我国实行房地一体主义,既然国有土地上房屋是征收的对象,从解释论上国有建设用地使用权也应当是征收的对象。当然有一种例外,就是国有建设用地使用权出让后不久,还没有建造房屋,就因公共利益需要被收回。即使是这样,按照征收处理,解释论也能说通,也能够更好保护国有建设用地使用权人的权益。

第四,土地承包经营权和宅基地使用权的征收。《民法典》第 243 条明确将集体土地所有权作为征收的对象,土地承包经营权和宅基地使用权是依附于集体土地所有权的权利。《民法典》第 327 条规定,因不动产或者动产被征收、征用致使用益物权消灭或者影响用益物权行使的,用益物权人有权获得相应补偿。有学者认为,宅基地使用权的无期限性,意味着宅基地实际上已经演变为近乎农民的私产,应当作为独立的征收对象。土地承包经营权也具有准所有权的属性,也应当作为独立的征收对象。[1] 这种观点意识到集体土地用益物权的中国特色,即突出对农户土地权益的保护,具有相当的科学性。从法律适用看,在集体土地征收补偿的权益分配中,更多突出土地承包经营权人和宅基地使用权人的权益保护,而不是笼统保护集体成员的权益。

第五,公房租赁权的征收。实践中,公房租赁权等非房屋所有权,也被作为征收的对象。直管公房租赁权是国家为了保障公民居住权而提供的一项具有重大财产利益的权利。直管公房承租人是通过向行政机关申请而获得直管公房租赁权,不同于一般的租赁权。基于该项权利,直管公房承租人得以长期缴纳低房租居住该房屋,对该房屋享有长期的占有和使用权,其经济地位近似于房屋所有权人。[2]

第六,扩张征收。扩张征收,又称"一并征收""高额征收",系适用征收必要性的例外。扩张征收是指房屋所有权人为避免一般征收范围过当导致损害而启动的征收类型,具有如下三个特征:其一,扩张征收的程序由被征收人启动,而一般征收程序由用地人启动;其二,扩张征收属于征收必要性原则的例外,而一般征收必须遵循必要性原则;其三,扩张征收的申请受一定时效约束。[3] 我国实践中,扩张征收包括两类:一是被征收房屋残余部分一并征收;二是被征收房地产附着物一并征收。拆迁红线穿越建筑物,如果严格依照红线范围仅仅拆除部分建筑,一方面可能造成安全隐患,另一方面完全可能造成残余部分价值大为降低。被征收房屋或土地上附着物如装修材料及机器设备,虽然在

---

〔1〕 参见申建平:《对农村集体土地征收补偿范围的反思》,载《比较法研究》2013 年第 2 期。
〔2〕 参见最高人民法院(2018)最高法行申 221 号行政裁定书。
〔3〕 参见顾大松:《房屋征收法律制度研究》,东南大学出版社 2017 年版,第 123 ~ 124 页。

物理上可以与房屋或土地分离，但是一旦分离后将会造成装修价值大幅降低或者机器设备不能使用，这种情形应当允许所有人申请扩张征收。[1] 对机器设备等附着物进行扩张征收，实质上是把动产也作为征收的对象。

（二）征收集体土地和国有土地上房屋的补偿

2019 年修改后的《土地管理法》第 48 条对征收集体土地补偿作出了具体的规定。整体上，集体土地征收补偿标准仍然较低，主要表现在三个方面：第一，补偿项目不全面。补偿项目只包括土地补偿费、安置补助费、农村村民住宅及其地上附着物和青苗的补助费。从比较法的角度来看，还包括对改良物的补偿、被征地使用影响连接土地的补偿、残余土地一并征收与补偿等。第二，补偿基准不合理。长期以来，集体土地征收是按照原土地用途进行补偿的。2019 年修改后的《土地管理法》采取了区片综合地价为补偿标准。这种规定较为合理，但也难以扭转补偿基准不合理的现状。第三，计算方法不科学。区片综合地价还是以土地原用途为基础，综合其他因素确定的。因此，有学者建议进一步明晰征地补偿法律关系、厘清征地补偿观念、引入农地发展权理论等解决实践中的征地补偿问题。[2] 土地发展权，也称土地开发权，是将土地变更为不同用途的权利，是一种可以与土地所有权分割而单独处分的财产权。[3] 《民法典》第 117 条明确强调公平、合理的补偿，为土地补偿提供了价值选择的基础。

2011 年国务院通过的《国有土地上房屋征收与补偿条例》第 17 条规定："作出房屋征收决定的市、县级人民政府对被征收人给予的补偿

---

〔1〕 参见顾大松：《房屋征收法律制度研究》，东南大学出版社 2017 年版，第 125 ~ 126 页。

〔2〕 参见高飞：《集体土地征收法制改革研究：法理反思与制度重构》，中国政法大学出版社 2019 年版，第 163 ~ 176 页。

〔3〕 参见江平主编：《中国土地立法研究》，中国政法大学出版社 1999 年版，第 384 页。

包括:(一)被征收房屋价值的补偿;(二)因征收房屋造成的搬迁、临时安置的补偿;(三)因征收房屋造成的停产停业损失的补偿。市、县级人民政府应当制定补助和奖励办法,对被征收人给予补助和奖励。”该条“因征收房屋造成的停产停业损失的补偿”,是实践中发生的重大问题。该条例第23条授权省、自治区、直辖市制定具体的办法。一些地方进一步明确了征收补偿标准,为未来全国相对统一的征收补偿标准奠定了扎实的实践基础。实践中有三种停产停业损失补偿办法。

第一,按照被征收房屋补偿价格的一定比例给付停业停产损失补偿。如2011年上海市政府制定的《上海市国有土地上房屋征收与补偿实施细则》第35条规定:“因征收非居住房屋造成被征收人、公有房屋承租人停产停业损失的补偿标准,按照被征收房屋市场评估价的10%确定。被征收人、公有房屋承租人认为其停产停业损失超过被征收房屋的市场评估价10%的,应当向房屋征收部门提供房屋被征收前三年的平均效益、停产停业期限等相关证明材料。房屋征收部门应当委托房地产价格评估机构对停产停业损失进行评估,并按照评估结果予以补偿。被征收人、公有房屋承租人对评估结果有异议的,可以按照本细则第二十五条第三款规定申请复核、鉴定。”

第二,以被征收房屋的建筑面积给付固定标准的停产停业损失补偿。《重庆市国有土地上房屋征收与补偿办法(暂行)》(渝办发〔2011〕123号)第25条规定:“被征收住宅建筑面积公摊系数低于或等于15%的,按15%的公摊系数计算应补偿的住宅建筑面积,被征收住房建筑面积公摊系数高于15%的,按实际面积计算房屋补偿。”第26条第1款规定:“征收范围内的个人住宅,经申请并审查公示,以产权户为单位,家庭实际居住且在他处无住宅的,按本办法第二十五条规定实施补足后,家庭人口在2人及以下,被征收住房建筑面积不足30平方米,按建筑面积30平方米给予补偿;家庭人口在3人以上,住房建筑面积不足45平方米,按建筑面积45平方米给予补偿。对不符合上述条件骗取保障性补偿的,经查实,依法追回保障部分补偿。”

第三,细化评估标准后,以一定的停产停业期限确定补偿。如2011年甘肃省政府制定的《甘肃实施〈国有土地上房屋征收与补偿条例〉若干规定》第15条规定:“停产停业损失补偿的标准,以被征收人提供的近三年纳税证明为依据确定;不足三年的以全部生产经营期间纳税证明为依据确定。停产停业损失补偿,生产经营三年以上的以近三年生产经营效益平均值为计算依据,不足三年的以生产经营期间效益平均值为计算依据。”第16条规定:“停产停业损失补偿期限,商业、服务性行业按半年予以补偿;工业生产行业按一年予以补偿。”

六、不动产或者动产征用中的行政权

《民法典》第245条规范目的在于明确行政机关征用的权力边界,在于明确被征用组织、个人的权利保护。一方面,该条明确了行政权行使的基本规则,明确了征用的前提是因抢险救灾、疫情防控等紧急需要,并限定了政府及相关工作人员的征用权限和程序,为行政权强制取得被征用人的财产使用权提供法律依据。另一方面,该条确立了被征用人权利救济的基本规则,明确了返还原物请求权和损害补偿请求权的行使条件。征用既是民法问题,也是行政法问题。本条旨在从民法角度,从财产使用权受到限制角度,对征用行为进行规范。

(一)征用的两种类型

征用包括常态征用和紧急征用。常态征用属于行政机关在正常社会管理的状态下的征用。对于常态征用,行政相对人有较好的预见性。例如,南水北调工程需临时征用土地,堆放建筑材料,征用主体可以与行政相对人充分协商征用的细则,最大限度地保护行政相对人的利益。常态征用也要基于公共利益,与《土地管理法》第57条规定的土地临时使用不同。紧急征用是在发生自然灾害、事故灾难、公共卫生事件和社会安全事件等突发事件时，政府依法强制取得行政相对人财产的使用权，并在事后返还或对损失进行补偿的具体行政行为。

《民法典》第245条规定的征用是指紧急征用，是以抢险救灾、疫情防控等紧急需要为前提的。该条没有规定常态征用，但依据体系解释应当承认常态征用。《民法典》第117条规定："为了公共利益的需要，依照法律规定的权限和程序征收、征用不动产或者动产的，应当给予公平、合理的补偿。"该条规定的征用，并没有限定在紧急情况，而是包括了常态征用。《土地管理法》《草原法》《森林法》《军事设施保护法》等法律规定的征用，不局限于紧急需要。如2019年修改后的《土地管理法》第2条第4款、2013年修改后的《草原法》第38条、2019年修改后的《森林法》第21条、2014年修改后的《军事设施保护法》第13条、2016年制定的《国防交通法》第7条、2010年通过的《国防动员法》第59条等，这些法律条款规定的征用并没有限定是紧急情况。因矿藏开采和工程建设，因军事禁区、军事管理区范围的划定或者扩大，因国防需要等进行的征用，应当解释为特殊事项的常态征用。

（二）紧急征用的对象

《民法典》第245条规定征用的对象是"不动产或者动产"。不动产包括土地、林地、草原、水面、滩涂等，也包括房屋、其他建筑物等。动产包括食品、饮用水、能源、运输工具、医疗用品、机器设备等。理论上，劳务也可以成为紧急征用的对象。如《传染病防治法》第45条第2款中规定，"紧急调集人员的，应当按照规定给予合理报酬"。对于知识产权等，是否可以成为被征用的对象存在争议。有人主张，为满足人民群众日益增长的精神文化需求，在重大疫情等紧急情况下，行政机关可以强制知识产权的许可。这种强制许可不以使用者申请为前提，不以权利人联系不上或者使用者无法与之达成授权使用协议为前提，无须经过繁杂的强制许可手续。[1] 知识产权的强制许可与不动产或者动产的征用具有功能的相似性。《民法典·物权编》是以有体物为产权模型塑造的财产基本法,因此该条的规定对知识产权强制许可相关条款的解释,亦具有一定的参考意义。这要根据知识产权的不同类型,作出不同的解释方案。

有学者认为,紧急征用的对象局限于非国有的财产;政府对于国有财产,没有必要采用征用的手段,可以直接采用调用的方法;《传染病防治法》第45条和《突发事件应对法》第52条等将征用与调用混同,全国人大常委会应当对这些条款予以修改。[2] 2019年国务院通过的《生产安全事故应急条例》第26条规定:"有关人民政府及其部门根据生产安全事故应急救援需要依法调用和征用的财产,在使用完毕或者应急救援结束后,应当及时归还。财产被调用、征用或者调用、征用后毁损、灭失的,有关人民政府及其部门应当按照国家有关规定给予补偿。"该行政法规就同时采用了"征用"和"调用"两种不同的表达。不过,要客观看待《宪法》条款,对其作整体的解释。我国《宪法》第10条第3款规定:"国家为了公共利益的需要,可以依照法律规定对土地实行征收或者征用并给予补偿。"从文义解释看,征用对象的确是私有财产。从体系解释看,这些条款产生于计划经济时代,具体含义需要与社会主义市场经济、社会主义核心价值观、社会主义法治国家等条款相结合。国有财产的利益主体并非是完全一致的,国有企业、国有事业单位和国家机关在民法视野下均塑造为不同的法人,享有不同的权益。因此,《传染病防治法》《突发事件应对法》等法律对征用的对象表达,不区分国有财

---

〔1〕 参见张凤志:《公共利益为重,疫情中版权应该强制许可吗?》,载中国财经媒体版权保护联盟:https://fmcpa.org.cn/2020/03/07/,2020年4月10日最后访问。

〔2〕 参见王磊:《防疫误用了"征用"与"调用"并建议全国人大审查相关立法》,载个人图书馆:http://www.360doc.com/content/20/0218/12/50928762_892887479.shtml,2020年3月28日最后访问。

产与非国有财产,是适当的。

(三)紧急征用的程序和补偿

很多地方制定了紧急征用的地方规定,明确了相关的法律程序和权限。其中,云南省政府颁布的《云南省突发事件应急征用与补偿办法》和四川省四平市政府颁布的《四平市应对突发事件应急征用实施办法》明确了紧急征用的法律程序,具有参考意义。如《云南省突发事件应急征用与补偿办法》第10条规定:"突发事件发生后,需要征用应急设备、设施、场地、交通工具和其他物资的,由县级以上征用单位提出申请,报同级政府作出应急征用决定。"

对被征用或者征用后毁损、灭失予以补偿的标准如何确定,也存在争议。有些地方法规规定的是按市场标准进行赔偿。如《安徽省突发事件应对条例》第30条规定:"……财产被征用或征用后毁损、灭失的,应当参照征用时的价值给予补偿。"《四川省突发事件应对办法》第41条规定:"……财产被征用或征用后毁损、灭失的,应当按征用时的市场价格给予补偿。"《广东省突发事件应急补偿管理暂行办法》第4条规定:"……补偿价值应与被征用财产在征用期间的使用价值相当,或者与因应急征用和突发事件应对措施而造成的财产损失相当……"很多地方只是笼统说补偿,并没有明确标准。如《辽宁省突发事件应对条例》第41条规定:"……财产被征用或者征用后毁损、灭失的,应当给予补偿。经营性财产被征用而遭受经济损失的,应当在补偿财产损失的同时给予生活补助。"《山西省突发事件应对条例》第38条第3款规定:"实施征用的人民政府应当及时返还被征用财产。财产被征用或者征用后毁损、灭失的,实施征用的人民政府应当按照国家和本省有关规定给予补偿。"我国目前紧急征用补偿标准不一,因此要形成全国范围内统一的补偿标准。《民法典》第117条规定,征用要给予"公平、合理的补偿"。据此,要明确公平补偿原则,坚持补偿实际损失原则。

一些地方规章对征用补偿的标准进行了明确的规定。如《云南省突发事件应急征用与补偿办法》第15条规定："财产因被征用或因采取突发事件应急措施导致毁损、灭失的，按照下列情况分别处理：（一）财产毁损但经维修能够恢复使用功能的，补偿金按照必要的维修费用支出确定。（二）财产无法维修或经维修无法恢复使用功能、灭失或维修费用超过财产毁损前价值的，补偿金额应当在综合考虑财产重置成本、综合成新率、净残值等因素后确定。以上补偿金中依法应由财产保险补偿的，应当予以扣除。"《四平市应对突发事件应急征用实施办法》第16条规定："应急征用按以下规定给予补偿，补偿工作由征用实施单位负责，具体补偿标准由市人民政府另行制订：（一）使用被征用物资造成其折旧的，按照相关折旧规定给付相应的补偿；（二）被征用物资、场所毁损的，能够恢复原状的恢复原状，不能恢复原状的，按照毁损程度给付相应的补偿；（三）被征用物资、场所灭失的，按照被征用时的市场价格给付相应补偿；（四）被征用单位或者个人提供物资、场所、操作人员、后勤保障人员的，按照实际工作时限补偿人员工资、津贴等实际产生的费用；（五）征用物资、场所造成被征用单位或者个人停产、停业的，补偿停产、停业期间必要的经常性费用开支；（六）法律、法规对补偿标准另有规定的，按其规定执行。"

一些地方规章对征用补偿程序进行了明确规定。如《云南省突发事件应急征用与补偿办法》第18条规定："受偿人应当在收到补偿通知之日起1年内，向征用单位书面提出应急补偿申请。逾期未提出补偿申请且无正当理由的，视同放弃受偿权利。受偿人应当提交的资料包括：应急处置征用通知书、征用财产清单、财产归还情况、财产毁损或灭失情况、补偿金额及计算依据、投保及理赔情况、征用单位要求提供的其他材料。"第20条规定："征用单位应当在补偿申请受理之日起45个工作日内完成审核，并制定应急补偿方案，报同级政府应急管理办公室审核。征用单位报送的资料应当包括：安排应急补偿资金的请示、应急处置征用通知书、征用财产清单、政府应急措施、应急措施与财产毁损灭失的关联情况、认定财产损失的标准和依据或资产评估报告书、补偿金额、社会捐资情况、受偿人签字确认书和明细清单，以及政府应急管理办公室要求提交的其他材料。”第21条规定：“政府应急管理办公室在收到征用单位提交的应急补偿方案之日起20个工作日内报同级政府审批。”第22条规定：“财政部门收到政府批准通过的补偿方案后，应当在20个工作日内将应急补偿资金拨付征用单位。财政资金安排的应急补偿经费纳入国库集中支付范围，实行国库集中支付管理。”第23条规定：“征用单位在收到财政部门拨付资金之日起10个工作日内作出补偿决定，并将补偿资金拨付受偿人提供的银行账户。”

第四节　《民法典·物权编》相邻关系中的行政权

相邻关系，是指为了协调不动产权利人的支配力或相邻不动产权利人的排他力的利益冲突，而由法律直接规定的权利义务关系。不动产权利人在行使权利时，应当尽量避免和减少给相邻权利人造成损害，不得损害相邻权利人的合法权益，并应容忍来自相邻权利人的正当合理的轻微妨害。传统相邻关系基于私法自治，更多地是通过习惯进行调整，更多通过司法权事后解决相邻权益纠纷。现代社会出现了更多的行政管制，相邻关系中的国家强制越来越多。我国《民法典·物权编》规定的相邻关系主要包括用水、排水的相邻关系，相邻通行关系，因建造、修缮建筑物以及铺设管线所形成的相邻关系，通风、采光和日照的相邻关系，不可量物侵入的相邻关系等。要科学看待私法中的相邻关系与公法中的相邻关系，树立整体主义法治观，切实解决实践中的问题。

一、相邻关系的行政立法

《民法典》第289条规定："法律、法规对处理相邻关系有规定的，依照其规定；法律、法规没有规定的，可以按照当地习惯。"该条中的"法律"，是指全国人大和全国人大常委会颁布的法律。《城乡规划法》《建筑法》《环境保护法》《海洋环境保护法》《水污染防治法》《大气污染防治法》《固体废物污染环境防治法》等法律，都不同程度涉及相邻关系的内容。该条款中的"法规"包括"行政法规和地方法规"。在"行政法规和地方法规"没有规定或者规定较为笼统的情况下，部门规章和地方性规章也是处理相邻关系的重要参考。从水上到陆上，从地上到地下，从有形到无形，从财产到人身，从损害到预防，我国不动产相邻关系法律制度根据社会的发展而不断完善。

（一）相邻关系中的行政法规和地方性法规

《电信条例》《广播电视设施保护条例》《乡镇煤矿管理条例》《防治海洋工程建设项目污染损害海洋环境管理条例》《淮河流域水污染防治暂行条例》《建设工程安全生产管理条例》等行政法规，对特定领域的相邻关系作出了规定。如《电信条例》第46条规定："基础电信业务经营者可以在民用建筑物上附挂电信线路或者设置小型天线、移动通信基站等公用电信设施，但是应当事先通知建筑物产权人或者使用人，并按照省、自治区、直辖市人民政府规定的标准向该建筑物的产权人或者其他权利人支付使用费。"《建设工程安全生产管理条例》第30条规定："施工单位对因建设工程施工可能造成损害的毗邻建筑物、构筑物和地下管线等，应当采取专项防护措施。施工单位应当遵守有关环境保护法律、法规的规定，在施工现场采取措施，防止或者减少粉尘、废气、废水、固体废物、噪声、振动和施工照明对人和环境的危害和污染。在城市市区内的建设工程，施工单位应当对施工现场实行封闭围挡。"采光和日照等国家有关标准,是由国务院相关部委发布的。如2001年7月,建设部发布国家标准《建筑采光设计标准》(编号为GB/T 50033—2001)。2014年1月,住房和城乡建设部国家标准《建筑日照计算参数标准》(编号为GB/T 50947—2014)。2005年原建设部发布国家标准《住宅建筑规范》(编号为GB 50368—2005)。2018年7月,住房和城乡建设部发布国家标准《城市居住区规划设计标准》(编号为GB 50180—2018)。地方人大或人大常委会颁布的地方法规,针对地方问题,对相邻关系作出进一步规定。如《武汉市房产管理条例》第47条第1款规定:"使用房屋的相邻各方应当按照有利生产、方便生活、团结互助和公平合理的精神,正确处理给水、排水、通电、通行、通风、采光等方面的相邻关系,保持良好的居住环境。"

(二)相邻关系中的部门规章和地方性规章

部门规章和地方规章往往是细化了法律、行政法规和地方法规的具体规定。如原环境保护部发布的《关于预防与处置跨省界水污染纠纷的指导意见》(环发〔2008〕64号)和水利部发布的《入河排污口监督管理办法》《取水许可管理办法》等部门规章,对相邻关系作出了进一步的规范。如《取水许可管理办法》第15条规定:"《取水条例》第四条规定的为农业抗旱和维护生态与环境必须临时应急取水的,取水单位或者个人应当在开始取水前向取水口所在地县级人民政府水行政主管提出申请,经其同意后方可取水;涉及跨行政区域的,须经共同的上一级地方人民政府水行政主管部门或者流域管理机构同意后方可取水。"地方规章往往根据本地实际情况,作出了具有本地特色的规定。如《深圳市房屋安全管理办法》《大连市城镇危险房屋管理办法》《长春市生活居住建筑日照管理暂行办法》《沈阳市居住建筑间距和住宅日照管理规定》等地方规章。一些地方政府出台地方标准,如上海市水务局、市生态环境局联合制定的《上海市农村生活污水处理设施水污染物排放标准》等。

在司法实践中，规章往往是认定相邻当事人权利义务的主要参考。在黄某、郑某相邻关系纠纷案中，法院认为，301房的房主将没有防水要求的客厅的一部分设为厨房，同样将没有防水要求的餐厅的一部分设为卫生间，增加了201房客厅漏水的风险，违背了公序良俗原则，违反《住宅室内装饰装修管理办法》第5条，[1]故对301房的厨房、卫生间拆除、恢复原状的诉讼请求予以支持。[2] 在杭州墅园酒店管理有限公司、蒋某相邻关系纠纷中，法院认为杭州墅园酒店管理有限公司并未提供已经办理排水接管手续的相关资料，并未提供排水接管技术审查意见书，违反了《杭州市市政设施管理条例》第41条第1款[3]，因此对其要求排除妨害、恢复施工的诉讼请求不予支持。[4]

而在一些司法裁判中，法院并不认可规章对相邻关系处理的效力，而是根据日常生活经验予以判定。如张某甲等与张某乙相邻关系纠纷中，上诉人根据《上海市空调设备安装使用管理规定》第11条，[5]主张空调外机安装支架底部"距室外地面高度不低于1.9米"，请求被上诉人拆除空调挂机。而法院认为，当事人在民事诉讼中是否构成相邻妨害，与其是否违反行政管理规范并无必然关联性。上诉人所述的双方房屋间距，事实上也难以实现楼上、楼下住户空调外机距彼此房屋"不

---

〔1〕《住宅室内装饰装修管理办法》第5条规定："住宅室内装饰装修活动，禁止下列行为：……（二）将没有防水要求的房间或者阳台改为卫生间、厨房间。"

〔2〕参见广东省广州市中级人民法院（2020）粤01民终2670号民事判决书。

〔3〕《杭州市市政设施管理条例》第41条第1款规定："凡需使用城市雨水管道排放雨水或使用城市污水管道排放污水的单位和个人，在排水工程施工前，应当持有关批准文件和图纸资料，到市政设施行政主管部门办理排水接管手续后，方可按规定要求接管施工。"

〔4〕参见浙江省杭州市中级人民法院（2018）浙01民终7828号民事判决书。

〔5〕《上海市空调设备安装使用管理规定》第11条规定："空调设备安装不得占用人行道。空调设备安装在沿道路两侧的建筑物上的，必须采取安全防护措施，且空调设备安装架底部距室外地面的高度不得低于1.9米。"第12条规定："空调设备安装应当选择尽可能远离相邻方门窗的部位。空调设备排风口中心与相对方房屋固有门窗的最近距离不得小于下列规定：（一）制冷额定电功率不满2千瓦的为3米；（二）制冷额定电功率2千瓦以上不满5千瓦的为4米；（三）制冷额定电功率5千瓦以上不满10千瓦的为5米；（四）制冷额定电功率10千瓦以上不满30千瓦的为6米；（五）制冷额定电功率30千瓦以上的，按每增加20千瓦距离相应增加1米计算。确因客观条件所限，无法达到前款规定距离的，应当采取其他保护相对方权益的措施，并征得相对方同意，方可安装。"

低于1.9米”的要求，因此判决驳回了上诉人的诉讼请求。[1]

二、用水、排水相邻关系中的行政权

《民法典》第290条规定：“不动产权利人应当为相邻权利人用水、排水提供必要的便利。对自然流水的利用，应当在不动产的相邻权利人之间合理分配。对自然流水的排放，应当尊重自然流向。”在传统民法中，水是纳入土地所有权来规范的，即水被视为土地的组成部分。土地所有权人自然拥有地表水和地下水。[2] 在当代社会，水资源是稀缺资源，水为土地的成分或者无主物的传统观点，已经无法有力解释实践中的用水矛盾，水资源使用权制度应运而生。根据我国《水法》的规定，水是独立于土地的不动产，无论土地是否归国家所有，水资源均归国家所有。有学者指出，不动产权利人取水的权利本身、合理分享自然流水的权利本身，不再是相邻权的范畴，而是取水权的应有之义；主体身份准确应称为取水权人。[3] 该观点具有很强的说服力，充分认识到了行政权对相邻用水关系的影响。农村集体经济组织的水塘和农村集体经济组织修建管理的水库，因生活引水和灌溉引水时常发生纠纷，要遵循提供必要便利原则，不能用取水权制度予以调整。由于市政供水和市政排水管道建设已经很完备，城市居民基本不涉及相邻用水问题，更多表现为城市与城市之间、城镇和邻近乡村之间，甚至省际之间的用水冲突。跨行政区域的自然流水的使用，要遵从政府的行政调配，不跨区的自然流水的利用，要适用在不动产的相邻权利人之间合理分配的规

---

〔1〕 参见上海市第一中级人民法院(2019)沪01民终10057号民事判决书。

〔2〕 参见高富平：《物权法原论》(第2版)，法律出版社2014年版，第194页。

〔3〕 参见崔建远：《物权：规范与学说——以中国物权法的解释论为中心》(上册)，清华大学出版社2011年版，第449页。

定。[1] 根据《水法》第56条规定,不同行政区域之间发生水事纠纷,由上一级人民政府裁决。因此,在用水、排水相邻关系中,行政权发挥着重大的作用。

(一)相邻用水关系中的行政权

以目的为标准,用水可以分为家庭用水、市政用水、灌溉用水、工业用水、水力用水、航运用水、竹木流放用水、稀释用水、娱乐用水等。为了更好地规范取水问题,《水法》《取水许可和水资源费征收管理条例》《取水许可管理办法》等一系列法律法规,从资源配置和行政管理的角度对取水权的取得、行使、转让等作出系统的规定。我国对水资源的利用,采用的是行政许可。从权利的角度看,就是取水权。取水权是指权利人利用取水工程或者设施直接从江河、湖泊或者地下取用水资源的权利。取水权的实质是赋予取水权人以财产权,从而促使人们珍惜和合理利用水资源。[2] 我国取水权分为特许取水权和法定取水权。前者是通过行政许可获得的取水的权利,法定取水权是指在法定情况取水不需要行政许可的权利。法定取水权主要包括下列三种情况:第一,农村集体经济组织及其成员使用本集体经济组织的水塘、水库中的水的;第二,家庭生活和零星散养、圈养畜禽饮用等少量取水;第三,为保障矿井等地下工程施工安全和生产安全必须进行临时应急取(排)水的,或为消除对公共安全或者公共利益的危害临时应急取水的。根据《取水许可和水资源费征收管理条例》第27条的规定,取水权的转让,需要行政审批。[3] 取水权转让制度具有浓厚的公法属性,

---

〔1〕 参见《中华人民共和国物权法:条文说明、立法理由及相关规定》(第2版),北京大学出版社2007年版,第171页。

〔2〕 参见陈广华、黄野:《民法典视阈下水权制度之检讨与重构》,载《西部法学评论》2018年第2期。

〔3〕 《取水许可和水资源费征收管理条例》第27条规定:"依法获得取水权的单位或者个人,通过调整产品和产业结构、改革工艺、节水等措施节约水资源的,在取水许可的有效期和取水限额内,经原审批机关批准,可以依法有偿转让其节约的水资源,并到原审批机关办理取水权变更手续。具体办法由国务院水行政主管部门制定。"

受行政权力影响较大。有学者指出，虽然水资源承载着公共利益，不能完全交由市场对水资源进行配置，但是这并不意味着要放弃市场手段，而应将政府与市场两种手段有机结合，因此需要从私权视角强化取水权转让制度。[1] 这种观点具有较强的说服力，取水权转让要根据私法的逻辑进行建构，落实市场在资源配置中的决定性作用。

（二）相邻排水关系中的行政权

相邻排水关系，包含相邻自然排水和相邻人工排水两种。对自然流水的排放应当尊重自然流向。所谓人工排水是指自然流水借助人工设施排放水流。在现代社会，冷气机排出的水滴、抽油烟机排出的油滴等，容易发生直注于相邻不动产的情形。从法律适用看，可以将“排水”的外延予以适当的扩张。[2] 根据目的解释，相邻权利人不得向邻地排放法律禁止排放的污水。2006 年原建设部颁布的《城市排水许可管理办法》第 3 条规定：“排水户向城市排水管网及其附属设施排放污水，应当按照本办法的规定，申请领取城市排水许可证书。未取得城市排水许可证书，排水户不得向城市排水管网及其附属设施排放污水。”有学者认为，在排污权已经成为独立的权利的背景下，相邻排水关系原来包括排污权的内容应分离出来，归入排污权制度中。[3] 这种观点有一定道理，但不能一概而论。在农村，因养殖等排放污水还会发生相邻关系。如王某甲与王某乙相邻关系纠纷一案中，王某乙家猪圈后墙脚外有一排水口，高出王某甲家大房子地面约有 0.8 米，王某甲家房屋内受潮严重，因此法院判王某乙家在诉争位置清理出阴沟，为王某甲家排水

〔1〕 参见梁忠：《新中国成立 70 年来中国水权制度建设的回顾与展望》，载《中国矿业大学学报（社会科学版）》2019 年第 5 期。

〔2〕 参见辽宁省沈阳市和平区人民法院（2018）辽 0102 民初 9862 号民事判决书。

〔3〕 参见崔建远：《物权：规范与学说——以中国物权法的解释论为中心》（上册），清华大学出版社 2011 年版，第 450 页。

提供必要的便利。[1]

三、通行相邻关系中的行政权

《民法典》第 291 条规定："不动产权利人对相邻权利人因通行等必须利用其土地的，应当提供必要的便利。"该条所称的"通行"等，不仅是指"人"的通行，还包括牲畜、机动车等设备的通行，但不包括地下污水管道的通行。因为地下管道的通行是铺设管线形成的相邻关系，《民法典》第 292 条予以规定。加装电梯是实践中通行的新问题，与行政权的行使有密切的关系。在潘某等人诉何某、黎某相邻关系纠纷案中，法院认为，住宅楼加建电梯经过专有部分占建筑物总面积 2/3 以上的业主且占总人数 2/3 以上的业主同意，并已经过行政机关审查许可取得"建设工程规划许可证"的，业主享有加建电梯的合法权利，加建电梯必须利用相邻土地、建筑物的，该土地、建筑物的权利人应当提供必要的便利。[2]

由于行政规划和土地公有等原因，我国城市通行权纠纷相对比较少。我国城市土地属于国家所有，公路等基础设施大部分归国家所有。《民法典》第 254 条第 2 款规定："铁路、公路、电力设施、电信设施和油气管道等基础设施，依照法律规定为国家所有的，属于国家所有。"从司法实践看，通行权纠纷更多是发生在农村，主要是必要通行权。所谓必要通行权，学说与他国立法例又称为"袋地通行权"。所谓"袋地"是指土地被他人土地包围，与公路没有适宜的联通，致使不能正常使用土地。法律强制"袋地"周围土地的权利人必须为"袋地"的权利人提供通行便利。否则，"袋地"权利人可以以自己土地的所有权或使用权的行

---

〔1〕 参见云南省曲靖市中级人民法院(2018)云 03 民终 1731 号民事判决书。
〔2〕 参见广东省广州市中级人民法院(2013)穗中法民五终字第 133 号民事判决书。

使受到妨碍为由，请求相邻土地的权利人排除妨害。[1]

四、通风、采光和日照相邻关系中的行政权

《民法典》第293条规定："建造建筑物，不得违反国家有关工程建设标准，不得妨碍相邻建筑物的通风、采光和日照。"该条基本承袭了原《物权法》第89条的规定，只是从语言表达的角度，在"妨碍相邻建筑物的通风、采光和日照"之前增加了"不得"。该条没有直接涉及消防、防震、管道埋设、人防工程以及居住私密性等对建筑间距的要求。建筑物之间的间距应当满足卫生、防火、施工以及安全等方面的要求。建筑间距分为五种：卫生间距、使用间距、防火间距、施工间距和安全间距。[2]从解释角度看，《民法典》第293条"国家有关工程建设标准"包括了上述五种间距的要求。

（一）相邻建筑物通风、采光和日照的国家标准和地方标准

建筑物的通风、采光和日照主要与相邻建筑物之间的间距以及高度有关。对于采光和日照，相关部门都制定了国家标准。对于通风问题，没有明确的国家标准。住房与城乡建设部发布的国家标准《民用建筑供暖通风与空气调节设计规范》（编号为：GB 50736—2012），涉及民用建筑物在特定领域的通风问题。原则上，只要满足了日照间距和采光要求，通风一般情况下也是可以满足的。2013年5月，住房和城乡建设部批准的《建筑采光设计标准》（编号为GB 50033—2013）开始实施。2014年1月，住房和城乡建设部批准《建筑日照计算参数标准》（编号为GB/T 50947—2014）为国家标准。2018年7月，住房和城乡建设部发布国家标准《城市居住区规划设计标准》（编号为GB 50180—2018）。

---

〔1〕参见《中华人民共和国物权法：条文说明、立法理由及相关规定》（第2版），北京大学出版社2017年版，第176页。

〔2〕参见杜豫苏主编：《物权纠纷裁判依据新释新解》，人民法院出版2014年版，第239～240页。

一些地方政府制定了相关规范,可以作为通风、采光、日照妨碍的参考依据。

1. 抚顺市政府的规定

抚顺市政府 2010 年颁布的《抚顺市居住建筑间距和日照管理规定》第 16 条规定:"居住建筑长边对北、西、东侧非居住建筑,建筑间距按照下列标准执行:(一)多层建筑之间、多层建筑与高层建筑主体之间的建筑间距不得小于 18 米;(二)高层建筑主体之间的建筑间距不得小于 24 米。"

2. 长春市政府的规定

长春市人民政府 2013 年 4 月颁布的《长春市生活居住建筑日照管理暂行办法》第 5 条规定:"生活居住建筑日照标准应当符合下列要求:(一)住宅的卧室、起居室(厅)的日照应当满足大寒日不低于 2 小时的标准;(二)托儿所、幼儿园中的活动室及寝室的日照应当满足冬至日不低于 3 小时的标准。活动场地应当有不少于 1/2 的活动面积在标准的建筑日照阴影线之外;(三)老年人居住建筑的卧室、起居室(厅)的日照应当满足冬至日不低于 2 小时的标准;(四)中、小学校普通教室冬至日满窗日照不低于 2 小时的标准。操场应当有不少于 1/2 的活动面积在标准的建筑日照阴影线之外;(五)医院、疗养院半数以上的病房和疗养室的日照应当满足冬至日不低于 2 小时的标准;(六)集体宿舍半数以上的居室日照应当满足大寒日不低于 2 小时的标准。"第 6 条规定:"旧城区主日照面为东、西向的既有住宅和改建项目内新建住宅的日照标准可适当降低,但不应低于大寒日 1 小时的日照标准。对历史文化街区进行更新改造时,更新改造范围内的生活居住建筑日照标准可以适当降低。住宅的主日照面指卧室、起居室(厅)房间居多的建筑外墙面。"

3. 上海市规划和国土资源管理局的规定

《上海市日照分析规划管理办法》(沪规土资建规〔2016〕100 号)第 6 条规定:“在计算范围内受高层建筑遮挡的低层独立式住宅的居室冬至日满窗日照的有效时间不少于连续两小时,即其主要朝向每层如有两个以上居室受遮挡的,则最少应有一个居室满足冬至日满窗日照有效时间不少于连续两小时的日照时间规定。低层独立式住宅改为多户共用的,除符合上述的日照时间规定外,还应保证主要朝向受遮挡的每户有一个居室冬至日满窗日照有效时间不少于连续一小时。在计算范围内受高层建筑遮挡的其他居住建筑的居室冬至日满窗日照的有效时间不少于连续一小时。在计算范围内受遮挡的文教卫生建筑,应保证冬至日满窗日照的有效时间不少于累计 3 小时;浦西内环线以内地区,应保证冬至日满窗日照的有效时间不少于累计 2 小时,最小累计时间段为 5 分钟。普通中小学校的体育场地和幼儿园、托儿所的室外游戏场地应保证有一半以上的面积冬至日日照有效时间不少于累计 2 小时。保障性住房等本市另有规定的,按有关规定执行。”

对于造成通风、采光和日照权益损害的赔偿责任,一些地方政府或者相关部门也予以规定。一是一次性限额补偿模式。如 1988 年 8 月,北京市政府颁布的《北京市生活居住建筑间距暂行规定》第 13 条规定,对被遮挡阳光的现状居民住房,以居室窗台为中心点(均以外墙面设计),在冬至日日照时间不足 1 小时的,每户按其居室被遮挡状况给予一次性补偿 800 元至 2000 元。2007 年 11 月修改后的《北京市生活居住建筑间距暂行规定》删除了上述具体赔偿数额的规定。二是依照房价的计算方法。如《长沙市居住建筑间距和日照管理规定》(长政发〔2010〕15 号)第 18 条规定:“新建建设项目导致周边住宅建筑未达到本规定日照管理要求的,建设单位或业主可与受影响的住宅产权人协商按市场评估价格进行货币购买或置换房屋,也可参照下表规定的标准按被遮挡时间和住户产权证面积给予一次性经济补偿，基本方法是以上年度政府发布的全市住宅均价乘下表系数（单位：元/平方米）……”三是依照房屋建筑面积的计算方法。2013 年颁布的《长春市生活居住建筑日照管理暂行办法》第 25 条规定：“因城市建设需要，新建建筑降低周边生活居住建筑原有日照时数，给被遮挡生活居住建筑的空间环境等造成一定影响，但仍能满足本办法规定日照标准的，建设单位与被遮挡生活居住建筑所有权人进行协商，可以给予被遮挡生活居住建筑一次性经济补助。补助金额按照下列规定执行：补助金额＝每个窗户面积×降低日照时数×补助标准。每个窗户面积（平方米）和降低日照时数（分钟）的计算以建设项目日照分析报告提供的数据为准，补助标准为 100 元/平方米·每分钟。”

（二）通风、采光和日照相邻关系与国家标准、行政许可

符合国家标准和地方标准，即使对邻近建筑的通风、采光和日照造成一定程度的妨碍，也应当视为未超出容忍限度，相邻建筑物的所有人或利用人负有容忍义务。[1] 如李某与上海信达房地产开发有限公司相邻采光日照纠纷一案中，法院认为，信达公司燕宁苑小区的建造给李某造成一定的影响，但李某居室的日照时间满足国家标准及上海市当地标准……容忍义务的界限即为国家标准，超出标准系构成违法，标准以内应认定为合法，信达公司无须承担损害赔偿责任。[2] 一些法院认为，不违反国家规定，只是不承担侵权责任，影响日照采光的，还要承担补偿的责任。在张某、束某与临沂日升置业有限公司相邻采光、日照纠纷一案中，法院认为，对于客观存在遮挡日照的建设行为，在未违反国家和临沂市相关规定的前提下，被遮挡的房屋所有权人对此负有容忍义

〔1〕 参见《〈中华人民共和国物权法〉条文理解与适用》，人民法院出版社 2007 年版，第 283～284 页。
〔2〕 参见上海市第二中级人民法院（2017）沪 02 民终 9762 号民事判决书。

务。然而,原告土地利用在先,被告土地利用在后,基于既得权不可侵犯的原则,法院酌定被告补偿原告房屋贬值等损失的比例为5%。[1]

建造方违反关于建筑物间距的国家标准的强制性规定,即可认定对相对不动产权利人的相邻权构成了侵害,应当承担侵权责任。虽然取得建筑规划许可证,但确实存在由于建筑物间距原因导致的相对不动产权利人相邻权受到侵害的情况下,应适用相应的国家标准的强制性规定进行处理,由建造方承担侵权赔偿责任。[2]《宁波市中级人民法院关于审理相邻关系纠纷案件的若干意见》(甬中法〔2014〕46号)第8条规定:"行政许可不能成为免除相邻方承担相邻妨害民事责任的依据,不动产获得行政许可并不当然排除民事侵权构成。"如在邵某诉北京市双建房地产开发有限公司相邻通风、采光纠纷案中,法院认为,规划许可建筑影响相邻不动产的采光并不构成侵权行为,但被遮挡不动产权利人的采光利益应当得到适当保护,规划许可建筑物权利人应当作出相应补偿。[3] 在罗某等诉四川泸州市松鹤房地产开发有限公司相邻关系纠纷案中,法院认为,规划建设主管部门的行政批准行为并不能排除建设单位对在建设过程中产生的民事责任的承担,在施工过程中未能充分考虑到房屋的通风、采光,客观上对房屋所有人的正常生活造成影响的,应当承担赔偿责任。[4]

五、弃置、排放有害物质相邻关系中的行政权

《民法典》第294条规定:"不动产权利人不得违反国家规定弃置固体废物,排放大气污染物、水污染物、土壤污染物、噪声、光辐射、电磁辐

〔1〕参见山东省临沂市中级人民法院(2019)鲁13民终7009号民事判决书。
〔2〕参见杜豫苏主编:《物权纠纷裁判依据新释新解》,人民法院出版2014年版,第242页。
〔3〕参见北京市第二中级人民法院(2009)二中民终字第4191号民事判决书。
〔4〕参见四川省泸州市中级人民法院(2006)泸民再终字第94号民事判决书。

射等有害物质。”不可量物侵害,系德国和瑞士民法上的概念,是指噪声、煤烟、震动、臭气、尘埃、放射性等不可量物质侵入邻地造成的干扰性妨害或损害,在性质上属于物权法上相邻关系的一种类型。[1]《环境保护法》《固体废物污染环境防治法》《大气污染防治法》《水污染防治法》等,对固体废物、大气污染物和水污染物的防治,作出了更为具体的规定。

违反国家规定弃置固体废物,排放大气污染物、水污染物、噪声、光、电磁波辐射等有害物质,不动产权利人有权要求侵害人停止侵害、消除危险、排除妨碍、赔偿损失。《民法典》第 294 条是规范弃置、排放有害物质相邻关系,而不是规定环境污染侵权损害赔偿责任。《民法典》第 1229 条规定:“因污染环境、破坏生态造成他人损害的,侵权人应当承担侵权责任。”上述两个条款是竞合关系,一般情况下当事人可以择一行使。两者的不同在于,前者更多是保护不动产相邻权利人的权益,只能是普通诉讼,后者可以维护社会公共利益,国家规定的机关或者法律规定的组织可以进行公益诉讼。

没有国家标准,也没有地方标准,如何处理纠纷,成为实践中的难题。没有国家标准或地方标准,法院要根据日常生活经验予以裁判。如在闫某、承德县上谷镇闫林子村村民委员会排除妨害纠纷一案中,被上诉人建立厕所距离上诉人家外墙 4.8 米,距离上诉人家水源位置 16 米,位置较近,厕所建成使用后其排泄物势必对周边及地下水环境形成污染,危及、侵害上诉人合法权益,因此法院支持了上诉人消除危险、排除妨害的上诉请求。[2] 对于农村建厕所的位置,法律没有规定,也很难规定。2019 年 12 月,最高人民法院审判委员会讨论通过的

---

〔1〕 参见陈华彬:《物权法原理》,国家行政学院出版社 1998 年版,第 391 页。
〔2〕 参见河北省承德市中级人民法院(2020)冀 08 民终 434 号民事判决书。

指导案例 128 号强调，不能因为没有明确的标准，就不支持当事人的诉讼请求。[1] 在该案中，国家与重庆市均无光污染环境监测方面的规范及技术指标，但要从民事法律关系的角度，可以结合是否干扰他人正常生活、工作和学习，以及是否超出公众可容忍度等进行综合认定。对于公众可容忍度，可以根据周边居民的反应情况、现场的实际感受及专家意见等判断。[2]

违反国家规定，是判定弃置、排放有害物质行为是否合法的重要依据，但不是唯一的依据。从文义看，《民法典》第 294 条的确将“违反国家规定”作为承担民事责任的前提。这种表达方式反映了传统私法上的相邻关系与环境保护法律法规逐步接轨的趋势，具有一定的合理性。然而，这种表达方式完全排除符合环保法律规定排放污染物却构成侵害相邻关系的可能性，过于绝对化，过分限制了法律适用中应有的弹性。[3] 国家规定包括效力层次高低不一的行政法规、部门规章、地方规章等。从法律解释的角度看，该条规定的只是违反国家弃置、排放有害物质的相邻关系的规定。没有违反国家弃置、排放有害物质的相邻关系的规定，可以适用“有利生产、方便生活、团结互助、公平合理”的原则处理。因污染环境造成损害，适用无过错原则，不以违法性为要件。2015 年通过的最高人民法院《关于审理环境侵权责任纠纷案件适用法律若干问题的解释》第 1 条规定：“因污染环境造成损害，不论污染者有无过错，污染者应当承担侵权责任。污染者以排污符合国家或者地方污染物排放标准为由主张不承担责任的，人民法院不予支持。污染者不承担责任或者减轻责任的情形，适用海洋环境保护法、水污染防治

---

〔1〕 参见《指导案例 128 号：李劲诉华润置地（重庆）有限公司环境污染责任纠纷案》，载最高人民法院网：http://www.court.gov.cn/shenpan-xiangqing-216901.html，2020 年 4 月 6 日最后访问。

〔2〕 参见重庆市江津区人民法院（2018）渝 0116 民初 6093 号民事判决书。

〔3〕 参见韩松、姜战军、张翔：《物权法所有权编》，中国人民大学出版社 2007 年版，第 284 页。

法、大气污染防治法等环境保护单行法的规定;相关环境保护单行法没有规定的,适用侵权责任法的规定。”从立法论的角度看,《民法典》第294条宜修改为:不动产权利人不得超出正常限度弃置固体废物,排放大气污染物、水污染物、噪声、光、电磁波辐射等有害物质。

德国以实质性影响作为判断排放行为合法性的判断标准,“从一个理性的正常人的理解出发进行利益衡量,并以生活习惯以及被妨害的不动产的用途和持续时间”,以及“考虑基本权利所体现的价值和大众利益”,综合判断某种妨害是否有实质性。不在实质上妨害其他不动产使用的行为,是否取得需要的行政许可、是否符合环境保护法律的要求,都是判断这种实质性的重要依据。[1] 首先,邻人可对行政机关的决定提出抗辩和提起行政诉讼;其次,如果行政机关的决定被有效维持,邻人不能要求排除妨害,只能请求采取保护性预防措施或者损害赔偿。[2] 在法国,行政许可不能免除许可人的民事责任,其理由是许可在许多情况下都是考虑受许可人以外的人的利益而发给的,因此行政许可并不影响侵权责任的构成。不过在法国司法实践中,“命令恢复原状的裁判例比命令金钱赔偿的裁判例远远为少”,命令恢复原状还是赔偿损失,全由裁判官得自由决定。[3] 我国司法实践中,一些法院认为,无论侵权人设施排放的噪声是否符合国家有关排放标准,只要其事实上造成了损害结果,即应承担损害赔偿责任。如在刘某诉某超市等噪声污染责任纠纷案中,法院认为,噪声污染侵权纠纷,不以排放行为是否违法为前提,超市制冷机组运行中产生噪声给刘某生活造成影响,应排

---

〔1〕 参见[德]曼弗雷德·沃尔夫:《物权法》(第18版),吴越、李大雪译,法律出版社2002年版,第172~174条。

〔2〕 参见[德]鲍尔、施蒂尔纳:《德国物权法》(上册),张双根译,法律出版社2004年版,第547~548页。

〔3〕 参见陈华彬:《法国紧邻妨碍问题研究——兼论中国的近邻妨碍制度及完善》,载梁慧星主编:《民商法论丛》(第5卷),法律出版社1996年版,第150页。

除妨害或根据妨害实际情况给予经济赔偿。[1]

六、防险相邻关系中的行政权

《民法典》第295条规定："不动产权利人挖掘土地、建造建筑物、铺设管线以及安装设备等，不得危及相邻不动产的安全。"相邻防险关系是以预防邻地损害为内容的一种权利义务关系，既包括预防危险关系，又包括赔偿损害关系。从法律解释看，其他危及不动产安全的行为，包括在该条"等"字中，如竹木越界、装修房屋，以及放置或使用易燃易爆、剧毒物品等。如放置或使用易燃易爆、剧毒物品，应当与邻人的建筑物保持适当的距离，并采取必要的防范措施。如肖某因萧某、彭某宅地所生树木妨碍其房屋安全要求排除妨碍纠纷一案中，构成妨碍的野生树木，尽管不是相邻人栽种，但由于处于相邻人居住的房屋院内和管理范围内，相邻人具有控制或随时处置该树的条件。因此，相邻人应当从正确处理相邻关系的角度出发，有义务予以排除妨碍。[2] 从损害到预防，彰显了现代民法的新理念。为预防损害的发生，行政机关制定了各种各样的标准，为不动产相邻关系提供了具体的标杆，较好地协调了相邻不动产权利人的权益。

总之，要区分公法上的相邻关系和私法上的相邻关系，因为私法上的相邻关系具有相对独立性。传统相邻关系带有鲜明的私法性特征，往往只是调整物理相邻的狭小空间利用的冲突关系，且仅仅在私主体之间存在。然而，随着城市不断发展，在土地规划利用及环境保护等问题上，行政权逐步扩张，国家陆续出台了具有公法性质的环境保护和土地规划等方面的法律。公法上的相邻关系仅仅是公法从维护社会公共

---

〔1〕 参见北京大兴法院(2012)大民初字第09974号民事判决书。

〔2〕 参见江苏省淮安市中级人民法院(2011)淮中民终字第295号民事判决书。

利益的角度对不动产相邻关系进行的调整,而私法上的相邻关系则着眼于相邻不动产的一方的行为是否超出了另一方的容忍义务或者导致另一方受到损害。不能因为行为人没有违反公法上的相邻关系,就否定该行为没有给特定的相邻不动产权利人造成损害,因此,该权利人可依私法上的相邻关系主张权利。如果行政行为基于公共利益作出并且合法,则相邻权主体利益应当让位于公共利益,行政行为的合法性可以排除相邻权人的请求权。如果行政行为不涉及公共利益,即使行政行为合法,也应当保护相邻权人的合法权益,将行政行为与民事纠纷剥离开来,目的是保护相邻权人的合法权益。

CHAPTER 03 >>

第三章

《民法典·合同编》中行政权运行规范

合同自由与合同正义是合同法两大基本原则。合同的成立、合同的效力、合同的履行、合同的变更和合同的解除，越来越多地受到了行政管制的影响。《民法典》贯彻营业自由理念，确立了不违法原则，为合同自由与行政监管的关系提供了基本的依据。市场监督管理和其他有关行政主管部门具有合同监管的职责，主要内容是对格式合同进行行政规制。从司法裁判的角度看，违反行政立法的相关规定，即使是行政法规，也不必然导致合同无效。虽然只是违反部门规章的规定，但损害了社会公共利益，法院也认定合同无效。建设工程领域中"黑白合同"的表达，具有较强的行政监管色彩，但要根据《民法典》第146条"通谋虚伪意思表示"条款，更多采用"真假合同"的表达。

第一节 合同订立中的行政权

合同订立中的行政权有很多种具体表现。如《民法典》第490条规定,法律、行政法规可以规定,合同应当采用书面形式订立。第494条第1款规定:"国家根据抢险救灾、疫情防控或者其他需要下达国家订货任务、指令性任务的,有关民事主体之间应当依照有关法律、行政法规规定的权利和义务订立合同。"《民法典》第534条规定:"对当事人利用合同实施危害国家利益、社会公共利益行为的,市场监督管理和其他有关行政主管部门依照法律、行政法规的规定负责监督处理。"格式合同是目前普遍采用的合同类型,格式合同的治理不仅需要法院的力量,也需要政府的力量。国家市场监督管理总局具有合同监管的职责,主要是对格式合同的监管。格式合同行政监管是指行政机关依照法律规定,对格式合同的内容进行规范,对格式合同使用进行监督检查,以防止格式合同中出现不公平条款的行政行为。《合同违法行为监督处理办法》是2010年由原国家工商行政管理总局制定的,是目前合同监督管理的主要依据,法律位阶较低,一些条款也不尽合理。建议结合《民法典》的新精神新规定,由国务院制定"合同监督管理条例",对合同监督管理作出具体的规定。确立国家市场监督管理部门主要负责合同监管的模式,避免行业主管部门自身对合同监管的缺陷。

一、格式合同条款行政监管的现状

(一)学术界的争议

在监管对象方面,学术界观点不完全一致。例如,有学者认为,经营者与消费者之间的消费合同,由于交易双方当事人的地位存在事实上的不平等,因此这类合同需要行政监管。[1] 也有学者认为,为避免垄断,也有必要对经营者与经营者之间的商事合同进行监管。[2] 还有学者认为,格式条款行政监管对象主要包含两大类:一是消费者合同中格式条款;二是一般性民商事合同中格式条款。[3] 格式条款提供方具有垄断地位,备案合同格式条款监管应当始终以保护国家利益和社会公共利益为出发点和落脚点。[4] 考虑合同格式条款监管的目的,国家市场监督管理部门应当主要监管经营者与消费者之间的消费合同,其他格式条款即使有问题,也有其他途径解决。

对于合同监管的手段,主要包括制定示范文本、拟定格式条款黑名单、格式条款强制备案、提出行政修改建议、举行异议听证、拒不修改时的警示公告、接受申诉、举报、处理建议及司法建议等手段。有学者认为,如果工商行政管理机关及相关行政部门不具有宣布不公平的格式合同条款无效的权限,那么格式合同的行政监管则成为空谈,工商行政管理机关就失去了格式合同监管的基础与前提。[5] 赋予行政机关对合同无效的确认权是必要的。警告和罚款的处罚手段并不能对合同本身产生根本性的影响,其只是对合同违法后的补救措施,在实践中对受罚主体难以起到威慑作用。当事人对行政机关作出的无效决定不服的,可以提起行政复议或行政诉讼以此来保护自己的权利。[6] 从文义解释和体系解释看,《民法典》第 534 条虽然赋予了市场监督管理部门和其他行政主管部门合同行政监管职能,但并没有赋予其认定格式合同无

〔1〕 参见刘静波:《论合同监管的必要性与限度——兼论〈新疆维吾尔自治区合同格式条款监督条例〉的法律性质》,载《新疆社会科学》2012 年第 1 期。

〔2〕 参见童谣:《论我国合同监管的实现方式》,载《牡丹江大学学报》2020 年第 11 期。

〔3〕 参见张瑞:《民法典时代格式条款行政规制研究——基于地方性法规文本的实证分析》,载《时代法学》2020 年第 4 期。

〔4〕 参见陈旭锋:《合同格式条款备案制度研究——以浙江省合同格式条款备案制度为例》,载《中国市场监管研究》2016 年第 8 期。

〔5〕 参见李晓娟:《论格式合同的预防性行政规制机制》,载《湖北社会科学》2012 年第 9 期。

〔6〕 参见童谣:《论我国合同监管的实现方式》,载《牡丹江大学学报》2020 年第 11 期。

效的权限。

(二)地方立法的规定

《辽宁省合同监督条例》《贵州省合同监督条例》《甘肃省合同监督管理条例》《四川省合同监督条例》《湖北省合同监督条例》等地方法规,专门规范合同监督管理工作。其中,《贵州省合同监督条例》《四川省合同监督条例》等以“格式条款监督”专章形式对格式条款进行了规定,包括格式条款的定义,合同格式条款不得含有扩大经营者权利的、加重、排除或者限制消费者责任的内容。《新疆维吾尔自治区合同格式条款监督条例》《广西壮族自治区合同格式条款监督管理条例》《内蒙古自治区合同格式条款监督条例》《重庆市合同格式条款监督条例》《黑龙江省合同格式条款监督条例》《上海市合同格式条款监督条例》《深圳经济特区合同格式条款条例》等地方法规,对合同格式条款的监管作出了规定。这些地方性法规主要是从格式条款的制定和使用、监督管理、法律责任方面来规制的。如《深圳经济特区合同格式条款条例》第 34 条规定:“违反本条例第八条规定,经营者未在其经营、服务场所公开展示含有格式条款的合同文本的,或者未按照规定将含有格式条款的商业广告、告示等设置或者张贴于经营、服务场所显著位置的,由主管部门责令限期改正;逾期不改正的,处一万元罚款。”

一些省、市政府颁布了合同监管和格式条款监管的地方规章。江苏省人民政府 2001 年制定、2009 年修正的《江苏省合同监督管理办法》,主要规定了格式条款的定义、格式条款的监管部门、合同备案制度、格式条款不得含有的内容以及违反监督办法采取的行政处罚等。其中《江苏省合同监督管理办法》第 24 条规定:“合同当事人恶意串通,利用合同损害国家和社会公共利益的,因此取得的财产,由工商行政管理机关或者其他有关行政主管部门收归国有或者责令返还给有关集体或个人。合同当事人一方违约,使国家利益、社会公共利益遭受损失,另一方当事人不予追究的，工商行政管理机关或者其他有关行政主管部门有权查处，并可责令违约方支付违约金或者赔偿金；违约金、赔偿金无法给予当事人的，应当上缴国库。”第 25 条规定：“违反本办法第六条、第八条、第九条第一款、第二款、第十条第一款、第十二条、第十九条规定的，由工商行政管理机关责令限期改正；逾期不改正的，处一万元以下的罚款。”第 26 条规定：“违反本办法第十三条规定的，由工商行政管理机关或者其他有关行政主管部门责令退回所骗财物，可以并处三万元以下的罚款。”《吉林省合同格式条款监督办法》《苏州市合同格式条款管理办法》《南京市合同格式条款监督办法》等政府规章也规定了格式条款的定义，格式条款的监管部门，合同备案制度，格式条款不得含有扩大经营者权利的、加重、排除或者限制消费者责任的内容以及违反监督办法采取的行政处罚等。

中国人民银行颁布的《中国人民银行金融消费者权益保护实施办法》规定，银行、支付机构向金融消费者提供金融产品或者服务时使用格式条款的，应当以足以引起金融消费者注意的显著方式，提请金融消费者注意与金融消费者有重大利害关系的内容，并按照金融消费者的要求予以说明。中国银行保险监督管理委员会颁布的《个人贷款管理暂行办法》和《人身保险新型产品信息披露管理办法》规定，借款合同采用格式条款的，应当维护借款人的合法权益；采用保险公司提供的格式条款的，保险公司向投保人提供的投保单应当附格式条款，保险公司应当向投保人说明合同的内容。工业和信息化部针对电信服务和通信短信息服务的管理制定了《电信服务质量监督管理暂行办法》《通信短信息服务管理规定》等。行业主管部门的监管与国家市场监督管理部门的监管是否存在交叉，是否存在监管的盲区，未来应当如何分工，需要进一步讨论。

二、格式合同条款行政监管的建议

(一)存在问题

立法层面主要涉及的是对合同格式条款的事前监督。目前合同监管立法层级偏低且针对性不强,对合同监管仅作出原则性规定,如对利用合同危害"国家利益""社会利益"的行为如何识别并没有明确规定,而这是合同监管制度的核心问题。[1] 合同监督管理的范围为危害国家利益和社会公共利益,但这是比较抽象的法律概念,在实践中操作性不强。[2] 原《合同法》第127条仅仅赋予市场监管部门查处利用合同危害国家利益、社会公共利益的违法行为的职权,只是抽象原则,缺乏可操作性。[3] 对合同行政监管的具体方式、内容和原则等作出明确规定,对违法行为的处置及法律适用缺乏系统规定。[4]

执法层面主要涉及的是对合同格式条款事中、事后的监管。目前合同行政监管的职能范围不够明确,政府履职过程中存在越位、缺位和错位问题。各地往往通过地方立法解决执法实践中出现的问题,不同的地方法规赋予工商部门合同监管的职能及监管手段不尽相同,导致实践中各地对同一合同的审查结果不一。[5] 事后监管的对象集中在危害国家利益、社会利益的违法行为,立法未明确对事后监管的范围作出限制,导致在实践操作中监管对象不明确,明确监管的具体对象是亟须解决的问题。[6] 作为格式合同行政监管主体的工商行政管理机关及相关行政机关,在合同监管中的权限不明确,而且其职责范围相当广泛,

〔1〕 参见房琦:《合同监管运行论——从规范结构与监管类型两方面探讨》,载《理论学刊》2016年第4期。

〔2〕 参见彭海斌:《加强合同格式条款的监管制度建设》,载《中国工商管理研究》2006年第12期。

〔3〕 参见陈娟:《新形势下基层合同监管工作面临的问题及对策》,载《中国工商报》2017年7月22日,第3版。

〔4〕 参见苏号朋、李永:《合同行政监管在事中事后监管中的作用》,载《中国市场监管研究》2017年第4期。

〔5〕 参见苏号朋、李永:《合同行政监管在事中事后监管中的作用》,载《中国市场监管研究》2017年第4期。

〔6〕 参见童谣:《论我国合同监管的实现方式》,载《牡丹江大学学报》2020年第11期。

承担多种管理任务,无法对格式合同进行全面、细致、有效地监管。[1]

（二）完善对策

有学者认为,我国应当在《民法典》中规定格式条款合同的一般、原则性规定,同时制订格式合同单行法,对格式合同的概念、分类、内容、监管、订立原则和方式等作出具体、详细的规定。[2] 有学者认为,合同行政监管必须以层级更高的立法为法律依据,明确规定合同监管的主管部门为工商和市场监管部门,除法律明确授权由行业主管部门实施规制的特殊行业外。[3] 制定格式合同单行法的必要性和可行性,都需要进一步论证。《消费者权益保护法》主要规定消费者和经营者之间的法律关系,主要是合同关系。因此,修改完善《消费者权益保护法》就可以在很大程度上解决格式合同监管的问题。

地方立法差异很大,有些是人大颁布的地方性法规,有些是政府颁布的地方性规章。有些是针对合同监管的整体规定,有些是专门格式条款或者消费者权益保护。各地对格式条款的具体认定和行政处罚等存在较大的争议,造成了执法标准不统一。《民法典》第 496 条第 2 款规定:"……提供格式条款的一方未履行提示或者说明义务,致使对方没有注意或者理解与其有重大利害关系的条款的,对方可以主张该条款不成为合同的内容。"该条区分了格式条款的不成立与格式条款的无效,对格式条款的行政监管将会产生重大影响。因此,要结合《民法典》的新精神新规定,由国务院及时制定《合同监督管理条例》,细化政府相关部门合同监督的职责。在《合同监督管理条例》的基础上,国务院各部门可以制定部门规章,细化格式合同监管的具体规定等。

要完善合同格式条款的备案制度。有学者指出,应逐步开展格式

---

〔1〕 参见李晓娟:《论格式合同的预防性行政规制机制》,载《湖北社会科学》2012 年第 9 期。
〔2〕 参见张琴:《关于完善我国格式条款合同制度的思考》,载《天山论坛》2001 年第 Z2 期。
〔3〕 参见苏号朋、李永:《合同行政监管在事中事后监管中的作用》,载《中国市场监管研究》2017 年第 4 期。

条款合同备案工作，由省工商行政管理部门制定格式条款备案工作意见，明确工作机构以及备案的对象、程序、内容，统一相关文书格式。[1] 并应进一步强化合同备案的信息披露功能，缓解部分行业领域经营者和消费者之间的信息不对称，改善消费者的信息弱势地位。[2] 对于完全无选择权的格式合同主要存在于供水、供电、煤气、取暖等公用事业领域中，行政机关应对其进行最为严格的规制。[3] 根据制定主体的不同，格式合同可以分为"联合模式""混合模式""参与模式"。其中，"联合模式"系指工商行政管理部门与相关行业主管部门、行业组织等协同制作示范文本的情形。[4] 国家市场监督管理部门的合同监管具有自身的优势，行业主管部门对合同监管有其自身的缺陷，容易受到行业利益的不当影响，因此确立国家市场监督管理部门整体负责的监管模式为宜。

要加强对合同格式条款的示范文本的规范和推广。有学者指出，应进一步发挥合同示范文本的作用，加强对格式条款制定的引导作用，增强格式条款的公正性，更好地促进格式条款监督工作。[5] 根据原国家工商总局《经济合同示范文本管理办法》的规定，进一步规范合同示范文本制定机制。由各地根据本地情况，提出合同示范文本初稿，由省工商行政管理部门进行最终审核，视情况单独或会同有关行业主管部门共同下发，全省统一推广。[6] 《经济合同示范文本管理办法》1990 年由国家工商行政管理局制定，2010 年被废止。政府提供示范合同文本，

---

〔1〕 参见彭海斌：《加强合同格式条款的监管制度建设》，载《中国工商管理研究》2006 年第 12 期。

〔2〕 参见陈旭锋：《合同格式条款备案制度研究——以浙江省合同格式条款备案制度为例》，载《中国市场监管研究》2016 年第 8 期。

〔3〕 参见李晓娟：《论格式合同的预防性行政规制机制》，载《湖北社会科学》2012 年第 9 期。

〔4〕 参见张瑞：《民法典时代格式条款行政规制研究——基于地方性法规文本的实证分析》，载《时代法学》2020 年第 4 期。

〔5〕 参见秦玲：《合同格式条款长效监管初探》，载《中国工商报》2017 年 7 月 4 日，第 3 版。

〔6〕 参见彭海斌：《加强合同格式条款的监管制度建设》，载《中国工商管理研究》2006 年第 12 期。

是公共服务的重要组成部分。示范合同文本降低了当事人双方达成共识的成本，且即使该示范文本不被最终采用，也可起到为消费者提供评价经营者格式条款的参照作用。政府要充分利用互联网的优势，积极推广合同示范文本，引导当事人签订对各方都相对公平的合同，事前预防合同违法行为的发生。

第二节　合同效力与行政权

《民法典》合同生效规范中的行政权，目前主要涉及两个问题：一是合同效力与行政法规、部门规章、地方规章等行政立法的关系；二是合同效力与行政审批、行政备案等行政行为的关系。违反政府管制的行政规章，并不当然导致合同无效。法院可以根据比例原则，权衡各方权益，利用公序良俗的规范工具，将违反规章，同时损害了社会公共利益的合同，认定为无效。要采取类型化的思维，区分整体与部分，根据诚信原则等，合理确定合同效力与行政审批的关系。将行政报批义务条款与其他合同条款相区分，前者已经生效，后者还没有生效。违反报批义务的当事人，应当承担违约义务，而不是缔约过失责任。

一、合同效力与行政规章

《民法典》第153条规定："违反法律、行政法规的强制性规定的民事法律行为无效。但是，该强制性规定不导致该民事法律行为无效的除外。违背公序良俗的民事法律行为无效。"《全国法院民商事审判工作会议纪要》第31条规定："违反规章一般情况下不影响合同效力，但该规章的内容涉及金融安全、市场秩序、国家宏观政策等公序良俗的，应当认定合同无效。人民法院在认定规章是否涉及公序良俗时，要在考察规范对象基础上,兼顾监管强度、交易安全保护以及社会影响等方面进行慎重考量,并在裁判文书中进行说理。”

(一)学术界的争论

在何种情况下,对违反规章的合同应当认定无效。学术界有三种不同的观点:社会公共利益说、公序良俗说和比例原则说。“社会公共利益”说认为,在法律、行政法规没有规定,而相关行政法规涉及社会公共利益保护时,可以参照适用社会公共利益保护的相关规定。原《合同法》第52条第4项“损害社会公共利益”司法适用,应最终交由法官在个案中完成。[1] “公序良俗”说认为,当部门规章、地方性法规乃至其以下的规范性文件,涉及如国有资产转让以及特定群体的利益保护等时,法官在判案时往往会对此加以慎重考虑,考虑是否违反了公序良俗。[2] “比例原则”说认为,判定违法合同效力的正确路径应当是,首先发现对违法合同所损害的社会公共利益,其次基于比例原则对违法合同所损害的社会公共利益与当事人的私人利益进行权衡,看是否应当将合同判为无效。[3] 违章合同的效力问题,并非简单的“是”或“否”的问题,而是需要综合个案情况进行具体的利益衡量和价值判断,法院要运用比例原则。[4] “比例原则”加“公序良俗”说认为,目前最具可行性的判定合同效力是否因违反强制性规定而受影响的方法是,以强制性规定的目的为依据,并通过比例原则同时考虑公序良俗原则来进行具体的价值判断。[5]

本书认为,《民法典》第153条比原《合同法》第52条更具有解释的

[1] 参见李建伟:《行政规章影响商事合同效力的司法进路》,载《法学》2019年第9期。

[2] 参见王永红:《关于我国合同法及其司法解释限制强制性规范位阶的实证思考》,载《天水行政学院学报》2011年第3期。

[3] 参见黄忠:《违法合同的效力判定路径之辨识》,载《法学家》2010年第5期。

[4] 参见胡赟頔:《金融监管规章影响商事合同效力的路径辨析》,载《海南金融》2020年第3期。

[5] 参见漆晓昱:《论违反强制性规定的合同效力问题——以〈合同法〉第52条第5项为中心》,载《私法研究》2012年第2期。

弹性，给法官更大的自由裁量空间。最高人民法院原《关于适用〈中华人民共和国合同法〉若干问题解释（二）》（以下简称原《合同法司法解释二》）第14条规定："合同法第五十二条第（五）项规定的'强制性规定'，是指效力性强制性规定。"《民法典》第153条第1款采取了"强制性规定不导致该民事法律行为无效的除外"的但书模式，没有采取效力性强制性规定和管理性强制性规定的两分法。这样规定更加合理，可以针对同一强制性法律规范，根据不同的案情，作出不同的裁判。《城市房地产管理法》第45条第1款第4项规定，商品房预售应当向县级以上人民政府房产管理部门办理预售登记，取得商品房预售许可证明。最高人民法院原《关于审理商品房买卖合同纠纷案件适用法律若干问题的解释》（以下简称原《商品房买卖合同解释》）第2条规定："出卖人未取得商品房预售许可证明，与买受人订立的商品房预售合同，应当认定无效，但是在起诉前取得商品房预售许可证明的，可以认定有效。"该司法解释就是传统的单一思维，商品房预售许可是效力性强制性规范，违反了都是无效的。在西安开发商起诉业主合同无效案中，一审法院就是根据原《商品房买卖合同解释》判决诉争合同无效。二审法院根据《民法典》第153条判决诉争合同有效，因为面对房地产市场出现价格大幅上涨，开发商反而主张合同无效的做法显然违背诚实信用原则。法院裁判背后更深层的原因是，办理预售许可证是开发商的义务。假如开发商迟迟没有办理预售许可证，买房人起诉主张合同无效，法院应当支持。也就是说，同样是商品房预售的强制性规定，同样是起诉合同无效，案件不同裁判结果也不同。遗憾的是，2021年1月1日实施的《商品房买卖合同解释》对原《商品房买卖合同解释》第2条并没有作出修改。

《民法典》第153条规定只有违反行政法规，才有可能被法院直接认定无效，而只是违反部门规章，需要经过复杂的利益衡量过程。行政法规和地方性法规可以直接作为法院裁判的依据，而部门规章和其他规范性文件只能作为法院裁判说理的依据。毕竟,行政法规的制定程序比部门规章的制定程序更为科学,立法条文表达能够在一定程度上避免部门利益的不当影响。学术界争论的"社会公共利益"说、"公序良俗"说、"比例原则"说、"比例原则"加"公序良俗"说等,并没有本质的区别。《民法典》没有采用原《合同法》第52条"损害社会公共利益",而是采用了"违背公序良俗"的表达。因此,从逻辑上裁判说理的落脚点,应当是违反了公序良俗。在具体说理过程中,"比例原则"说突出各种权益的平衡,突出公共利益与私人利益的权衡,也具有重要的参考意义。也就是民事合同纠纷的处理,也要运用公法中的"比例原则",权衡公权与私权的比例关系。《民法典》第6条规定:"民事主体从事民事活动,应当遵循公平原则,合理确定各方的权利和义务。"虽然该条规定的是公平原则,但是可以解释为比例原则的上位原则,具有司法裁判的方法论意义。

还需要指出的是,部门规章中的强制性规定是国家治理中国家强制的重要组成部分。法院即使认定违反行政规章的合同有效,也不能对当事人违反行政规章的行为不管不问。如果当事人签订的合同违反了行政规章的要求,而行政规章又规定可以对当事人行政处罚,法院应当建议行政主管部门予以处理。法院提出司法建议,是国家治理体系和治理能力现代化的要求。从法院认定合同无效的难度看,违反了行政规章的规定,法院相对容易论证诉争合同违反了社会公共利益。如果法律、行政法规没有强制性规定,部门规章也没有强制性规定,法院应当更为慎重认定诉争合同违反了公共利益。

(二)实践中的案例

1. 违反部门规章,违反公序良俗,被认定无效的案例

2001年原建设部制定的《商品房销售管理办法》第11条规定:"房地产开发企业不得采取返本销售或者变相返本销售的方式销售商品

房。”在刘某与原阳县公园世纪大酒店有限公司房屋买卖合同纠纷案中，法院认为，该案原告与被告原阳世纪酒店公司签订的《清竹苑商业街商铺销售转让协议》中“五年返本”的约定应认定无效。《商品房销售管理办法》虽然属于规章，但其第11条内容涉及市场秩序、国家宏观政策等公序良俗。[1]

2010年原住房城乡建设部《商品房屋租赁管理办法》第6条规定：“有下列情形之一的房屋不得出租：（一）属于违法建筑的；（二）不符合安全、防灾等工程建设强制性标准的；（三）违反规定改变房屋使用性质的；（四）法律、法规规定禁止出租的其他情形。”在饶某、江西省监狱管理局物资供应站房屋租赁合同纠纷再审民事判决书中，法院认为，《商品房屋租赁管理办法》虽然属于部门规章，但其第6条规定体现的是对社会公共安全的保护以及对公序良俗的维护。结合该案事实，在案涉房屋已被确定属于存在严重结构隐患、或将造成重大安全事故、应当尽快拆除的D级危房的情形下，双方当事人仍签订《租赁合同》，约定将该房屋出租用于经营可能危及不特定公众人身及财产安全的商务酒店，明显损害了社会公共利益、违背了公序良俗。从维护公共安全及社会价值导向的角度出发，法院确认案涉《租赁合同》无效。[2]

《个人外汇管理办法》第16条规定：“境内个人对外直接投资符合有关规定的，经外汇局核准可以购汇或以自有外汇汇出，并应当办理境外投资外汇登记。”在张某与百汇公司外汇买卖委托合同案中，双方签订外汇买卖委托管理合同。张某为中国境内公民，百汇公司为住所地在外国的受托人。法院认为，涉案外汇买卖合同违反了中国人民银行颁布《个人外汇管理办法》的规定以及中国现行外汇管理制度，因此外

〔1〕 参见河南省原阳县人民法院（2020）豫0725民初934号判决书。
〔2〕 参见最高法（2019）民再97号判决书。

汇买卖行为严重扰乱了我国市场经济管理秩序,损害了国家利益。根据原《合同法》第 52 条第 4 项的规定,认定合同无效。[1]

2. 违反部门规章,但不违反公序良俗,被认定有效的案例

2006 年司法部颁布的《律师收费管理办法》第 12 条规定:"禁止刑事诉讼案件、行政诉讼案件、国家赔偿案件以及群体性诉讼案件实行风险代理收费。"在辽宁市某律师事务所、于某委托合同纠纷案中,法院认为,2006 年颁布的《律师服务收费管理办法》的法律位阶是行政规章。律师事务所是否进行风险代理收取费用,只影响合同当事人的权益,并不存在侵害不特定多数主体的利益,不属于"损害社会公共利益"的情形,因此不支持合同无效的上诉请求。[2]

2007 年中国人民银行、中国银行业监督管理委员会制定的《关于加强商业性房地产信贷管理的通知》第 1 条规定:"……商业银行对房地产开发企业发放的贷款只能通过房地产开发贷款科目发放,严禁以房地产开发流动资金贷款或其他贷款科目发放……"在鞍山中联置业有限公司、鞍山中大房地产开发有限公司债权转让合同纠纷再审纠纷案中,法院认为不能简单地将违反部门规章或国家政策等行为等同于损害社会公共利益。案涉《委托贷款借款合同》及补充协议有效,是综合考量该案具体案情后针对此个案作出的判断。这并不意味对营口银行鞍山分行的经营行为是否符合监管部门的监管要求作出了司法确认。营口银行鞍山分行的经营行为是否合规,应由行政监管部门另行处理。[3]

2013 年交通运输部制定的《道路危险货物运输管理规定》第 12 条第 1、2 款规定:"设区的市级道路运输管理机构应当按照《中华人民共和国道路运输条例》和《交通行政许可实施程序规定》,以及本规定所明

[1] 参见上海市高级人民法院(2009)沪高民四(商)终字第 34 号判决书。
[2] 参见辽宁省沈阳市中级人民法院(2020)辽 01 民终 10530 号。
[3] 参见最高法(2018)民再 467 号判决书。

确的程序和时限实施道路危险货物运输行政许可,并进行实地核查。决定准予许可的,应当向被许可人出具《道路危险货物运输行政许可决定书》,注明许可事项,具体内容应当包括运输危险货物的范围(类别、项别或品名,如果为剧毒化学品应当标注'剧毒'),专用车辆数量、要求以及运输性质,并在10日内向道路危险货物运输经营申请人发放《道路运输经营许可证》,向非经营性道路危险货物运输申请人发放《道路危险货物运输许可证》。"在资阳市陆柒柒物流有限公司与达州市汇鑫能源有限公司运输合同纠纷案中,2007年3月资阳市交通公路运输管理处向陆柒柒公司颁发了《道路危险货物运输许可证》,表明陆柒柒公司具备运输危险货物的能力和资格。陆柒柒公司与汇鑫公司于2007年4月6日签订了《液化天然气运输合同》,合同有效期为10年。合同签订后因汇鑫公司未履行,陆柒柒公司要求汇鑫公司承担违约责任。法院认为,无论陆柒柒公司是否取得《道路运输经营许可证》,均不影响其运输危险货物,因此诉争合同系合法有效的。[1]

二、合同效力与行政审批

《民法典》第706条规定:"当事人未依照法律、行政法规规定办理租赁合同登记备案手续的,不影响合同的效力。"学术界和实务界已经形成了共识,没有行政备案的合同是有效的,行政备案只是行政监管的要求。学界对于合同效力与行政审批的关系,也进行了较为深入的研究。从研究视角看,大致分为两大类:一种认为,行政审批与合同效力联系密切,行政审批可以视为合同特别生效要件;另一种认为,行政审批与合同效力相剥离,两者分属不同的体系。具体观点包括未生效说、无效说、有效说和区分说等。不同观点基于不同的观察视角和论证路

〔1〕 参见最高法(2016)执监442号裁定书。

径,均存在一定的合理性。《民法典》第502条第2款规定:“依照法律、行政法规的规定,合同应当办理批准等手续的,依照其规定。未办理批准等手续影响合同生效的,不影响合同中履行报批等义务条款以及相关条款的效力。应当办理申请批准等手续的当事人未履行义务的,对方可以请求其承担违反该义务的责任。”从解释论上,该款中“违反该义务的责任”,是指“违反该义务的违约责任”。报批义务及相关违约条款独立生效,与整个合同未生效并不矛盾,这是部分与整体区分方法论的运用。

(一)学术界的不同观点

1.未生效说

该观点认为,尚未履行批准手续的合同是未生效合同。

王轶教授认为,通过行政许可准予实施某项民事法律行为的,行政许可属于该项民事法律行为的法定特别生效条件;没有取得行政许可的,该合同不生效,但是不影响合同中履行报批等义务条款以及相关条款的效力。[1] 尚未完全生效的合同是指合同的部分条款已经生效,部分条款还没生效,已经生效的部分条款常常是为了推动整个合同完全生效而出现的。[2]

刘贵祥法官认为,在须经行政审批的场合,未经审批的合同为未生效合同,而非无效合同;未生效合同虽然不能产生履行效力,但负有报批义务的一方应依照合同约定或者法律规定,履行报批义务,否则应承担相应的违约责任。[3]

朱广新教授认为,应该将原《合同法》第44条第2款与原《合同法》

〔1〕 参见王轶:《行政许可的民法意义》,载《中国社会科学》2020年第5期。

〔2〕 参见王轶:《合同效力认定的若干问题》,载《国家检察官学院学报》2010年第5期。

〔3〕 参见刘贵祥:《论行政审批与合同效力——以外商投资企业股权转让为线索》,载《中国法学》2011年第2期。

第52条第5款区分开来，未办理批准手续的合同，属于未生效的合同或效力待定合同，如最终未获得批准，合同应确定无效。〔1〕

崔建远教授主张，依据原《合同法》第44条第2款的规范意旨，中外合资经营企业合同、中外合作经营企业合同、中外合作勘探或开采石油或天然气合同、涉外股权转让合同，未办理相关手续前，为未生效合同。〔2〕为了满足某些领域实行计划管理的需要，有计划地开采自然能源，促进整个经济持续快速健康发展等，一些合同以行政主管机关的审批为生效要件；在合同未批准前属于未生效状态，但这不是终局的状态，而是中间的、过渡的形式，会继续发展变化。〔3〕

秦鹏教授指出，“合同报批义务有效、其他部分未生效”更贴合裁判实践演进的理论脉络，更有利于确保当下裁判的统一和权威性，也更贴合我国矿业经济的发展要求，是一条稳健的改良路径，为立法论层面的应然选择。〔4〕

上述观点虽然认为未经批准的合同在效力上属于“未生效”，但是当事人履行报批的义务条款具有法定约束力。违反报批义务，承担违约责任，还是缔约过失责任，学术界还存在一定的争议。有学者认为，在批准之前，合同的状态也确是尚未完全生效的，但办理审批手续的条款应具有相应的独立性，不受整个合同需经批准的影响，不履行该审批义务时应承担违约责任。〔5〕也有学者认为，报批义务既是合同生效前的先合同义务，也是批准前已经发生法律效力的合同义务，因此违反报

〔1〕参见朱广新：《合同未办理法定批准手续时的效力——对〈中华人民共和国合同法〉第44条第2款及相关规定的解释》，载《法商研究》2015年第6期。

〔2〕参见崔建远：《不得盲目扩张〈合同法〉第44条第2款的适用范围》，载《中外法学》2013年第6期。

〔3〕参见崔建远：《合同效力规则之完善》，载《吉林大学社会科学学报》2018年第1期。

〔4〕参见秦鹏、祝睿：《未经行政审批之矿业权转让合同的效力认定：裁判实践与应然路径》，载《法律科学（西北政法大学学报）》2018年第2期。

〔5〕参见付俊伟：《合同无效制度的若干学术追问》，载《甘肃社会科学》2017年第2期。

批义务时,会发生缔约过失责任与违约责任的竞合。[1]

2. 无效说

该观点认为,原《合同法》第44条第2款规定的批准、登记等手续,是合同生效的要件,未经审批的合同应当认定为无效。有学者明确指出,未经审批的合同应当认定为无效。[2] 以探矿权、采矿权转让合同为例,在批准前,该合同对双方不具有法律约束力。[3] 随着学界对"行政审批和合同效力"间关系研究的深入和实务司法经验的积累,持"无效说"的观点逐渐减少。

3. 有效说

该观点认为,尚未履行批准手续的合同是有效的,而不是未生效的合同或无效的合同,行政审批对合同效力无影响。

马新彦教授认为,行政审批与合同效力之间没有必然的逻辑关系,行政审批不应当对民事法律行为的效力产生决定性影响,行政审批绝缘于合同的效力,合同一经当事人双方意思表示一致即告成立;若合同具有损害国家主权等法律、法规规定不予批准的情形,合同自始不生效力;若未有此等情形,合同自成立之时发生法律效力。[4] 未来《民法典》应当删除类似于原《合同法》第44条第2款的规定,以将合同的效力真正绝缘于行政审批。[5]

屈茂辉教授认为,以行政审批中最重要的矿业权转让合同为例,合同的效力与行政审批无涉,在不具有法定无效情形下应在成立时即生效。[6]

---

〔1〕 参见吴光荣:《行政审批对合同效力的影响:理论与实践》,载《法学家》2013年第1期。

〔2〕 参见王玉飞、谢颖:《涉外股权转让居间合同效力认定》,载《人民司法》2009年第24期。

〔3〕 参见佚名:《矿业权转让合同如何生效》,载《国土资源导刊》2013年第7期。

〔4〕 参见马新彦:《论民法对合同行政审批的立法态度》,载《中国法学》2016年第6期。

〔5〕 参见马新彦:《论民法对合同行政审批的立法态度》,载《中国法学》2016年第6期。

〔6〕 参见屈茂辉、周红星:《论矿业权转让行政审批的法律本质——兼评最高人民法院矿业权纠纷司法解释》,载《法学论坛》2019年第2期。

孙学致教授认为，双方当事人根据合意依法订立的合同是有效合同，当事人的意思表示应当被充分尊重，双方都应受其约束，从尊重私法自治的角度来看也应认定为有效合同。[1]

4. 区分说

该观点认为，要区分不同的情形，特别要区分合同“基础行为（基础合同）”的效力和“履行行为（合同履行）”的效力。

李昊教授认为，单方法律行为在批准前无效；法律、行政法规规定合同须经批准的，合同自成立时生效；在合同被批准前，合同一方不得要求另一方履行合同义务，但要求履行与申请批准手续有关的义务除外。[2]

蔡立东教授认为，未经审批的合同，只要不存在其他效力瑕疵均为有效，行政审批的意义仅在于管控合同实体义务的履行，合同未获批准的，以履行不能的规则应对，将审批比作物权变动的要件，既然物权变动的要件成就与否与合同的效力没有关系，行政审批获准与否与合同效力亦无牵连。[3]

李永军教授认为，民法上必须要区分清楚“行政审批”与“物主审批”，需要区分行政机关是以“管理者”（行政者）的身份所进行的审批，还是以民法上“所有权人”的身份进行的审批。要对行政审批的对象进行类型化区分，第一类是对以国有资产为标的合同的行政审批，包括对国有企业资产，以及国家所有的矿藏、海洋石油等自然资源为标的合同的行政审批，这其实是“物主审批”。第二类是对以非国有资产为标的的合同的行政审批，包括对市场准入资格合同的行政审批和股权（权利）

---

〔1〕 参见孙学致、郑倩：《特别要件及其成就前合同效力的新诠释》，载《国家检察官学院学报》2012 年第 5 期。

〔2〕 参见李昊：《论须批准法律行为在民法总则中的规范方式》，载《法学论坛》2017 年第 1 期。

〔3〕 参见蔡立东：《行政审批与权利转让合同的效力》，载《中国法学》2013 年第 1 期。

变动合同的行政审批,这其实是"行政审批"。

因此,不能将行政审批简单看作合同的生效要件,而要区分不同的类型。[1]

缪因知教授认为,允许财产出让者及其股东以外的主体,对财产转让协议之生效行使同意权,冲击了我国法律确认的物权区分原则。[2]

(二)实务界的不同裁判

1. 合同无效的裁判路径

在刘某甲与刘某乙采矿权纠纷案中,法院认为,双方当事人签订的采矿权转让合同,违反了《探矿权采矿权转让管理办法》第 3 条第 2 项及第 10 条第 3 款关于"采矿权转让需要经过批准"的规定,属于违反原《合同法》第 52 条第 5 款的情形,违反了行政法规的效力性强制性规定,故认定合同无效。[3]

当事人在未取得采矿权的情况下,就签订相关协议,有法院认定这些协议是无效合同。例如,在青海中天泰矿业有限公司与中国第四冶金建设有限责任公司等承揽合同纠纷案中,法院就认为,根据《矿产资源法》第 3 条规定,中天泰公司在未取得江仓矿区的探矿权和采矿权情形下,其与四冶公司所签《煤矿采剥工程承包合同》因违反法律的效力性强制性规定而无效。[4]

2. 合同有效的裁判路径

在仝某诉李某采矿权纠纷案中,法院认为,虽然原《合同法》第 44 条、最高人民法院原《关于适用〈中华人民共和国合同法〉若干问题的解释(一)》(以下简称原《合同法司法解释一》)第 9 条和《探矿权采矿权

[1] 参见李永军:《民法典编纂中的行政法因素》,载《行政法学研究》2019 年第 5 期。

[2] 参见缪因知:《国有股转让协议审批要求对合同效力之影响:以"史上最大股权纠纷"为例》,载《中外法学》2015 年第 5 期。

[3] 参见内蒙古高级人民法院(2012)内民一终字第 32 号民事判决书。

[4] 参见最高人民法院(2016)最高法民终 298 号民事判决书。

转让管理办法》第 10 条,均规定有关采矿权合同转让需要批准才生效。但是依据原《物权法》第 15 条:“当事人之间订立有关设立、变更、转让和消灭不动产物权的合同,除法律另有规定或者合同另有约定外,自合同成立时生效;未办理物权登记的,不影响合同效力。”按照新法优于旧法、特别法优于一般法的适法原则,在界定采矿权转让合同效力方面,原《物权法》的适用应优先于原《合同法》,同时原《物权法》也是《探矿权采矿权转让管理办法》的上位法,故双方所签订的转让合同依法成立并生效,属于有效合同。[1] 在相似的案件中,如陈某与确山县团山矿业开发有限公司采矿权转让合同纠纷案中,一审法院就认为,根据原《物权法》第 15 条确立的区分原则,基础合同与物权(采矿权)转移不同,合同效力判断不依据履行与否,故采矿权转让合同有效。[2]

3. 合同未生效的裁判路径

在玉溪市星明房地产开发有限公司与冕宁县青纳乡渔洞河新大采矿厂企业出售合同纠纷案中,法院认为,转让合同虽然载明转让标的是新大采矿厂拥有的采矿权及其拥有的采矿、选矿的相关设施、设备、厂房等。因采矿、选矿的相关设施、设备、厂房等均为采矿实际需要而转让,系依附于采矿权的转让而发生作用,因此,双方交易的核心内容系通过新大采矿厂企业整体资产转让的方式转让采矿权。根据《矿产资源法》第 6 条第 1 款、《探矿权采矿权转让管理办法》第 10 条第 3 款和原《合同法司法解释一》第 9 条等规定,该合同至今仍未办理批准手续,应当认定合同未生效,但是当事人间的报批义务具有拘束力。[3]

在丁某等诉贵州省三都县永发矿业有限公司等探矿权转让合同纠纷案中,法院根据原《合同法》第 44 条、《矿产资源法》第 6 条第 1 款、

[1] 参见陕西省淳化县人民法院(2010)淳民初字第 000326 号民事判决书。

[2] 参见河南省驻马店市中级人民法院(2015)驻民二终字第 68 号民事判决书。

[3] 参见四川省高级人民法院(2015)川民终字第 400 号民事判决书。

《探矿权采矿权转让管理办法》第 10 条第 3 款和《合同法司法解释一》第 9 条,双方签订的《探矿权转让协议》属未生效;且根据最高人民法院《关于审理外商投资企业纠纷案件若干问题的规定(一)》第 1 条第 2 款的规定:"……合同因未经批准而被认定未生效的,不影响合同中当事人履行报批义务条款及因该报批义务而设定的相关条款的效力",履行报批义务对双方已产生约束力。[1]

此外,关于采矿权出租合同,是否也需要经批准才生效,是否属于未生效合同,司法实践中有两种不同的做法。一种观点认为,采矿权出租是特殊的转让合同,应经过批准才生效。在陈某与宽甸满族自治县虎山镇老边墙村民委员会采矿权转让合同纠纷案中,法院就认为,租赁采矿权属于一种特殊的矿业权转让方式,采矿权转让合同属于批准后才生效的合同。[2] 另一种观点认为,采矿权出租不同于采矿权转让,不能参照适用。在吐鲁番英财矿业有限责任公司等与鄯善县鑫奥森矿业开发有限公司等股权转让纠纷案中,法院就认为,针对采矿权租赁的约定,我国法律、行政法规对采矿权租赁的规定,应当认定为管理性强制性规定,违反此类规定的合同,不影响合同效力的认定。矿业权出租具有不同于矿业权转让的法律属性,不宜适用《探矿权采矿权转让管理办法》第 10 条第 3 款关于"批准转让的,转让合同自批准之日起生效"的规定。《矿产资源法》第 42 条规定:"买卖、出租或者以其他形式转让矿产资源的,没收违法所得,处以罚款。违反本法第六条的规定将探矿权、采矿权倒卖牟利的,吊销勘查许可证、采矿许可证,没收违法所得,处以罚款。"该规定的性质为管理性、强制性规定,不能据此认定矿业权出租合同无效。[3]

---

〔1〕 参见贵州省黔东南苗族侗族自治州中级人民法院(2014)黔东民终字第 296 号民事判决书。

〔2〕 参见最高人民法院(2011)民提字第 81 号民事判决书。

〔3〕 参见最高人民法院(2016)最高法民终 520 号民事判决书。

（三）合同效力与行政审批关系的科学定位

合同效力与行政审批之间的关系，在我国其实经历了一个嬗变的过程。最初未经审批的合同，在司法实践中被认定为无效。1999 年颁布的《合同法司法解释一》第 9 条第 1 款规定："依照合同法第四十四条第二款的规定，法律、行政法规规定合同应当办理批准手续，或者办理批准、登记等手续才生效，在一审法庭辩论终结前当事人仍未办理批准手续的，或者仍未办理批准、登记等手续的，人民法院应当认定该合同未生效；法律、行政法规规定合同应当办理登记手续，但未规定登记后生效的，当事人未办理登记手续不影响合同的效力，合同标的物所有权及其他物权不能转移。"此后，未经审批的合同效力往往被视为未生效合同，当事人不履行报批义务，承担缔约过失责任。

2009 年颁布的《合同法司法解释二》第 8 条规定："依照法律、行政法规的规定经批准或者登记才能生效的合同成立后，有义务办理申请批准或者申请登记等手续的一方当事人未按照法律规定或者合同约定办理申请批准或者未申请登记的，属于合同法第四十二条第（三）项规定的'其他违背诚实信用原则的行为'，人民法院可以根据案件的具体情况和相对人的请求，判决相对人自己办理有关手续；对方当事人对由此产生的费用和给相对人造成的实际损失，应当承担损害赔偿责任。"2019 年颁布的《全国法院民商事审判工作会议纪要》（法〔2019〕254 号）第 38 条规定："须经行政机关批准生效的合同，对报批义务及未履行报批义务的违约责任等相关内容作出专门约定的，该约定独立生效。一方因另一方不履行报批义务，请求解除合同并请求其承担合同约定的相应违约责任的，人民法院依法予以支持。"此后，司法实践逐步区分需要审批生效的合同与合同中的报批义务条款，当事人违反报批义务的，要承担违约责任。

《民法典》第 502 条第 1 款规定："依法成立的合同，自成立时生效，但是法律另有规定或者当事人另有约定的除外。”《民法典》第 502 条第 2 款第 1 句就规定:“依照法律、行政法规的规定,合同应当办理批准等手续的,依照其规定。”据此,有的合同虽然已经成立,但是在未履行批准等手续前,合同不能立即生效。这种状态下的合同到底属于何种效力,学界存在不同的认识。“未生效说”虽然能够在逻辑上说明该合同的效力状态,但是“报批义务”为何能够独立于合同先行生效,还需要理论支撑。“无效说”过于强调行政权对私权的干预度,没有充分意识到“待审批合同”与“无效合同”的不同。“生效说”在理念上尊重私法自治、意思自由,但是将合同效力完全独立于行政权认定,不符合整体主义法治观。“区分说”以负担行为与处分行为相区分理论为基础,具有较强的实践意义,但也没有明确的法律定性,有时也过于绝对。根据《民法典》第 502 条的规定,从解释论的角度看,要将未办理批准等手续的合同条款进行区分,区分报批义务条款与其他条款。前者已经生效,后者还未生效。报批义务独立于主合同内容而单独生效,违反报批义务应当承担违约责任。

除了《矿产资源法》第 6 条规定采矿权转让需要审批的以外,《城市房地产管理法》和《野生动物保护法》等均规定了行政审批。《野生动物保护法》第 27 条第 2 款规定:“因科学研究、人工繁育、公众展示展演、文物保护或者其他特殊情况,需要出售、购买、利用国家重点保护野生动物及其制品的,应当经省、自治区、直辖市人民政府野生动物保护主管部门批准……”根据《城市房地产管理法》第 45 条第 1 款第 4 项,商品房预售,应当向县级以上人民政府房产管理部门办理预售登记,取得商品房预售许可证明。2003 年颁布的《商品房买卖合同解释》第 2 条规定:“出卖人未取得商品房预售许可证明,与买受人订立的商品房预售合同,应当认定无效,但是在起诉前取得商品房预售许可证明的,可以认定有效。”对该司法解释不能机械理解,要根据《民法典》第 153 条的规定，进行重新审视，进行适当的限缩解释。

上诉人李某因与被上诉人西安闻天科技实业集团有限公司(以下简称闻天公司)确认合同无效纠纷一案中，法院认为："首先，李某在签订认购合同当日即支付了全额购房款，闻天公司在自身合同目的已经实现情形下，非但不积极履行应尽的合同义务，面对房地产市场出现价格大幅上涨，反而主张合同无效的做法，显然违背诚实信用原则。其次，闻天公司作为房地产开发企业，对房屋预售所需符合的条件应当是清楚的，对自身不办理商品房预售许可证即预售商品房行为的违法性应当是明知的。现闻天公司以自身原因造成的违法事实为由提起本案诉讼，真正目的在于获取超出合同预期的更大利益，闻天公司的行为显然与社会价值导向和公众认知相悖。为弘扬社会主义核心价值观，彰显司法公正，对此种行为不应予以支持。最后，闻天公司签约时未取得商品房预售许可证，虽然违反了有关'商品房预售应当取得商品房预售许可证明'的规定，但是并不必然导致其签订认购合同的民事法律行为无效。"〔1〕在该案中，虽然闻天公司没有获得预售许可证，但法院根据原《民法总则》第 7 条和第 173 条等条款，仍然确认认购合同有效，双方之间形成了有效的商品房预售合同法律关系。

当然，如果买房人因开发商没有取得预售许可证而主张合同无效的，人民法院应当支持。毕竟办理预售许可证的义务是开发商，买房人没有该义务。《民法典》第 153 条没有采取效力性强制性规范和管理性规范的二分法，而是采取了更有弹性的但书规定，即"该强制性规定不导致该民事法律行为无效的除外"。同样是《城市房地产管理法》第 45 条第 1 款的强制性规定，但因主张无效的主体不同，而裁判的结果不同。如果买房人主张违约损害赔偿的，人民法院不宜直接支持。毕竟

〔1〕 参见陕西省西安市中级人民法院(2018)陕 01 民终 8145 号民事判决书。

开发商还没有取得预售许可证,政府的监管因素不得不考虑。如果买房人与开发商对预售许可证办理事宜约定了违约金,那么法院应当对此予以支持。2021 年 1 月 1 日起实施的最高人民法院《关于审理建设工程施工合同纠纷案件适用法律问题的解释(一)》(法释〔2020〕25 号)(以下简称《民法典建设工程司法解释一》)第 3 条规定:"当事人以发包人未取得建设工程规划许可证等规划审批手续为由,请求确认建设工程施工合同无效的,人民法院应予支持,但发包人在起诉前取得建设工程规划许可证等规划审批手续的除外。发包人能够办理审批手续而未办理,并以未办理审批手续为由请求确认建设工程施工合同无效的,人民法院不予支持。"该条确立的裁判路径,具有扎实的法理支撑,更符合公平正义的要求,在很多案件中可以参考适用。总之,要采取类型化思维,区分整体与部分,根据诚信原则等,合理确定合同效力与行政审批的关系。

第三节　建设工程合同中的行政权

《民法典》典型合同分编的很多条款涉及行政权运行问题。如《民法典》第 597 条对禁止或者限制转让标的物的规定、第 625 条标的物回收义务的规定、第 680 条最高借款利率的规定、第 683 条保证人资格的规定、第 791 条建设工程禁止转包和非法分包的规定和第 950 条技术合同反垄断的规定等。建设工程合同在各类典型合同监管中,相对比较典型,因此本书重点予以关注。通过对建设工程合同中的相关行政权问题的梳理,建议民事司法裁判文书不宜采用具有行政监管色彩的"黑白合同"的表达,而是要根据《民法典》第 146 条"通谋虚伪意思表示"条款,采用"真假合同"的表达。界定是否对中标合同作出实质性变更时,不仅应考虑变更的范围，还应考虑变更的幅度因素。这要求法院要根据《民法典》基本原则，采用动态系统理论，运用利益衡量的方法，综合予以判断。“先定后招”黑白合同均无效，根据《民法典》第 179 条的规定，法院不能收缴非法所得或进行处罚，但要向政府相关部门及时提出司法建议。

一、建设工程“黑白合同”的法律界定

建设工程领域普遍存在“黑白合同”的问题，由于产生原因不同，表现形式也是多样的。科学界定建设工程“黑白合同”，既要考虑当事人意思自治，又要考虑行政监管的因素，从签订主体、签订程序和合同内容等方面综合衡量。

1. 建设工程“黑白合同”概念的形成与发展

2003 年全国人大常委会执法检查组《关于检查〈中华人民共和国建筑法〉实施情况的报告》（以下简称《人大报告》）指出：“各地反映，建设单位与投标单位或招标代理机构串通，搞虚假招标，明招暗定，签订‘黑白合同’的问题相当突出。所谓‘黑合同’，就是建设单位在工程招投标过程中，除了公开签订的合同外，又私下与中标单位签订合同，强迫中标单位垫资带资承包、压低工程款等。‘黑合同’违反了《招标投标法》《合同法》和建筑法的有关规定，极易造成建筑工程质量隐患，既损害施工方的利益，最终也损害建设方的利益。在检查中，检查组了解到这个问题不仅相当普遍，而且难以查处。”〔1〕

最高人民法院原《关于审理建设工程施工合同纠纷案件适用法律问题的解释》（法释〔2004〕14 号）（以下简称原《建设工程司法解释

〔1〕 李铁映：《全国人大常委会执法检查组关于检查〈中华人民共和国建筑法〉实施情况的报告——2003 年 10 月 27 日在第十届全国人民代表大会常务委员会第五次会议上》，载《中华人民共和国全国人民代表大会常务委员会公报》2003 年第 6 期。

一》)第21条规定:"当事人就同一建设工程另行订立的建设工程施工合同与经过备案的中标合同实质性内容不一致的,应当以备案的中标合同作为结算工程价款的根据。"最高人民法院民事审判第一庭编著的《最高人民法院建设工程合同司法解释的理解与适用》对第21条的释义,采用的是"黑白合同"和"阴阳合同"的表达。[1]

最高人民法院《关于当前形势下进一步做好房地产纠纷案件审判工作的指导意见》(法发〔2009〕42号)第4条规定:"加大对招标投标法的贯彻力度。要依据招标投标法和最高人民法院《关于审理建设工程施工合同纠纷案件适用法律问题的解释》的规定,准确把握'黑白合同'的认定标准,依法维护中标合同的实质性内容……"

最高人民法院《关于审理建设工程施工合同纠纷案件适用法律问题的解释(二)》(法释〔2018〕20号)(以下简称原《建设工程司法解释二》)第1条规定:"招标人和中标人另行签订的建设工程施工合同约定的工程范围、建设工期、工程质量、工程价款等实质性内容,与中标合同不一致,一方当事人请求按照中标合同确定权利义务的,人民法院应予支持。招标人和中标人在中标合同之外就明显高于市场价格购买承建房产、无偿建设住房配套设施、让利、向建设单位捐赠财物等另行签订合同,变相降低工程价款,一方当事人以该合同背离中标合同实质性内容为由请求确认无效的,人民法院应予支持。"最高人民法院民事审判第一庭编著的《最高人民法院建设工程司法解释(二)理解与适用》对第1条的释义,采用的是"黑白合同"的表达。[2]

《民法典建设工程司法解释一》2021年1月1日实施后,原《建设工

---

〔1〕 参见最高人民法院民事审判第一庭编著:《最高人民法院建设工程施工合同司法解释的理解与适用》,人民法院出版社2015年版,第155页。

〔2〕 参见最高人民法院民事审判第一庭编著:《最高人民法院建设工程施工合同司法解释(二)理解与适用》,人民法院出版社2019年版,第52页。

程司法解释一》和原《建设工程司法解释二》同时废止。《民法典建设工程司法解释一》第2条规定:“招标人和中标人另行签订的建设工程施工合同约定的工程范围、建设工期、工程质量、工程价款等实质性内容,与中标合同不一致,一方当事人请求按照中标合同确定权利义务的,人民法院应予支持。招标人和中标人在中标合同之外就明显高于市场价格购买承建房产、无偿建设住房配套设施、让利、向建设单位捐赠财物等另行签订合同,变相降低工程价款,一方当事人以该合同背离中标合同实质性内容为由请求确认无效的,人民法院应予支持。”第23条规定:“发包人将依法不属于必须招标的建设工程进行招标后,与承包人另行订立的建设工程施工合同背离中标合同的实质性内容,当事人请求以中标合同作为结算建设工程价款依据的,人民法院应予支持,但发包人与承包人因客观情况发生了在招标投标时难以预见的变化而另行订立建设工程施工合同的除外。”

一般而言,“黑合同”“阴合同”是见不得阳光、不能公开、不能拿到桌面上的合同。“白合同”“阳合同”往往是指经过公开招标程序确定的合同。严格来讲,“黑白合同”不是法律专业术语,法律法规、司法解释均没有明确采用。“黑白合同”的概念本身带有很强的行政管制的感情色彩,没有体现合同主体的真实意思表示。合同作为一种典型的民事法律行为,合同的有效要件就是双方主体的真实意思表示,将一个虚假意思表示的合同叫作“白合同”,真实意思表示的合同叫作“黑合同”,不符合《民法典》第143条有效民事法律行为的构成要件,这也与公序良俗中相关价值判断相违背。[1]《民法典》放弃了“以合法形式掩盖非法目的”的表达,其中第146条规定了“通谋虚伪意思表示”。因此,将“阴

〔1〕参见余卫:《民法分则合同编之合同无效事由的规则完善——以建设工程“黑白合同”为例》,载《江西社会科学》2017年第6期。

阳合同"称为"真假合同"更为合适,与《民法典》体系更为衔接。从行为的角度看,一个是真实行为,另一个是虚假行为。"黑白合同"无效的基础事由就是虚伪意思表示,体现虚伪意思表示的"白合同"无效,体现真实意思表示的"黑合同"的效力要综合各种因素予以确定。因此,民事裁判文书的说理部分,不宜采用具有行政监管色彩的"黑白合同",而应当根据《民法典》第 146 条"通谋虚伪意思表示"条款,采用"真假合同"的表达。基于长期以来的习惯,本书基于研究的便利,还采用"黑白合同"的表达。

2. 建设工程"黑白合同"的具体界定

第一,"黑白合同"的签订主体。建设工程"黑白合同"的签订主体如何界定存在争议,不同学者所持观点不同,主要存在以下两种观点。第一种观点认为,"黑白合同"的签订主体限于建设单位(招标单位)和投标单位或招标代理机构。[1] 该观点认为基于合同的相对性,合同的内容和效力只能约束合同双方当事人,非合同当事人不受合同的约束。且"黑白合同"在《人大报告》中最早提出时只是限定了建设单位(招标单位)和投标单位或招标代理机构。在卿某与中核西北建设集团有限公司、陕西泽伟房地产开发有限公司建设工程施工合同纠纷一案中,陕西省高级人民法院认为,原《建设工程司法解释一》第 21 条所指的当事人是指"备案合同与非备案合同"的签约方,不应扩大解释到转包人、非法分包人、实际施工人等。[2] 第二种观点认为,"黑白合同"的签订主体不应仅限定于招标单位和投标单位,只要是对同一合同中同一标的,私下变更合同内容的当事人均应成为"黑白合同"的主体。[3] 实践中

〔1〕 参见杨鹏、刘尊知:《建设工程"黑白合同"的认定与处理》,载《人民司法》2009 年第 14 期。

〔2〕 参见(2015)陕民一终字第 00223 号民事判决书。

〔3〕 参见周泽:《建设工程"黑白合同"法律问题研究——兼对最高法院一条司法解释的批评》,载《中国青年政治学院学报》2006 年第 1 期。

也有法院支持了这一观点。在山东圣泰置业发展有限公司与章某等建设工程施工合同纠纷上诉案中,法院认为,章某为涉案工程的实际施工人,而章某并未取得劳务分包资质,属于违法分包,工程款参照原《建设工程司法解释一》第21条的规定进行结算。[1] 本书同意第二种观点,对于缔约主体应作宽泛的理解,不应仅限定于招标单位和投标单位。因为建设工程施工合同履行周期较长,涉及利益较多。承包方可能会将部分工程分包或转包给其他建设单位,因此发包人、承包方、转包方、实际施工人等都有可能是签订"黑白合同"的主体。

第二,"黑白合同"的程序界定。原《建设工程司法解释一》第21条提出了三个关键因素:针对同一建设工程、另行订立的建设工程施工合同与经过备案的中标合同实质性内容不一致。原《建设工程司法解释二》第1条规定以"中标合同"为工程价款的结算依据,取代了原《建设工程司法解释一》中的"备案的中标合同"。2018年5月国务院办公厅《关于开展工程建设项目审批制度改革试点的通知》(国办发〔2018〕33号),第三部分精简审批环节,内容包括提出取消施工合同备案。这意味着建设工程"黑白合同"成立的程序要件只有一个:该建设工程项目经过合法的招投标程序。建设工程施工合同备案程序是建设行政主管部门出于对建筑行业实行行政监督的监管手段,是否备案与是否经过招投标手续没有必然联系。

因此,合法的招投标程序就是认定"黑白合同"成立的程序要件。实践中有一些法院裁判已经认定备案程序不属于"黑白合同"成立的依据,如新乡市新星房地产开发有限公司与河南省第二建设集团有限公司建设工程施工合同纠纷案中,法院认为,施工合同未经备案,并非否

---

〔1〕 参见(2014)潍民一终字第753号民事判决书。

定合同效力的理由。[1] 再如,在新疆生产建设兵团第六师新湖农场等与五家渠天顺建筑安装有限责任公司建设工程施工合同纠纷上诉案中,法院认为,当事人就同一建设工程另行订立的《建设工程施工合同》与中标合同实质性内容不一致的,不论该中标合同是否经过备案登记,都应当以中标合同作为工程价款的结算依据。[2]

第三,"黑白合同"的内容界定。《招标投标法》第 46 条和《民法典建设工程司法解释一》第 2 条,均规定不得对中标合同进行实质性变更。"黑白合同"的认定主要还是集中在合同实质性内容方面是否改变。若合同变更不属于实质性变更,则不能认定构成"黑白合同"。《民法典建设工程司法解释一》第 2 条规定了工程范围、建设工期、工程质量、工程价款等四个方面属于实质性变更的内容。对建设工程施工合同内容实质性变更的判断,不能简单地认为当事人另行订立的合同对原中标合同进行了上述四方面的改变,就认定对中标合同内容进行了实质性变更。在确定实质性标准的内容时应当结合个案采取利益衡量的方法,以该变更是否对当事人权益、第三人权利或社会公共利益产生影响为准。例如,合同违约责任也属于影响当事人权利义务的重要内容,《民法典建设工程司法解释一》第 2 条未明确将违约责任纳入实质性的内容,有些欠妥之处。在宁波市江北博纳投资有限公司与五洋建设集团股份有限公司建设工程施工合同纠纷一案中,法院认为,原、被告双方于 4 月 9 日签订的《建设工程施工合同》,改变了双方于 3 月 31 日签订的《建设工程施工合同》关于工期及违约责任的约定,属于对合同内容的实质性改变,应当认为合同无效。[3]

对于实质性内容变更的认定,除了明确界定哪些内容属于实质性

---

〔1〕 参见(2013)民申字第 876 号民事判决书。
〔2〕 参见(2015)兵六民一终字第 219 号民事判决书。
〔3〕 参见(2015)浙甬民二终字第 58 号民事判决书。

内容的范围,还应当考虑一个变更的幅度问题。若变更行为对于整个建设工程来说十分微小,则不宜被认定为实质性变更。在杨某诉陕县农村信用合作联社工程款纠纷一案中,法院认为合同价款变更4%构成实质性变更。[1] 在通辽光远电力安装有限责任公司与内蒙古华电秦天风电有限公司确认合同效力纠纷上诉案中,法院认为合同价款变更110%不构成实质性变更。[2] 有关实质性变更的幅度上不宜设置一个确定的标准,原因在于:其一,不同的建设工程具有其特殊性,工程价款、工期、工程质量各有特点,即便是同样的工程,在履行过程中基于不同的情况需要对原合同调整的幅度也不相同;其二,从当事人的角度看,合同当事人自身的情况不同,其所承受风险的能力也不相同。综上所述,中标合同实质性变更的认定,不仅应考虑变更的内容因素,还应考虑该变更的幅度因素。要综合中标合同效力,对双方当事人的主要权利义务是否发生了较大变化等因素,依据诚信原则和公平原则予以综合衡量。

建设工程期限长、涉及因素多变,因此在施工的过程中,难免会出现设计变更、自然条件变化等情形,双方当事人可以在合同中进行约定,但是该约定不得对当事人利益、第三人利益以及社会公众利益造成损害。司法实践中也有法院的判决支持了这一观点。在临沂市东方建筑有限公司、山东宝鼎房地产开发有限公司建设工程施工合同纠纷再审案中,中标合同约定了"合同价款采用可调价格合同",因此法院认为补充协议中对价格的调整,仍在中标合同的约定范围之内,不属于实质性内容变更。[3]

垫资协议原则上不能视为"实质性变更"。《民法典建设工程司法

---

〔1〕 参见(2014)陕民初字第200号民事判决书。

〔2〕 参见(2014)通商终字第32号民事判决书。

〔3〕 参见(2019)鲁民终2043号民事判决书。

解释一》实质上承认了工程垫资的合法性。垫资协议不应认为构成对中标合同的实质性变更,因此不应否定垫资协议的效力。理由如下:民间借贷的合法性逐步得到了承认。《民法典建设工程司法解释一》第25条规定:"当事人对垫资和垫资利息有约定,承包人请求按照约定返还垫资及其利息的,人民法院应予支持,但是约定的利息计算标准高于垫资时的同类贷款利率或者同期贷款市场报价利率的部分除外。当事人对垫资没有约定的,按照工程欠款处理。当事人对垫资利息没有约定,承包人请求支付利息的,人民法院不予支持。"最高人民法院《关于审理民间借贷案件适用法律若干问题的规定》第11条规定:"法人之间、非法人组织之间以及它们相互之间为生产、经营需要订立的民间借贷合同,除存在《中华人民共和国合同法》第五十二条以及本规定第十四条规定的情形外,当事人主张民间借贷合同有效的,人民法院应予支持。"垫资合同不是单纯的企业间借款合同,双方的目的是确保建设工程施工合同的顺利履行。垫资条款的存在,往往直接导致建设工程施工合同无法通过建筑行政主管部门的备案程序。实践中,有当事人采取包工包料的形式,通过分期支付工程款等方式,在某种程度上可以解决发包人资金暂时不足的问题。发包方因各种原因,不按照中标合同的付款条件付款,而是与承包方签订垫资协议。这不宜视为对中标合同的实质性变更。企业之间的垫资约定,并不违反合同法合同意思自治的基本原则,也并未违反法律、行政法规的强制性规定。《政府投资条例》第22条第2款规定"政府投资项目不得由施工单位垫资建设",应当视为管理性强制性规定,而不是效力性强制性规定。

第四,"黑白合同"的形式界定。在发包人和承包人签订书面合同之前,所发出的中标通知书的性质如何认定。学者们对中标通知书的法律性质,主要有以下三种观点:第一种观点认为,中标通知书是督促当事人尽快签订中标合同的法律文件,中标通知书的发出并不能证明中标合同的成立。原《合同法》第270条明确规定建设工程合同应当采用书面形式。因此,中标通知书发出后,中标合同尚未成立。第二种观点认为,中标通知书发出后,当事人之间成立预约合同。[1] 中标通知书是法律规定的约束当事人缔结书面合同的规范性文件,属于预约合同。第三种观点认为,中标通知书发出后,中标合同已经成立。[2] 理由主要是:首先,中标通知书中已经涵盖了一系列合同的基本要素,发出中标通知书是招标人承诺的方式。本书赞同第三种观点。中标通知书发出后,招标人不得改变中标结果,中标合同也是对中标通知书的细节化而已。司法实践中也有法院支持了这一观点,如中国第四冶金建设有限责任公司、苍溪县博翔房地产开发有限公司建设工程施工合同纠纷案。[3] 《民法典建设工程司法解释一》第22条规定:"当事人签订的建设工程施工合同与招标文件、投标文件、中标通知书载明的工程范围、建设工期、工程质量、工程价款不一致,一方当事人请求将招标文件、投标文件、中标通知书作为结算工程价款的依据的,人民法院应予支持。"《民法典》第471条规定:"当事人订立合同,可以采取要约、承诺方式或者其他方式。"该条款中的"其他方式"包括招投标方式。因此,根据《民法典》第471条,中标通知书发出后,中标合同已经成立,违背此规定签订的建设工程合同,即使经过备案,也应当认定无效。

3. 建设工程"黑白合同"的主要类型

按照签订时间先后,建设工程"黑白合同"大致分为三种类型:第一,标前型"黑白合同",即"黑合同"签订时间早于"白合同"。在招标前发包人与承包人已经就工程的相关情况达成合意并签订了"黑合

---

〔1〕 参见陈川生、王倩、李显冬:《中标通知书法律效力研究——预约合同的成立和生效》,载《中国政府采购》2011年第1期。

〔2〕 参见林镥海:《论中标通知书的法律效力和悔标的法律后果》,载《法治研究》2009年第5期。

〔3〕 参见(2019)川民终22号民事判决书。

同”。“黑白合同”的构成中对于合同的签订时间并没有要求，只要求两份合同的实质性内容不一致即可。因此，“先定后招”依然存在“黑白合同”的情况。第二，标后型“黑白合同”，即“黑合同”签订时间晚于“白合同”。此时招投标程序已经结束，中标人已经确定并且签订了中标合同，招标人利用自己的强势地位，要求中标人与自己签订补充协议来修改中标合同的实质性内容，构成实质上的“黑合同”。第三，标时型“黑白合同”，即“黑合同”和“白合同”签订时间大致相当。标时型“黑白合同”是指中标合同签订之时，发包人与承包人另行签订一份与中标合同有实质变更的合同，作为实际履行的依据，通常以补充协议的形式出现。

二、建设工程“黑白合同”的适用范围

（一）自愿招标项目受“黑白合同”的约束

建设工程的“黑白合同”可以分为法定招标项目和自愿招标项目。法定招标项目肯定受到“黑白合同”规则的约束，但是对于自愿招标项目，当事人进行了招投标程序后，又私下签订了与中标合同实质性内容不一致的合同，是否构成“黑白合同”存在两种截然不同的观点。

否定说认为，自愿招标项目不受“黑白合同”的约束。《招标投标法》第3条对必须进行招投标的工程项目进行了列举说明。法定招标项目的“黑白合同”，不仅涉及发包方和承包方的合同利益，还涉及国家利益和公共利益，而自愿招标项目更多涉及私人权益，较少涉及公共利益。否定说认为，对于自愿招标项目，国家没有进行干预的必要。实践中有法院支持此类观点。2014年1月1日实施的安徽省高级人民法院《关于审理建设工程施工合同纠纷案件适用法律问题的指导意见(二)》第7条规定：“不属于依法必须招标的建设工程，发包人与承包人又另行签订并实际履行了与备案中标合同不一致的合同，当事人请求按照

实际履行的合同确定双方权利义务的,应予支持。”

肯定说认为,自愿招标项目受“黑白合同”的约束。《招标投标法》第2条规定在中华人民共和国境内进行招标投标活动,适用该法。该条并未区分项目是否属于法定招标项目和自愿招标项目。《招标投标法》不仅保护当事人的合法权益,更是规范招投标市场,对不特定的投标人的合法权益进行保护。因此,无论是否属于法定招标项目,只要根据《招标投标法》进行了合法的招投标程序,都要受到约束,私下签订的合同就有可能会构成“黑白合同”。实践中也有不少法院支持该观点。如北京市高级人民法院《关于审理建设工程施工合同纠纷案件若干疑难问题的解答》(京高法发〔2012〕245号)第15条第2款规定,法律、行政法规规定必须进行招标的建设工程,或者未规定必须进行招标的建设工程,但依法经过招标投标程序并进行了备案,当事人实际履行的施工合同与备案的中标合同实质性内容不一致的,应当以当事人实际履行的合同作为结算工程价款的依据。有法院支持了“肯定说”。如肥城金健建设工程有限公司与肥城市石横镇中高余西居民委员会建设工程施工合同纠纷再审一案中,山东省高级人民法院认为,无论是自愿招标发包还是强制招标发包的建设工程,只要按《招标投标法》的规定,通过招投标方式签订的建设工程施工合同,就应当遵守法律的规定,发包人和承包人应当根据中标通知书签订建设工程施工合同,不得另行签订与中标合同实质性内容不一致的合同,即“黑白合同”。[1]

本书支持“肯定说”。虽然根据原《建设工程司法解释二》第9条的规定,最高人民法院支持了“肯定说”的观点,认为自愿招标项目也受到“黑白合同”的约束。《民法典建设工程司法解释一》第23条规定:“发

〔1〕 参见(2016)鲁民再109号民事判决书。

包人将依法不属于必须招标的建设工程进行招标后,与承包人另行订立的建设工程施工合同背离中标合同的实质性内容,当事人请求以中标合同作为结算建设工程价款依据的,人民法院应予支持,但发包人与承包人因客观情况发生了在招标投标时难以预见的变化而另行订立建设工程施工合同的除外。"从法律解释的角度,要区分强制招标项目和自愿招标项目,后者应当要给予更多的空间,尊重当事人的意思自治。即使适用"黑白合同"的相关规则,也要充分考虑自愿招标项目的特殊性,尽量给当事人更多的自由。在自愿招项目中,隐藏行为的"黑合同"往往是当事人的真实意思表示,而"白合同"则是当事人为了逃避税费等目的而签订的非真实意思表示的合同。《民法典》第142条第1款规定:"有相对人的意思表示的解释,应当按照所使用的词句,结合相关条款、行为的性质和目的、习惯以及诚信原则,确定意思表示的含义。"在不违反公序良俗前提下,原则上体现真实意思表示的"黑合同"是有效的。

(二)自主备案的合同不受"黑白合同"的约束

实践中可能存在自愿招标项目,当事人也没有进行自愿的招投标程序,但是根据当地主管部门的要求,对合同进行了备案。该合同是由于备案的要求或者规避税费的目的而签订的非真实意思表示的合同,事后双方私下签订了与备案合同实质性内容不一致的合同,这种情况是否构成"黑白合同"。司法实践中,一般认为自主备案的合同不构成"黑白合同"。北京市高级人民法院《关于审理建设工程施工合同纠纷案件若干疑难问题的解答》(京高法发〔2012〕245号)第15条第3款规定,法律、行政法规规定不是必须进行招标的建设工程,实际也未依法进行招投标,当事人将签订的建设工程施工合同在当地建设行政管理部门进行了备案,备案的合同与实际履行的合同实质性内容不一致的,应当以当事人实际履行的合同作为结算工程价款的依据。山东省高级人民法院《关于印发全省民事审判工作会议纪要的通知》(鲁高法〔2011〕297 号)第三部分建设工程施工合同纠纷案件中,关于"黑白合同"认定的有关问题,规定建设单位直接发包的工程,即建设工程无须招标的,但当事人双方自愿将签订的建设工程施工合同到建设行政主管部门备案的,此后又签订与备案合同实质性内容不一致的合同,此种情形不适用"黑白合同"的认定规则。

2018 年 5 月国务院办公厅《关于开展工程建设项目审批制度改革试点的通知》(国办发〔2018〕33 号),第三部分精简审批环节内容包括提出取消施工合同备案。2019 年 3 月 18 日住房和城乡建设部《关于修改有关文件的通知》(建法规〔2019〕3 号)第二部分关于修改原住房城乡建设部《关于进一步加强建筑市场监管工作的意见》(建市〔2011〕86 号),其中规定删除"(八)推行合同备案制度"。原《建设工程司法解释一》第 21 条的"备案",是招标人将中标合同提交行政监管部门备案。自主备案的合同,不属于"黑白合同"调控的范围,在工程价款进行结算时,应当探究当事人真实的意思表示。

三、建设工程"黑白合同"的效力认定

(一)实践中的不同裁判

实践中,法院对于"黑白合同"效力的认定有着不同的判决。

第一,"黑白合同"均无效。此种情况主要是"先定后招"导致的合同无效。在湖北工建集团第三建筑工程有限公司、龙州县海通投资有限公司建设工程施工合同纠纷案中,二审法院认为,海通公司与湖北三建在涉案工程招投标中存在"先定后招""明招暗定"的行为,严重干扰了招投标市场秩序,损害了其他合法投标人的正当权益,依法应认定该中标无效,双方根据无效中标程序签订的涉案"兴龙花园"小区 A 标和 C 标工程的《建设工程施工合同》亦应无效。该两份《建设工程施工合

同(施工合同协议书)》未经招投标程序,是为履行前述无效中标合同而签订,亦为无效。[1] 在黑龙江宇辉房地产开发有限责任公司、黑龙江海华建筑工程有限公司建设工程施工合同纠纷案中,[2]二审法院认为,双方当事人在未经招投标前即签订《施工协议》,属于《建设工程施工合同解释》第1条规定的协议无效情形。备案的《施工合同》虽经过招投标程序,但并非通过公开招投标确定中标单位,属于"先定后招",违反《招标投标法》第43条的规定,亦为无效合同。

第二,"黑合同"有效,"白合同"无效。在湖南恒欣建设工程有限公司建设工程施工合同纠纷再审案中,法院认为,《中标合同》并非双方真实意思表示,《建设工程施工合同》(编号HZDH20100902)、《协商意见》才是双方的真实意思表示。根据原《民法总则》第146条第1款"行为人与相对人以虚假的意思表示实施的民事法律行为无效"的规定,《中标合同》应属无效。[3]

第三,"黑合同"无效,"白合同"有效。在江苏中天凤凰电器城置业有限公司与常嘉建设集团有限公司建设工程施工合同纠纷上诉案中,法院认为,双方当事人签订的《建设工程施工合同》属于当事人真实的意思表示,经过了合法的招投标程序,应当认定有效。双方当事人私下签订的承诺书中涉及的关于工程款结算让利、审计费负担等合同实质性内容与中标备案合同相矛盾,违反了招投标法律法规的相关强制性规定,应属无效。[4]

(二)建设工程"黑白合同"效力的科学界定

从司法解释的变化来看,原《建设工程司法解释二》相较于原《建设

---

〔1〕 参见(2019)桂民终318号民事判决书。
〔2〕 参见(2018)黑民终744号民事判决书。
〔3〕 参见(2019)湘民申56号民事判决书。
〔4〕 参见(2014)常民终字第1320号民事判决书。

工程司法解释一》,对自愿招标项目的处理有宽松化的趋势,其规定情势变更可作为中标合同变更的依据,但对于“黑白合同”的效力认定依然没有规定。山东省高级人民法院《关于印发全省民事审判工作会议纪要的通知》(鲁高法〔2011〕297 号)规定,原《建设工程司法解释一》第 21 条并未对“黑白合同”的效力作出评判,只是规定将“白合同”作为结算工程价款的依据,因此在审判实践中不宜对“黑白合同”的法律效力进行认定。本书不同意此观点,合同效力认定是工程价款结算的依据。法院在裁判中应当主动对合同效力进行认定,有助于厘清双方权利义务关系。最高人民法院的司法裁判也认为应当对合同效力进行认定。如在山东恒瑞房地产开发有限公司诉华丰建设股份有限公司建设工程施工合同纠纷案中,最高人民法院的裁判观点认为,法院在审理合同纠纷案件中,应当主动对合同效力进行审查。合同效力是影响合同双方当事人权利义务的重要依据,也是法院审理合同纠纷案件中认定事实以及依法裁判的依据。因此,人民法院应当主动对涉案合同的效力进行审查。法院认定合同效力与当事人一方或双方主张的合同效力是否一致,并不影响案件的继续审理和裁判。[1]

“先定后招”“黑白合同”均无效的,法院要及时提出相关司法建议。原《建设工程司法解释一》第 4 条规定:“承包人非法转包、违法分包建设工程或者没有资质的实际施工人借用有资质的建筑施工企业名义与他人签订建设工程施工合同的行为无效。人民法院可以根据民法通则第一百三十四条规定,收缴当事人已经取得的非法所得。”《民法典建设工程司法解释一》删除了该条的规定。《民法典》第 179 条删除了民事制裁的相关规定,符合司法权与行政权分工的国家治理理念。民事裁判法院应当着重于维护双方当事人之间的公平。法院不进行民事制

〔1〕 参见(2015)民申字第 728 号民事判决书。

裁,不没收非法所得,不进行罚款,但要向相关部门以“司法建议书”的形式及时提出行政处罚的相关建议。在“先定后招”的情况下,“黑合同”和“白合同”因违反了《招标投标法》第43条和第55条的规定,均是无效的。《民法典建设工程司法解释一》第24条第1款规定:“当事人就同一建设工程订立的数份建设工程施工合同均无效,但建设工程质量合格,一方当事人请求参照实际履行的合同关于工程价款的约定折价补偿承包人的,人民法院应予支持。”“黑合同”是实际履行的合同,要据此结算建设工程价款。按照规避法律的“黑合同”进行结算,某种意义上让当事人规避法律的目的得以实现,的确违反了《招标投标法》的立法宗旨。“黑合同”虽然无效,但毕竟是双方的真实意思表示,而且得到了切实履行。这是利益衡量的结果,是法律现实主义的处理思路,体现的是相对正义。司法建议是人民法院实现审判职能的一项方式,也是参与社会治安综合治理系统工程的一个重要手段。法院不能只就民事问题作出民事裁判,还要向政府相关部门提出司法建议,建议对相关行为进行行政罚款等。

总之,建设工程“黑白合同”本质上是当事人追求利益最大化的结果,但违反了行政监管的要求。由于建设工程合同本身具有公法和私法的属性,“黑白合同”概念以及认定存在模糊。“黑白合同”本质上属于民法理论中的通谋虚伪意思表示,存在公法的干预和私法自由的冲突。自愿招标项目中,隐藏行为的“黑合同”是当事人的真实意思表示,原则上应当认为有效。而在法定招标项目中,合同效力认定不能单纯从合同自由的角度分析,应当重视维护公法的权威性,认定“黑合同”无效。因行政管制引起的“黑白合同”问题,理应通过行政管制予以解决。法院要积极参与建设工程“黑白合同”的治理,要认同行政管制,维护社会公共利益,也要合理审查行政管制规定的效力,通过司法裁判和司法建议,尽量解决行政管制乱作为和不作为的问题,推动社会发展。

CHAPTER 04 >>

第四章

《民法典·人格权编》中行政权运行规范

人格权是私法上的权利,也是公法上的权利。人格权保护不仅是民法的使命,也是行政法的使命。《民法典·人格权编》比较详细地规定了各种具体人格权和一般人格权,规定了人格权的内涵、行使和保护等。行政机关不仅负有不得侵犯民事主体人格权的义务,还负有保护民事主体人格权的职责。最典型的表现是,行政机关对生命权、身体权、健康权,具有紧急救助的义务。国家推行工伤保险、道路交通强制责任保险等社会保险制度,国家强制力介入传统侵权领域,彰显以受害人权益救济为核心的现代理念。自然人如何取得和行使姓名权,企业如何取得和行使名称权,与公安部门和工商部门的行政登记职责具有密切的联系。人体医疗实验中的行政审批,是观察生命健康权与行政权关系的重要窗口。《民法典》没有明确承认个人信息权,而采用了“个人信息保护”的表达。这表明个人信息并不是一种纯粹的私法权益,并不能完全按照私法的范式进行保护。因此,应当充分考虑《民法典・人格权编》中的行政权运行规范,妥当处理行政登记、行政许可、行政处罚等行政权与人格权保护的关系。

第一节 生命权、身体权、健康权保护中的行政权

《民法典・人格权编》第二章“生命权、身体权和健康权”中的很多条款涉及行政权,涉及行政保护和行政监管的相关问题。如自然人的生命权、身体权、健康权受到侵害或者处于其他危难情形的,公安部门、民政部门和卫健委等行政机关负有法定的救助义务。为了维护个人尊严和社会公共利益,在人体医疗实验、人体胚胎管理、人体基因管理等方面有很多行政管制的法律规范。生命权、身体权、健康权的保护不仅是私法的使命,也是公法的使命。针对人身损害赔偿,不仅有侵权损害赔偿制度,还有工伤保险、道路交通强制保险、医疗社会保险等社会保险制度。《民法典》第2条调整对象,将“人身关系”置于“财产关系”之前,凸显了人身权益优先保护的指导思想。生命权、身体权、健康权是最基本的人身权益,国家应当给予优先的保护。通过行政权的积极作为,如设立卫健委、明确卫健委的职责等,实现国家对人身权益优先保护的立法目的,彰显人文主义的立法理念,落实大卫生、大健康的基本理念。

一、行政机关的紧急救助义务

《民法典》第1005条规定:“自然人的生命权、身体权、健康权受到侵害或者处于其他危难情形的,负有法定救助义务的组织或者个人应当及时施救。”根据《人民警察法》等法律,负有救助义务的行政机关包括公安部门、民政部门和卫健委等。公安部门的救助义务,主要是处理

与人身权益保护相关的各种行政违法行为,对涉嫌人身犯罪的行为进行侦查。民政部门主要对生活危困人员提供救助供养,对突发灾害而生活陷入困境的人员提供临时救助。国家卫健委下属的卫生应急办公室,对突发公共卫生事件负有救助义务。

(一)公安部门的救助义务

公安部门的主要职责包括预防、制止和侦查违法犯罪活动;维护社会治安秩序;管理户口、居民身份证、国籍、出入境事务和外国人在中国境内居留、旅行的有关事务等。明确公安部门对公民人身、财产的救助义务的法律,主要包括《人民警察法》等。《人民警察法》第21条第1款规定:"人民警察遇到公民人身、财产安全受到侵犯或者处于其他危难情形,应当立即救助;对公民提出解决纠纷的要求,应当给予帮助;对公民的报警案件,应当及时查处。人民警察应当积极参加抢险救灾和社会公益工作。"《人民武装警察法》第28条规定:"人民武装警察遇有公民的人身财产安全受到侵犯或者处于其他危难情形,应当及时救助。"《消防法》第44条第4款规定:"消防队接到火警,必须立即赶赴火场救助遇险人员,排除险情,扑灭火灾。"警察不区分工作时间,只要遇到生命权、身体权、健康权受到侵害或者处于其他危难的情形,就应当履行救助义务。

公安部门不仅要紧急救助,而且要对违法行为予以行政处罚。如《治安管理处罚法》第42条规定:"有下列行为之一的,处五日以下拘留或者五百元以下罚款;情节较重的,处五日以上十日以下拘留,可以并处五百元以下罚款:(一)写恐吓信或者以其他方法威胁他人人身安全的;(二)公然侮辱他人或者捏造事实诽谤他人的;(三)捏造事实诬告陷害他人,企图使他人受到刑事追究或者受到治安管理处罚的;(四)对证人及其近亲属进行威胁、侮辱、殴打或者打击报复的;(五)多次发送淫秽、侮辱、恐吓或者其他信息,干扰他人正常生活的;(六)偷窥、偷拍、窃听、散布他人隐私的。"第43条规定:"殴打他人的,或者故意伤害他人身体的,处五日以上十日以下拘留,并处二百元以上五百元以下罚款;情节较轻的,处五日以下拘留或者五百元以下罚款。有下列情形之一的,处十日以上十五日以下拘留,并处五百元以上一千元以下罚款:(一)结伙殴打、伤害他人的;(二)殴打、伤害残疾人、孕妇、不满十四周岁的人或者六十周岁以上的人的;(三)多次殴打、伤害他人或者一次殴打、伤害多人的。"第44条规定:"猥亵他人的,或者在公共场所故意裸露身体,情节恶劣的,处五日以上十日以下拘留;猥亵智力残疾人、精神病人、不满十四周岁的人或者有其他严重情节的,处十日以上十五日以下拘留。"第45条规定:"有下列行为之一的,处五日以下拘留或者警告:(一)虐待家庭成员,被虐待人要求处理的;(二)遗弃没有独立生活能力的被扶养人的。"

(二)民政部门的救助义务

民政部门可以作为监护人,在特殊情况下还应当为被监护人安排必要的临时生活照料措施。《民法典》第32条规定:"没有依法具有监护资格的人的,监护人由民政部门担任,也可以由具备履行监护职责条件的被监护人住所地的居民委员会、村民委员会担任。"《民法典》确立了以家庭监护为基础、社会监护为补充、国家监护兜底的监护体系。居民委员会、村民委员会、学校、医疗机构、妇女联合会、残疾人联合会、未成年人保护组织、依法设立的老年人组织和民政部门,均可成为监护人。没有亲朋好友和社会组织作为监护人,民政部门应当承担起监护的职责。《民法典》第34条第4款规定:"因发生突发事件等紧急情况,监护人暂时无法履行监护职责,被监护人的生活处于无人照料状态的,被监护人住所地的居民委员会、村民委员会或者民政部门应当为被监护人安排必要的临时生活照料措施。"民政部门是国家监护的具体承担部门,对于维护被监护人合法权益具有重要的现实意义。

民政部门的职责包括城乡居民最低生活保障、特困人员救助供养、临时救助、生活无着流浪乞讨人员救助工作等。2014 年国务院《关于全面建立临时救助制度的通知》规定:"……因遭遇火灾、交通事故、突发重大疾病或其他特殊困难,暂时无法得到家庭支持,导致基本生活陷入困境的个人。其中,符合生活无着的流浪、乞讨人员救助条件的,由县级人民政府按有关规定提供临时食宿、急病救治、协助返回等救助。因自然灾害、事故灾难、公共卫生、社会安全等突发公共事件,需要开展紧急转移安置和基本生活救助,以及属于疾病应急救助范围的,按照有关规定执行。"2020 年中共中央办公厅、国务院办公厅印发的《关于改革完善社会救助制度的意见》第 8 条规定:"……在突发疫情等紧急情况时,确保医疗机构先救治、后收费……"第 16 条规定:"加强和改进生活无着流浪乞讨人员救助管理。强化地方党委和政府属地管理责任,压实各级民政部门、救助管理机构和托养机构责任,切实保障流浪乞讨人员人身安全和基本生活。完善源头治理和回归稳固机制,做好长期滞留人员落户安置工作,为符合条件人员落实社会保障政策。积极为走失、务工不着、家庭暴力受害人等离家在外的临时遇困人员提供救助。"

(三)卫健委的救助义务

国家卫生健康委员会是根据党的十九届三中全会审议通过的中共中央《关于深化党和国家机构改革的决定》、《深化党和国家机构改革方案》和第十三届全国人民代表大会第一次会议批准的《国务院机构改革方案》设立的。国家卫生健康委员会设立卫生应急办公室,承担卫生应急和紧急医学救援工作,组织编制专项预案,承担预案演练的组织实施和指导监督工作,指导卫生应急体系和能力建设,发布突发公共卫生事件应急处置信息等。设立卫健委,是树立大卫生、大健康理念,把以治病为中心转变为以人民健康为中心的重大举措。

2019 年全国人大常委会颁布的《基本医疗卫生与健康促进法》第

27 条规定:"国家建立健全院前急救体系,为急危重症患者提供及时、规范、有效的急救服务。卫生健康主管部门、红十字会等有关部门、组织应当积极开展急救培训,普及急救知识,鼓励医疗卫生人员、经过急救培训的人员积极参与公共场所急救服务。公共场所应当按照规定配备必要的急救设备、设施。急救中心(站)不得以未付费为由拒绝或者拖延为急危重症患者提供急救服务。"1998 年全国人大常委会颁布的《执业医师法》第 24 条规定:"对急危患者,医师应当采取紧急措施进行诊治;不得拒绝急救处置。"第 28 条规定:"遇有自然灾害、传染病流行、突发重大伤亡事故及其他严重威胁人民生命健康的紧急情况时,医师应当服从县级以上人民政府卫生行政部门的调遣。"公安部办公厅、国家卫生健康委办公厅联合印发的《关于健全完善道路交通事故警医联动救援救治长效机制的通知》(公交管〔2020〕161 号)指出,各地公安机关、卫生健康行政部门要坚持问题导向、目标导向,共同建立警医联合接处警机制,加大救护救援车辆优先通行保障力度,畅通救援救治绿色通道,不断提升救援救治效率。

二、人身损害救济中的行政权

传统人身损害救济,主要依赖侵权法,主要是一对一式的赔偿。由于行为人的赔偿能力有差异,因此随着社会发展,为充分救济受害人,产生了社会保险等保险机制。社会保险包括基本养老保险、基本医疗保险、工伤保险、失业保险、生育保险五种,分别涉及职工养老、医疗、工伤、工作、生育五类基本权益。社会保险对职工的基本权利进行保障,要求单位为职工缴纳社会保险。由于用人单位和劳动者存在力量的巨大悬殊,因此国家权力介入,强制推行社会保险。不办理社会保险的企业,社会保险费征收机构责令其限期缴纳或者补足,逾期不改正的,要受到行政处罚等。《社会保险法》第 84 条规定:"用人单位不办理社会保险登记的,由社会保险行政部门责令限期改正;逾期不改正的,对用人单位处应缴社会保险费数额一倍以上三倍以下的罚款,对其直接负责的主管人员和其他直接责任人员处五百元以上三千元以下的罚款。”

2021年1月1日实施修改后的最高人民法院《关于审理人身损害赔偿案件适用法律若干问题的解释》第3条第1款规定:“依法应当参加工伤保险统筹的用人单位的劳动者,因工伤事故遭受人身损害,劳动者或者其近亲属向人民法院起诉请求用人单位承担民事赔偿责任的,告知其按《工伤保险条例》的规定处理。”《工伤保险条例》第62条规定:“用人单位依照本条例规定应当参加工伤保险而未参加的,由社会保险行政部门责令限期参加,补缴应当缴纳的工伤保险费,并自欠缴之日起,按日加收万分之五的滞纳金;逾期仍不缴纳的,处欠缴数额1倍以上3倍以下的罚款。依照本条例规定应当参加工伤保险而未参加工伤保险的用人单位职工发生工伤的,由该用人单位按照本条例规定的工伤保险待遇项目和标准支付费用。用人单位参加工伤保险并补缴应当缴纳的工伤保险费、滞纳金后,由工伤保险基金和用人单位依照本条例的规定支付新发生的费用。”

机动车强制保险也是行政权强制介入人身损害救济的一个领域。2019年,全国共发生道路交通事故238,351起,造成67,759人死亡、275,125人受伤,直接财产损失9.1亿元。国务院制定的《机动车交通事故责任强制保险条例》第2条规定:“在中华人民共和国境内道路上行驶的机动车的所有人或者管理人,应当依照《中华人民共和国道路交通安全法》的规定投保机动车交通事故责任强制保险。”《民法典》第1213条规定:“机动车发生交通事故造成损害,属于该机动车一方责任的,先由承保机动车强制保险的保险人在强制保险责任限额范围内予以赔偿……”最高人民法院《关于审理道路交通事故损害赔偿案件适用法律若干问题的解释》第19条规定:“未依法投保交强险的机动车发生交通事故造成损害,当事人请求投保义务人在交强险责任限额范围内予以赔偿的,人民法院应予支持。投保义务人和侵权人不是同一人,当事人请求投保义务人和侵权人在交强险责任限额范围内承担连带责任的,人民法院应予支持。"

从建筑物中抛掷物品致人损害,是典型的侵权纠纷。为充分保护头顶的安全,公安等机关要积极介入,查清侵权事实,必要时科以行政责任。《民法典》第1254条规定:"禁止从建筑物中抛掷物品。……发生本条第一款规定的情形的,公安等机关应当依法及时调查,查清责任人。"该条中的"公安等机关"表明,公安机关不是唯一机关,安监、消防、住建等其他机关可能成为义务机关。在未改变侵权法律关系的同时,行政机关利用专门技术,积极主动调查,能够有效避免责任承担的"不合理",及时救济受害人。受害人对行政机关怠于行使调查职权、调查违法或不服调查结果,可以提起行政诉讼。最高人民法院《关于依法妥善审理高空抛物、坠物案件的意见》(法发〔2019〕25号)指出,要充分发挥行政审判对预防和惩治高空抛物、坠物行为的积极作用,切实保护受害人依法申请行政机关履行保护其人身权、财产权等合法权益法定职责的权利,监督行政机关依法行使行政职权、履行相应职责。

民事侵权往往以造成损害为要件,为预防事故的发生,还需要充分发挥行政责任的功能。2020年通过的《北京市物业管理条例》第98条规定,业主、物业使用人、物业服务人从建筑物中抛掷物品的,由公安机关给予警告,处五百元以上五千元以下的罚款。《治安管理处罚法》第43条第1款规定:"殴打他人的,或者故意伤害他人身体,处五日以上十日以下拘留,并处二百元以上五百元以下罚款;情节较轻的,处五日以下拘留或者五百元以下罚款。"从建筑物中抛掷物品,伤害他人身体,符合上述条款规定的,可以予以行政处罚。从未来发展看,考虑行政处罚法定的要求,应当及时修改《治安管理处罚法》,明确将从建筑物中抛掷物品的行为纳入行政处罚的范围。

三、临床试验中的行政审批

临床试验,通常又被称为人体试验,是指以人体为受试对象,采用相应的实验手段,有计划并有控制地对受试者进行观察和研究,以达到某种预期目标或取得某种预想效果的行为过程。[1] 人体试验就是将人运用于实验,目的是为了被实验者的治疗,为了全人类的利益,或为了推进科学知识。[2] 2020 年《药物临床试验质量管理规范》第 11 条规定,临床试验,指以人体(患者或健康受试者)为对象的试验,意在发现或验证某种试验药物的临床医学、药理学以及其他药效学作用、不良反应,或者试验药物的吸收、分布、代谢和排泄,以确定药物的疗效与安全性的系统性试验。临床实验涉及自然人的生命权、身体权和健康权,因此不能完全由当事人自愿,《民法典》设置了行政审批程序。

(一)临床试验行政审批的相关规定

《民法典》第 1008 条规定:"为研制新药、医疗器械或者发展新的预防和治疗方法,需要进行临床试验的,应当依法经相关主管部门批准并经伦理委员会审查同意,向受试者或者受试者的监护人告知试验目的、用途和可能产生的风险等详细情况,并经其书面同意。进行临床试验的,不得向受试者收取试验费用。"国家药品监督管理局《关于调整药物临床试验审评审批程序的公告》(2018 年第 50 号)指出,在我国申报药物临床试验的,自申请受理并缴费之日起 60 日内,申请人未收到国家食品药品监督管理总局药品审评中心否定或质疑意见的,可按照提交的方案开展药物临床试验。2019 年修改后的《药品管理法》第 19 条规

[1] 参见刘长秋:《人体实验法律对策研究》,载《东方法学》2009 年第 2 期。

[2] 参见郭自力:《人体实验的法律问题》,载《河南财经政法大学学报》2014 年第 1 期。

定："开展药物临床试验，应当按照国务院药品监督管理部门的规定如实报送研制方法、质量指标、药理及毒理试验结果等有关数据、资料和样品，经国务院药品监督管理部门批准。国务院药品监督管理部门应当自受理临床试验申请之日起六十个工作日内决定是否同意并通知临床试验申办者，逾期未通知的，视为同意。其中，开展生物等效性试验的，报国务院药品监督管理部门备案。开展药物临床试验，应当在具备相应条件的临床试验机构进行。药物临床试验机构实行备案管理，具体办法由国务院药品监督管理部门、国务院卫生健康主管部门共同制定。"该条将新药审批由明示许可到默示许可，具有重大的实践意义。《疫苗管理法》第 16 条第 1 款规定："开展疫苗临床试验，应当经国务院药品监督管理部门依法批准。"《执业医师法》第 26 条第 2 款规定："医师进行实验性临床医疗，应当经医院批准并征得患者本人或者其家属同意。"根据上述条款，国务院药品监督管理部门是临床试验的行政审批部门。2018 年国家机构改革后，由国家市场监督管理总局负责临床试验的审批问题。

（二）实践中的案例

在哈尔滨红豆杉生物制药有限公司与国家食品药品监督管理总局审批意见纠纷一案中，法院认为：《药品注册管理办法》第 37 条规定，申请人在药物临床试验实施前，应当将已确定的临床试验方案和临床试验负责单位的主要研究者姓名、参加研究单位及其研究者名单、伦理委员会审核同意书、知情同意书样本等报送原国家食品药品监督管理局备案，并抄送临床试验单位所在地和受理该申请的省、自治区、直辖市药品监督管理部门。该案中，原国家食药总局提交的证据 194—7《注射用海参多糖治疗中风病（瘀血阻络证）Ⅲ期临床试验统计报告》中第 2 页第四项记载了"病例入选标准"；第五项记载了"病例排除标准"。上述标准是在Ⅲ期临床试验开展之前经由统计单位上海中医药大学药物临床研究中心及临床研究负责单位等组织专家共同设计的临床试验方案。该方案亦由红豆杉制药公司按照《药品注册管理办法》第 37 条的规定报送至原国家食药总局,该局并未对该方案提出过质疑或持有异议。行政机关作出行政行为,认定事实应当审慎、严谨,且应有法律依据或相应的国家标准、行业标准,即有可以量化的指标作为评判的标准和依据。即使以“较多”或“较少”作为判断结论,亦应参照某一量化指标,方可针对该指标作出相比而言的判断。该案中,对于病例试验者的水平凝视障碍、视野缺损,出现多少例是符合规定的,超出多少例是不符合规定的,并无量化的指标要求。故病例只要符合临床试验设计方案,按照方案标准入选的,均系符合纳入试验范围的病例标准。法院审理过程中,亦要求原国家食药总局提交认定“水平凝视障碍、视野缺损者较多”所依据的相关规定或标准,该局未能向法院提交或出示。综上所述,红豆杉制药公司认为原国家食药总局所作被诉决定中认定“水平凝视障碍、视野缺损者较多”系主观判断,证据不足,缺乏相应的客观标准与依据之主张成立。[1]

四、人体基因、人体胚胎管理中的行政权

《民法典》第 1009 条规定:“从事与人体基因、人体胚胎等有关的医学和科研活动,应当遵守法律、行政法规和国家有关规定,不得危害人体健康,不得违背伦理道德,不得损害公共利益。”该条是原则性的规定,为科学界定人体基因、人体胚胎管理中的行政权提供了基本的依据。人体基因、人体胚胎利用,应当秉持自由与管制并重的理念,突出个人权益与公共伦理的平衡。

---

〔1〕 参见北京市高级人民法院(2015)高行终字第 1690 号行政判决书。

(一)人体基因管理中的行政权

何为基因,要不要承认基因权,是基因行政管理的前提和基础。有学者认为,基因上人格法益与财产法益交融共存,应区分基因财产权和基因人格权,前者包括承认基因资料提供者捐赠、转让基因和获取相关回报的权利,知情同意、利益分享等权能。[1] 人对其基因享有人格权,包括对尚在人体内的基因的身体权、对与人体脱离的基因的自己决定权及对基因信息的隐私权;人对其基因享有财产权,包括对其基因物质的所有权及决定对基因的研究与商业化运用并获得财产利益的权利。[2] 有学者认为,基因权利是一束权利,主要包括基因平等权、基因隐私权、基因人格权、基因财产权、基因知情权等。[3] 还有学者认为,基因是个人生物身份证,基因权符合物质型人格权的本质特性,要尊重基因权利人的意思自治,也要严格管理基因许可利用行为或生命潜能开发行为。[4]

《民法典》第1009条并没有规定基因权,其他条款也没有规定基因权,这是合理的。因为基因不是一种纯粹的私人权益,不应当被界定为私权。套用民事权利思维去构建基因权利体系不具有可行性,也不具有必要性。基因属于人类遗产资源,具有公共的属性。国家立法应当妥当平衡私权与公权的界定,为政府依法管理提供依据。1998年科技部和卫生部制定了《人类遗传资源管理暂行办法》,为人类遗传资源的采集、收集、研究、开发、买卖、出口、出境等提供了行为规范。2019年国务院在《人类遗传资源管理暂行办法》基础上,颁布的《人类遗传资源管理条例》第2条第2款规定:"人类遗传资源材料是指含有人体基因组、

〔1〕 参见刘红臻:《人体基因财产权研究——"人格性财产权"的证成与施用》,载《法制与社会发展》2010年第2期。

〔2〕 参见李燕:《论人对其基因的民事权利》,载《东岳论丛》2008年第4期。

〔3〕 参见张小罗:《宪法上的基因权利及其保护机制研究》,中国政法大学出版社2017年版,第70~71页。

〔4〕 参见郭少飞:《作为物质型人格权之"基因权"的理论证立与法律保护》,载《求是学刊》2020年第5期。

基因等遗传物质的器官、组织、细胞等遗传材料。”该条例对涉及人类遗传资源加大保护力度，同时对违法违规行为加大了处罚力度。

实践中，基因检测和基因编辑中的行政权，需要认真对待。人体基因检测与亲子关系的认定，具有密切的联系。基因检测因其高度准确性，已经成为亲子鉴定的通用技术。由于基因属于人体组成部分，因此基因检测往往遵循自愿原则。基于疫情防控等公共卫生需求，可以限制个人基因检测的自主权。《传染病防治法》第 12 条第 1 款规定：“在中华人民共和国领域内的一切单位和个人，必须接受疾病预防控制机构、医疗机构有关传染病的调查、检验、采集样本、隔离治疗等预防、控制措施，如实提供有关情况。疾病预防控制机构、医疗机构不得泄露涉及个人隐私的有关信息、资料。”对于人体基因编辑，学术界存在不同的观点。2018 年 11 月，世界首例免疫艾滋病基因编辑婴儿在中国诞生。2019 年 12 月，法院判决 3 名被告人构成非法行医罪，其中判处南方科技大学原副教授贺建奎有期徒刑三年，并处罚金人民币三百万元。该案件凸显了基因管理的重要性，告诉我们要充分审视人体基因编辑的风险与规制。进行人类胚胎的基因编辑，存在对婴儿个体以及人类后代产生不可预知的双重风险。[1] 从未来发展看，完全禁止基因编辑并不符合科技发展的要求，也与优生学基本原理相悖。应当通过民主参与的方式，确定基因编辑应用的范围，如用于预防某些遗传性疾病等。人体基因编辑因编辑对象是个体细胞或生殖细胞而不同，后者涉及克隆人的问题，要受到更为严格的限制，维护人类基本的生存尊严。

（二）人体胚胎管理中的行政权

1988 年 3 月 10 日，我国首例试管婴儿在北京医科大学附属三医院

---

〔1〕 参见马路瑶：《风险社会视阈下人类胚胎基因编辑的刑事立法立场》，载《湖北社会科学》2019 年第 11 期。

诞生。1988 年 6 月 7 日,我国首例异体供胚移植试管婴儿在湖南医科大学附属二医院诞生。人体胚胎,也称冷冻胚胎,是指通过体外受精形成以备后用的胚胎。在法律上如何定位,学术界存在客体说、主体说和折中说等不同观点。

"客体说"认为冷冻胚胎为民事法律关系的客体,具有物的属性,即有体性、可支配性以及非人格性。人身的一部分从与身体分离时起,此分离的部分就不再属于人身,而成为外界的物。[1] 民法上物包括伦理物、特殊物和普通之物,其中伦理物包括人的变异物,即脱离人体的器官组织和器官、尸体及医疗废弃物等。[2] 将冷冻胚胎作为民法领域中的伦理物,能够体现其特殊的法律属性,因而即使不将其界定为主体也能得到充分的法律保护。[3]

"主体说"认为,脱离人体的器官和组织的法律属性非物,这些器官和组织从属于人的身体,因而其作为法律关系主体的地位并未变化。作为一种更接近人而非物的人格体,涉及胚胎的法律调整应当在利益衡量的基础上立足于《人格权法》的角度来进行。[4] 将胚胎视为物,认为客体论之学说在一定程度上贬低了生命的价值;民法上的物的使用价值具有消费性,而胚胎不能被消费,也不具有民法物能满足人们某种需要的使用价值。[5]

"折中说"认为体外受精胚胎既不属于主体,也不属于客体。虽不承认胚胎是人,但也未把胚胎仅作为一团细胞物质,而是把胚胎看成人与物的中间形态,赋予它比卵子、精子等遗传物质更多的尊重。[6] 坚持

---

〔1〕 参见史尚宽:《民法总论》,中国政法大学出版社 2000 年版,第 250 页。
〔2〕 参见杨立新、陶盈:《人体变异物的性质及其物权规则》,载《学海》2013 年第 1 期。
〔3〕 参见杨立新:《人的冷冻胚胎的法律属性及其继承问题》,载《人民司法》2014 年第 13 期。
〔4〕 参见刘长秋:《人类辅助生殖现象的伦理判定与法律裁度》,载《人民司法》2014 年第 14 期。
〔5〕 参见刘士国:《人工生殖与自然法则》,载《人民司法》2014 年第 13 期。
〔6〕 参见吴文珍:《美国的胚胎收养实践与立法及其对我国的启示》,载《社会科学》2011 年第 6 期。

"折中说"可以较好处理保护潜在生命、维护妇女健康与促进科学发展三者之间的协调关系。[1] 它既保障了生育权的实现，又不违背法律和公序良俗或伦理道德，兼顾了多方利益，平衡了伦理道德与科学研究的矛盾关系。[2] "折中说"可以避免体外早期人类胚胎沦为商品，也可以避免出现人类基因单一化的问题。[3]

本书认为，任何理论都存在盲区，任何类型都存在例外，"折中说"比较符合实际情况。在中国首例冷冻胚胎案中，法院判决 4 位失独老人虽然不能继承胚胎，但可以获得冷冻胚胎的监管权和处置权。[4] 该法院采用的就是"折中说"。从法律术语上来看，"监管权"和"处置权"在传统民法中并没有各自的独立地位。监管权和处置权只是表达法院对冷冻胚胎折中法律地位的载体。在杨某会与舟山市妇幼保健院医疗服务合同纠纷中，法院认为人类辅助生殖技术原则必须在夫妇双方自愿同意并签署书面知情同意书后方可允许生殖用途，胚胎父亲因事故下落不明，基于伦理原则推定胚胎父亲意愿进行胚胎移植。[5] 从该案件深层次考虑，法院也没有将胚胎视为人，也没有将胚胎视为物，而是折中处理。

代孕是否合法，是人体胚胎行政监管面临的重大问题。我国目前还缺乏调整早期人类胚胎的法律和行政法规，目前主要有《人类精子库管理办法》《人类辅助生殖技术管理办法》《人类辅助生殖技术规范》等部门规章。其中，《人类辅助生殖技术管理办法》第 3 条规定："人类辅助生殖技术的应用应当在医疗机构中进行，以医疗为目的，并符合国家

〔1〕 参见徐国栋：《体外受精胎胚的法律地位研究》，载《法制与社会发展》2005 年第 5 期。

〔2〕 参见曲凯：《关于体外胚胎继承权的研究》，载《赤峰学院学报（汉文哲学社会科学版）》2005 年第 1 期。

〔3〕 参见徐海燕：《论体外早期人类胚胎的法律地位及处分权》，载《法学论坛》2014 年第 4 期。

〔4〕 参见江苏省无锡市中级人民法院（2014）锡民终字第 01235 号民事判决书。

〔5〕 参见浙江省舟山市定海区人民法院（2016）浙 0902 民初 3598 号民事判决书。

计划生育政策、伦理原则和有关法律规定。禁止以任何形式买卖配子、合子、胚胎。医疗机构和医务人员不得实施任何形式的代孕技术。”据此,我国对代孕行为持明确的否认立场。《人口与计划生育法修正案草案》曾经规定:“禁止买卖精子、卵子、受精卵和胚胎;禁止以任何形式实施代孕”,最后通过的立法文本将此条款删掉。目前仍然是国务院卫健委的部门规章或者规范性文件,对胚胎管理作出规定。这不利于胚胎相关权益的保护,也不利于政府对胚胎培育、使用与处分等行为进行监管。未来应当考虑制定早期人类胚胎法,明确胚胎的法律地位,明确政府监管的责任,为代孕预留必要的空间,满足失独家庭、不孕不育家庭的生育需求。

第二节　姓名权、名称权、个人信息保护中的行政权

姓名权、名称权属于标志性人格权,是典型的私权利。然而,从具体制度的安排看,姓名权、名称权的取得,往往都需要经过登记的程序,与公安部门、工商部门的职责有较大的关系。从未来发展看,行政权应当更加尊重作为民事权利的姓名权和名称权,尽量减少不必要的行政管制,给当事人更多的自由空间。在现代社会,个人信息的保护不能只依赖个人力量,更需要行政的力量。应当通过行政责任的方式,切实保护个人信息,弥补民事责任方式的缺陷和不足。目前负责个人信息保护的行政机关包括网信部门、电信主管部门和公安部门等。未来是否考虑设立统一的个人信息保护机构,需要进一步深入研究。

一、姓名权保护中的行政权

《民法典》第1012条规定:“自然人享有姓名权,有权依法决定、使

用、变更或者许可他人使用自己的姓名，但是不得违背公序良俗。”姓名分为狭义姓名和广义姓名，前者仅指户籍登记和居民身份证上显示的正式姓名，后者包括笔名、艺名、网名、译名等。就狭义的姓名而言，具体可以分为姓和名。1958 年全国人大常委会颁布的《户口登记条例》，对姓名的变更等作出了规范，是至今仍然生效的法律。公安部 2007 年起草了“姓名登记条例”，至今没有通过。[1] 姓名权是自然人的重要人格权，关系每一个人的切身利益。对于姓名的规范，至少国务院应当出台相应的行政法规。条件成熟时，可以制定姓名法。

（一）姓氏决定权与行政权

姓氏是中华民族伦理文化的载体，是维持民族向心力的力量。姓氏传承具有一定的稳定性，对社会管控具有重大意义，是一项兼具公私法属性的问题。[2] 为追求姓名的个性化及辨识度，一些人的命名更加特异化。如将李姓换成“木子”“麻”姓换成“广林”。2009 年吕某的女儿在山东济南出生，吕某夫妇因爱好中国传统文化，从四首诗词中各选择一字组成“北雁云依”，遂将女儿姓氏设为“北雁”，名字取为“云依”，以此寄托父母的美好祝愿。2009 年 2 月，吕某到济南市公安局历下区分局燕山派出所用“北雁云依”为其女儿办理新生儿户籍登记，燕山派出所认为“北雁”既不随父姓也不随母姓，不符合户口登记的条件，遂根据原《婚姻法》第 22 条的规定，拒绝以“北雁云依”为姓名进行登记。姓氏的选择受到公序良俗原则的制约，要承载中华民族的传统文化。公序良俗是指公共秩序和善良习俗，民事主体必须遵守公共秩序，符合善良风俗，不能损害社会利益。姓氏是祖先传承下来的，寄托了家族血缘亲情，承载了中华传统文化。根据主观意愿，随意选取或者创造姓氏，

---

〔1〕 参见《姓名登记条例》（组图），载搜狐网：http://news.sohu.com/20070624/n250736299.shtml，2020 年 10 月 20 日最后访问。

〔2〕 参见张红：《姓名变更规范研究》，载《法学研究》2013 年第 3 期。

必将冲击传统姓氏文化。

《民法典》第1015条规定："自然人应当随父姓或者母姓，但是有下列情形之一的，可以在父姓和母姓之外选取姓氏：（一）选取其他直系长辈血亲的姓氏；（二）因由法定扶养人以外的人扶养而选取扶养人姓氏；（三）有不违背公序良俗的其他正当理由。少数民族自然人的姓氏可以遵从本民族的文化传统和风俗习惯。"该条对改姓作出了规范，突出了公序良俗的规制作用。实践中，往往因收养变更姓氏，因父母离婚引起未成年人子女姓氏的变更，因与外国人通婚而引起的姓氏变更。当然，完全民事行为能力人一定范围内，可以变更姓氏。公安部《关于父母离婚后子女姓名变更有关问题的批复》（公治〔2002〕74号）指出，对于离婚双方未经协商或协商未达成一致意见而其中一方要求变更子女姓名的，公安机关可以拒绝受理；对一方因向公安机关隐瞒离婚事实，而取得子女姓名变更的，若另一方要求恢复子女原姓名且离婚双方协商不成，公安机关应予恢复。本书认为，上述规定强调双方共同协商一致，才能更改姓氏或姓名，不符合《民法典》的基本精神。要坚持未成年人利益保护最大化原则，夫妻离婚后，一方拒绝律行抚养义务，抚养一方可以改变未成年人的姓氏。未成年人年满8周岁，成为限制民事行为能力人，改姓应当征得其同意。公安部《关于父母一方亡故另一方再婚未成年子女姓名变更有关问题处理意见的通知》（公治〔2006〕304号）指出，十周岁以上的未成年人的父亲和继母，或者母亲和继父经协商同意，要求变更该未成年人姓名的，应当征得其本人的同意；不满十周岁的未成年人姓名的变更，由其父亲和继母，或者母亲和继父协商一致后决定。该规定也要根据《民法典》进行修改，使被监护人利益得到最大限度的保障。《民法典》第35条第1款、第2款规定："监护人应当按照最有利于被监护人的原则履行监护职责。监护人除为维护被监护人利益外，不得处分被监护人的财产。未成年人的监护人履行监护职责，在作出与被监护人利益有关的决定时，应当根据被监护人的年龄和智力状况，尊重被监护人的真实意愿。”

(二)名字决定权与行政权

中国自古有“赐子千金，不如教子一艺；教子一艺，不如赐子好名”的说法。《民法典》第1012条规定：“自然人享有姓名权，有权依法决定、使用、变更或者许可他人使用自己的姓名，但是不得违背公序良俗。”《居民身份证法》第4条第1款规定：“居民身份证使用规范汉字和符合国家标准的数字符号填写。”姓名用字应选择规范的汉字简化字，除姓氏外，排除异体字、繁体字的应用。《国家通用语言文字法》第17条规定：“本章有关规定中，有下列情形的，可以保留或使用繁体字、异体字：(一)文物古迹；(二)姓氏中的异体字；(三)书法、篆刻等艺术作品；(四)题词和招牌的手书字；(五)出版、教学、研究中需要使用的；(六)经国务院有关部门批准的特殊情况。”

随着社会的发展，年轻人越来越寻求个性化，在名字的选择上也凸显个性。司法实践中的赵C姓名权案是具有代表性的案例，突出了姓名权与行政权的关系。2006年8月赵C申请换发第二代居民身份证时，该局依据公安部《关于启用新的常住人口登记表和居民户口簿有关事项的通知》，告知因“赵C”名字中有英文字母，不符合相关法律规定，并且不能输入全国户籍管理网络系统，建议其改名字。2008年1月，赵C向鹰潭市月湖区人民法院起诉，要求判决月湖区公安分局撤销其行政决定。鹰潭市月湖区人民法院判决认为，“C”属于《居民身份证法》第4条第1款中规定的“数字符号”范畴。在鹰潭市中级人民法院主持下双方达成协议，赵C用规范汉字更改名字，被告免费为其办理更名手续。

(三)姓名变更权与行政权

姓名属于标表型人格权，不仅涉及私人利益，还涉及公共利益，因此对姓名权的变更，长期以来是限定的。1958年全国人大常委会颁布的《户口登记条例》第18条规定:“公民变更姓名,依照下列规定办理:(一)未满十八周岁的人需要变更姓名的时候,由本人或者父母、收养人向户口登记机关申请变更登记;(二)十八周岁以上的人需要变更姓名的时候,由本人向户口登记机关申请变更登记。”1958年制定的《公安部三局关于执行户口登记条例的初步意见》第9条规定,年满十八周岁的人,要变更现用姓名时,应适当加以控制,没有充分理由,不应轻易给予更改;有充足理由的,也应经派出所所长或乡长批准,才可给予更改;不好决定的,应报上一级户口管理机关批准。《民法典》第1012条对姓名权内涵的界定,包括了变更的权能,明确了姓名变更权。《民法典》第1016条第1款对姓名权的变更登记作出了规定。因此,应当根据《民法典》的要求,及时清理之前的法律法规,遵循原则允许自然人变更姓名的立场。当然,可以根据具体情况。对变更姓名权的事由和次数,进行适当的限制。

从司法实践中看,姓名变更权的行使,受到了一定的限制,其行使要符合相关法律的规定。在左某诉三亚市公安局不同意审批其更名申请案中,法院认为,海南省公安厅出台的《有关变更姓名、年龄和民族问题的通知》“对十六岁以上成年人的申报,原则上不予准许,但个别理由正当或情形特别的,也要按规定,先由相关机构作出建议,然后由市(县)公安局审查”,该规定与原《民法通则》并不冲突,是符合原《民法通则》的立法精神的,且该规定能合法、合理地维护社会治安。[1] 在闫某诉焦作市公安局不予变更姓名案中,法院认为,姓名是公民实行经济、社会活动的标识,如果任意变换,可能会引发社会秩序的动荡。原《民法通则》规定个人须“依照规定”更换姓名,公安部对更名“应恰当进行限制”的规范是符合立法精神的,具有法律效力。原告此次已经是

〔1〕 参见(2001)三亚行终字第5号行政判决书。

第三次更换名字,属于频繁变更姓名,故被告所作不批准更改姓名的答复与法不悖。[1]

二、名称权保护中的行政权

名称权是法人和非法人组织依法享有的决定、使用、变更以及依照法律规定转让自己的名称,并得排除他人的非法干涉及不当使用的权利。[2]《民法典》第1013条规定:“法人、非法人组织享有名称权,有权依法决定、使用、变更、转让或者许可他人使用自己的名称。”《公司法》对公司名称权等作出了进一步具体的规定。国务院颁布的《企业法人登记管理条例》《企业名称登记管理规定》进一步细化了企业名称专用权的取得等。原国家工商行政管理局颁布的《企业名称登记管理实施办法》,是更为具体的行为规则。

(一)企业名称权与行政权

企业名称权的取得,离不开行政权。企业名称经过工商登记后,在规定的范围内享有专用权。2019年修改后的《企业法人登记管理条例》第4条规定:“企业法人登记主管机关(以下简称登记主管机关)是国家市场监督管理总局和地方各级市场监督管理部门。各级登记主管机关在上级登记主管机关的领导下,依法履行职责,不受非法干预。”第10条规定:“企业法人只准使用一个名称。企业法人申请登记注册的名称由登记主管机关核定,经核准登记注册后在规定的范围内享有专用权。申请设立中外合资经营企业、中外合作经营企业和外资企业应当在合同、章程审批之前,向登记主管机关申请企业名称登记。”

我国企业名称的选择越来越自由,但仍然受到行政权的制约。

---

〔1〕 参见(2005)山行初字第4号民事判决书。

〔2〕 参见姚辉:《人格权法论》,中国人民大学出版社2011年版,第158页。

1991年颁布、2012年修改的《企业名称登记管理规定》第10条规定："企业可以选择字号。字号应当由两个以上的字组成。企业有正当理由可以使用本地或者异地地名作字号，但不得使用县以上行政区划名称作字号。私营企业可以使用投资人姓名作字号。"第5条规定："登记主管机关有权纠正已登记注册的不适宜的企业名称，上级登记主管机关有权纠正下级登记主管机关已登记注册的不适宜的企业名称。对已登记注册的不适宜的企业名称，任何单位和个人可以要求登记主管机关予以纠正。"这说明我国更多采用商号自由主义，但受到诸多的限制。1999年颁布、2004年修改的《企业名称登记管理实施办法》第31条规定："企业名称有下列情形之一的，不予核准：（一）与同一工商行政管理机关核准或者登记注册的同行业企业名称字号相同，有投资关系的除外；（二）与同一工商行政管理机关核准或者登记注册符合本办法第十八条的企业名称字号相同，有投资关系的除外；（三）与其他企业变更名称未满一年的原名称相同；（四）与注销登记或者被吊销营业执照未满3年的企业名称相同；（五）其他违反法律、行政法规的。"国家工商总局2017年颁布了《企业名称相同相近比对规则》，为申请人提供企业名称高效比对服务提高了申请登记的效率。

长期以来，企业名称在企业登记之前，需要工商局的预核准。国家市场监督管理总局办公厅《关于推进企业名称自主申报改革试点工作的通知》（市监企注〔2018〕1号）指出，加大企业名称自主申报的行政指导力度，除涉及前置审批事项或者企业名称核准与企业设立登记不在同一机关的以外，企业名称不再实行预先核准，申请人可以在办理企业登记时，以自主申报的企业名称一并申请。改革的指导思想是，越来越尊重企业名称权，减少不必要的行政干预。需要指出的是，《民法典》第1017条规定："具有一定社会知名度，被他人使用足以造成公众混淆的笔名、艺名、网名、译名、字号、姓名和名称的简称等，参照适用姓名权和名称权保护的有关规定。”企业名称的简称，没有登记，同样受法律保护，立法对此予以明确的规定，具有重要的价值导向意义。

（二）实践中的司法裁判

在毛某与北京市原工商行政管理局东城分局名称驳回通知纠纷上诉案中，法院认为，东城原工商分局作为企业名称登记主管机关，具有对其辖区范围内的企业名称预先核准申请进行审查并作出相应处理的法定职权。东城原工商分局根据查明的第6991482号商标注册证真实情况，认为预先核准毛某、倪某、王某三个投资人出资设立的企业名称“世奢会（北京）国际商品质量检验中心”中“世奢会”非合法有效的注册商标，在此基础上认定“世奢会（北京）国际商品质量检验中心”这一企业名称存在违反法律、行政法规的情形，从而针对毛某提出的企业名称预先核准延长有效期申请作出204号名称驳回通知，符合《企业名称登记管理实施办法》第31条第5款规定。[1]

在徐州通域空间结构有限公司不服徐州原工商局企业名称争议处理决定纠纷案中，法院认为，首先，通域空间结构公司与通域建设工程公司具有竞争关系。从登记经营范围及具备的资质来看，两者的业务存在交叉重叠，从事的行业相近。其次，通域建设工程公司使用“通域”字号具有攀附通域空间结构公司商誉的故意。最后，通常在判断是否造成相关公众的混淆时，既要考虑客观现实的混淆，也要考虑混淆的可能性。通域建设工程公司使用“通域”字号的行为构成不正当竞争，损害了通域空间结构公司的合法利益，构成《企业名称登记管理规定》及《企业名称登记管理实施办法》中的“不适宜的企业名称”。[2]

---

〔1〕参见北京市第二中级人民法院行政判决书（2013）年二中行终字第1120号。
〔2〕参见（2015）苏知行终字第00006号行政判决书。

三、个人信息保护中的行政权

我国《民法典》最终没有明确采纳“个人信息权”的概念，这表明立法者意识到私权模式的局限。《民法典》第1038条第2款规定：“信息处理者应当采取技术措施和其他必要措施，确保其收集、存储的个人信息安全，防止信息泄露、篡改、丢失；发生或者可能发生个人信息泄露、篡改、丢失的，应当及时采取补救措施，按照规定告知自然人并向有关主管部门报告。”该条明确了个人信息保护中的行政权职责。应当进一步加强行政立法，通过行政责任方式，切实保护自然个人信息，弥补民事责任方式的缺陷和不足。

（一）学术争议

在《民法典》编纂的过程中，很多学者主张明确规定个人信息权。这些学者主张，要构筑以个人知情同意为核心，以个人查询、更正、删除为保障的民事权利体系，因为确立和赋予个人信息权是个人信息保护的主要路径。[1] 而一些学者的观点与之相反，其主张不应当完全按照权利思维实现个人信息的保护。在个人信息保护上，公私法必须相互配合才能更好地实现立法目的。[2] 为摆脱个人信息私法保护的困境，应当倚重消费者法保护与公法保护的进路。[3] 对个人数据信息，应该超越私权观念而作为公共物品加以保护和规制。[4] 为切实保护个人信息，应超越个体权利思维的局限，建立公共利益导向、分类分级管理、权利义务并重、彰显社会责任、强化政府监管、倡导自律规范的全链条多

〔1〕 参见郑维炜：《个人信息权的权利属性、法理基础与保护路径》，载《法制与社会发展》2020年第6期。

〔2〕 参见梅夏英：《〈民法典〉对信息数据的保护及其解读》，载《山西大学学报（哲学社会科学版）》2020年第6期。

〔3〕 参见丁晓东：《个人信息私法保护的困境与出路》，载《法学研究》2018年第6期。

〔4〕 参见吴伟光：《大数据技术下个人数据信息私权保护论批判》，载《政治与法律》2016年第7期。

元共治个人信息保护机制。[1] 现代法律肩负“自治”与“管制”双重目标兼顾的重任，为实现这一重任，公法与私法相互交错和融合已无法避免。[2]

本书认为，《民法典》没有明确采纳“个人信息权”的概念是科学的。在大数据时代下，数据流动和个人信息保护难免发生冲突，既不能为了经济发展牺牲个人信息安全，也不能对个人信息保护设置过高的标准，阻碍数据的合理流动。立法没有将个人信息定性为一种新型权利，为平衡个人信息保护中的各种利益关系，提供了较为妥当的逻辑前提。毕竟个人信息的私权保护模式有其天然的优势，也有天然的劣势。传统私法模式往往是事后救济，往往是一对一的关系，即一个侵权人对应一个受害人。实践中，个人信息侵权往往是一对多的关系或者多对多的关系，而且损害往往是无形的，具体数额很难量化，民事责任制度无法充分实现对个人信息的保护。因此，在现代社会由于私权保护模式的弊端，更多通过行政法和刑法的方式保护个人信息，具有相当的合理性。

如何加强对个人信息的行政监管，学术界也有不同的认识。有学者主张行业监管与政府监管相配合的模式。在个人信息保护监管工作中，要寻求多方面合作，跨部门、跨领域、跨层级全方位开展监管工作，逐步推动“政府主监管、行业内自治、用户共检举”生态环境的形成。[3] 针对网络时代下 APP 应用过程中个人信息保护的问题，要推动行业自律，应以行业协会或定期会议的形式推动出台相应的行业规范、统一标

---

〔1〕 参见张珺：《个人信息保护：超越个体权利思维的局限》，载《大连理工大学学报（社会科学版）》2021 年第 1 期。

〔2〕 参见黄忠：《民法如何面对公法：公、私法关系的观念更新与制度构建》，载《浙江社会科学》2017 年第 9 期。

〔3〕 参见武煜熹、安小米：《大数据时代 APP 用户个人信息保护的困境和解决对策》，载《网络空间安全》2020 年第 10 期。

准等获得普遍认可的条文,去规范行业格式条款,同时要不断加强政府监督。[1] 要建立独立的个人信息保护机构,避免在发生个人信息泄露事件时,监管机构扯皮推诿,防止在消费者权益受到侵害时投诉无门。[2] 个人信息收集、处理、保护等权责应当尽可能集中到一个或少数几个行政部门,而不是像现在这样多部门都有相应权限。[3] 要构建专门高效的个人信息保护行政执法机制,很多国家都有专门机构、专门人员,统一执法也是通行模式。[4] 2020 年 10 月提交审议的《个人信息保护法(草案)》第 56 条规定,国家网信部门负责统筹协调个人信息保护和相关监管管理工作,其他政府相关部门在其职责范围内负责个人信息保护和监督管理工作。据此,国务院网信主管部门、电信主管部门、公安部门、民政部门、自然资源部门、税务部门和其他有关机关在各自职责范围内都具有个人信息保护的职责。

个人信息涉及个人方方面面的信息,《个人信息保护法(草案)》第 62 条规定,对于违反本法侵犯个人信息权者由有关部门对其责令改正,没收违法所得,给予警告;拒不改正的,并处一百万元以下罚款;对直接负责的主管人员和其他直接责任人员处一万元以上十万元以下罚款;情节严重的,由履行个人信息保护职责的部门责令改正,没收违法所得,并处五千万元以下或者上一年度营业额百分之五以下罚款,并可以责令暂停相关业务、停业整顿、通报有关主管部门吊销相关业务许可或者吊销营业执照;对直接负责的主管人员和其他直接责任人员处十万元以上一百万元以下罚款。这些规定是个人信息行政权保护的细化,

---

〔1〕 参见蒋淑雅、史艳泓等:《APP 中个人信息法律保护对策研究》,载《产业与科技论坛》2020 年第 23 期。

〔2〕 参见司佐峰:《我国个人信息保护现状及国际经验借鉴》,载《河北金融》2020 年第 11 期。

〔3〕 参见王子臣:《个人信息的行政法保护困境与优化路径》,载《文化学刊》2020 年第 11 期。

〔4〕 参见宋建宝:《全面认识个人信息保护 科学立法确保良法善治》,载《人民法院报》2020 年 12 月 2 日,第 2 版。

具有较强的实践意义。

在加强行政权对个人信息保护的同时,也要预防和制止行政权本身泄露或者向他人非法提供自然人的个人信息。《民法典》第 1039 条规定:“国家机关、承担行政职能的法定机构及其工作人员对于履行职责过程中知悉的自然人的隐私和个人信息,应当予以保密,不得泄露或者向他人非法提供。”《居民身份证法》第 6 条第 3 款规定:“公安机关及其人民警察对因制作、发放、查验、扣押居民身份证而知悉的公民的个人信息,应当予以保密。”《监察法》第 18 条第 2 款规定:“监察机关及其工作人员对监督、调查过程中知悉的国家秘密、商业秘密、个人隐私,应当保密。”此外,《网络安全法》《电子商务法》《社会保险法》《统计法》《护照法》等,规定了网络安全监管部门、电子商务主管部门、社会保险行政部门、统计机构和护照签发机构等对因工作知悉的个人信息的保密义务。行政机关的工作人员违法保密义务,应当依法承担法律责任。如《监察法》第 67 条规定:“监察机关及其工作人员行使职权,侵犯公民、法人和其他组织的合法权益造成损害的,依法给予国家赔偿。”

(二)实践案例

第一,人脸识别第一案。2019 年 4 月,郭某购买了杭州野生动物世界有限公司的“畅游 365 天”双人年卡,确定指纹识别入园方式。郭某与其妻子留存了姓名、身份证号、电话号码等,并录入指纹、拍照。此后,杭州野生动物世界有限公司将年卡入园方式从指纹识别调整为人脸识别,要求郭某激活人脸识别系统,否则无法入园。郭某提起诉讼,要求杭州野生动物世界有限公司将电子系统里的个人信息删除。11 月 20 日,被称为“人脸识别第一案”的郭某与杭州野生动物世界有限公司服务合同纠纷案一审宣判,判决杭州野生动物世界有限公司赔偿郭某合同利益损失及交通费共计 1038 元,删除郭某办理指纹年卡时提交的包括照片在内的面部特征信息。[1] "人脸识别第一案"从法律层面提醒全社会高度重视对个人信息的保护,也反映了如今社会公众对于个人信息保护的意识的提高。

第二,庞某诉趣拿公司案。2014 年 10 月 11 日,庞某委托鲁某通过北京趣拿信息技术有限公司下辖网站"去哪儿网"平台订购了中国东方航空股份有限公司机票 1 张,所选机票代理商为长沙星旅票务代理公司(以下简称星旅公司)。"去哪儿网"订单详情页面显示,该订单登记的乘机人信息为庞某姓名及身份证号,联系人信息、报销信息均为鲁某及其尾号为 58 的手机号。2014 年 10 月 14 日,东航客服电话向庞某手机号码发送通知短信,告知该航班时刻调整。东航称庞某可能为东航常飞旅客,故东航掌握庞某此前留存的号码。庞某诉至法院,主张趣拿公司和东航泄露的隐私信息包括其姓名、尾号为 49 手机号及行程安排(包括起落时间、地点、航班信息),要求趣拿公司和东航对其受到的财产或精神损失承担连带责任。该案最终法院判决北京趣拿信息技术有限公司和中国东方航空股份有限公司以公告形式向庞某赔礼道歉,赔礼道歉公告的持续时间为连续三天,驳回庞某的其他诉讼请求。[2] 在该案中,庞某主张 1000 元的精神损害抚慰金,法院没有支持。这也表明,个人信息泄露导致的损害不好评估,民事的方法保护个人信息权益具有相当的局限性。

第三,江苏省消费者权益保护委员会与北京百度网讯科技有限公司侵权责任纠纷案。[3] 2018 年年底,江苏省消费者权益保护委员会就百度涉嫌违规获取消费者个人信息且未及时回应提起消费民事公益诉

---

〔1〕 参见《部分诉讼请求未获支持,"人脸识别第一案"主诉人郭某寄出上诉状》,载新京报:https://www.bjnews.com.cn/detail/160664963015864.html,2021 年 2 月 27 日最后访问。

〔2〕 参见北京市第一中级人民法院(2017)京 01 民终 509 号民事判决书。

〔3〕 参见江苏省南京市中级人民法院(2018)苏 01 民初 1 号民事裁定书。

讼,法院立案后,百度迅速向消费者权益保护委员会提交个人信息保护改造方案并更新 APP。本书认为,公益诉讼倒逼网络运营者终止侵权行为,完善保障措施,具有重大的现实意义。要进一步完善个人信息保护的公益诉讼制度,弥补传统民事诉讼中取证难和经济成本过高的缺点,满足个人信息群体化保护的需求。各级消费者权益保护委员会、个人信息保护的主管机关、检察院和其他公益组织,都可以针对不同的情形,探索民事公益诉讼保护个人信息的具体路径。由南昌市安义县人民检察院依法提起的某信息科技有限公司、郭某等 5 人侵犯公民个人信息刑事附带民事公益诉讼一案,2020 年 11 月在安义县人民法院一审公开宣判。该案件是检察公益诉讼制度正式确立以来,江西省检察机关首例公民个人信息保护领域的民事公益诉讼案件。[1] 从未来发展看,个人信息保护的行政主管机关也可以提起民事公益诉讼。

[1] 参见《江西检察机关首例个人信息保护民事公益诉讼案件宣判》,载中国江西网:http://www.jx.chinanews.com/news/2020/1127/43820.html,2020 年 12 月 20 日最后访问。

CHAPTER 05 >>

第五章

《民法典·婚姻家庭编》中行政权运行规范

婚姻家庭是社会生活的细胞,是国家保护的对象。作为国家公权力组成部分的行政权,一方面要充分尊重婚姻家庭的自治权利,负有不得干扰、侵犯婚姻家庭的义务,另一方面也要合理满足婚姻家庭领域的公共需求,为其提供公共服务,并关照婚姻家庭中的弱势群体。婚姻登记、收养登记、夫妻财产约定协议登记等,如不动产登记一样,在某种程度上起到了公示的意义。为保护婚姻家庭中的妇女、未成年人、老年人、残疾人等弱者,行政机关要主动担当、主动作为,预防和制止家庭暴力,对收养行为进行评估,防止不当收养。《民法典》取消了民政部门受理因胁迫结婚请求撤销的业务,删除了原《婚姻法》第 2 条第 3 款"实行计划生育"的表达,但仍然规定一对夫妻只能生育两个子女。自由生育是婚姻家庭领域自治的重要表现,如何实现自由生育,需要进一步研究。《民法典》增设了离婚冷静期,行政机关是否要为其提供必要的心理咨询等公共服务,是需要进一步讨论的重要问题。

第一节　婚姻家庭关系中的行政权

从民法的角度看,婚姻登记属于民事登记,涉及民事主体的民事权益。从行政法的角度,婚姻登记属于行政登记,涉及婚姻登记机关的职权。冒名结婚、冒名离婚等婚姻登记错误问题,采取民事诉讼救济路径还是行政诉讼救济路径,存在较大的争议。目前婚姻登记机关只登记结婚或离婚,而不登记夫妻财产约定协议,导致该类协议如何公示成为实践中的疑难问题。离婚冷静期内,行政机关要不要作为,如何作为,法律规定还不明确。行政机关如何预防和制止家庭暴力,保护家庭中的弱者,也需要进一步探讨。行政机关对人口的管控权与自由生育权的矛盾和冲突,也需要理论界和实务界给予更多的关注。

一、婚姻登记中的行政权

《民法典》第 1049 条规定:“要求结婚的男女双方应当亲自到婚姻登记机关申请结婚登记。符合本法规定的,予以登记,发给结婚证。完成结婚登记,即确立婚姻关系。未办理结婚登记的,应当补办登记。”婚姻登记是公法与私法的交叉领域,学术界对婚姻登记程序违法的救济途径以及诉讼模式等问题的分析,进行了初步的研究。随着《民法典》的颁布,要更多从私法的角度定位婚姻登记的属性,更多从民事诉讼的角度解决问题。

(一)事实婚姻的学界争鸣

一些学者主张赋予事实婚姻的效力。如有学者指出,婚姻存在事实的先行性，无论法律承认与否，这些身份关系都已存在。[1] 有学者认为，如果事实婚姻的当事人举行了婚礼，具备了法律规定的结婚实质要件，可以继续通过行政程序补证有效和增加通过诉讼程序判决有效来解决其效力的认定问题，既维护了国家对婚姻领域的管辖，也尊重了传统习俗。[2] 有学者认为，当事人未经法定结婚程序即以夫妻名义共同生活形成的结合原应属于无效婚姻的范畴，但其一经认定为事实婚姻，无效情形即告消弭，从而得以发生婚姻效力。[3] 有学者认为，我国对事实婚姻的认定，可以借鉴澳大利亚《事实伴侣关系法》中所采取的非登记制的立法模式，不把办理结婚登记作为法律承认和保护的条件，事实婚姻的成立要件需有男女双方同居生活的事实，并持续 2 年。[4]

一些学者反对事实婚姻的效力。如有学者指出，事实婚姻是欠缺婚姻形式要件的男女两性以夫妻名义共同居住的事实，这不应被称为婚姻，因为婚姻是为当时的社会制度所确认的一男一女互为配偶的结合。[5] 有学者指出，事实婚姻的性质是婚姻没有成立或者是婚姻不存在的非婚同居，既然没有成立，自然不发生婚姻的效力，但这并不意味着法律对此不保护或不应该保护。[6]

本书认为，事实婚姻不宜否认，也不宜与法律婚姻完全等同。法律婚姻与事实婚姻的法律效果如果完全一致，则要求登记的法定婚姻有关形式要件之规定将形同具文，因此强调婚姻登记的形式意义非常有必要性。然而，婚姻的本质是不是登记，当事人享有的是民事权利，而

---

〔1〕 参见夏吟兰、薛宁兰主编：《民法典之婚姻家庭编立法研究》，北京大学出版社 2016 年版，第 154～155 页。

〔2〕 参见金眉：《论我国事实婚姻制度之完善》，载《南京社会科学》2017 年第 10 期。

〔3〕 参见但淑华：《我国事实婚姻制度之重构》，载《中华女子学院学报》2013 年第 2 期。

〔4〕 参见陈苇、高伟：《我国事实婚姻制度之重构——澳大利亚的〈事实伴侣关系法〉的启示》，载《法学杂志》2008 年第 2 期。

〔5〕 参见张莹：《对事实婚姻的再认识》，载《中华女子学院山东分院学报》2001 年第 4 期。

〔6〕 参见吴爱辉、何霞：《论我国"事实婚姻"制度的双重矛盾》，载《西南民族大学学报（人文社会科学版）》2004 年第 3 期。

不是行政法上的权利。婚姻的核心是当事人之间的合意，登记只是结婚意思表示的一种表达方式。实行以登记婚为主、仪式婚为辅的婚姻制度更符合实际的需求。如果立法不承认仪式婚的效力，还可以将符合一定条件的同居，如持续居住2年以上，或者生育子女等，作为事实婚姻向法律婚姻转化的条件。我国《民法典》没有规定同居制度，实属法律漏洞，不利于对事实婚姻当事人合法权益的保护。

从《民法典》第1049条的科学解释看，也不宜完全否认事实婚姻的效力。该条规定："未办理结婚登记的，应当补办登记。"补办的登记，婚姻效力应当追溯到具有婚姻合意之时，而不是从补办婚姻登记之时。《民法典》第1051条规定了婚姻无效的三种情形：一是重婚；二是有禁止结婚的亲属关系；三是未达到法定婚龄。该条没有兜底性规定，从解释论的角度看，应当限缩解释。《民法典》第153条对民事法律行为无效适用条件的规定，对婚姻是否无效也同样适用。该条强调只有违反了法律、行政法规的强制性规定，才可能导致民事法律行为的无效。婚姻只要不违反法律的强制性规定，具备婚姻的实质性要件，只是存在程序性的瑕疵，不应当影响婚姻的效力。

(二)婚姻登记瑕疵的救济路径

有学者认为，违反婚姻登记程序，应该作出确认行政行为违法的判决。[1] 有学者认为，婚姻登记行为程序上严重违法的，人民法院应当作出撤销判决。[2] 还有学者认为，登记行为程序违法，但只要双方当事人符合结婚或离婚的实质要件，则不应以违反法定程序为由撤销婚姻登记行为。[3] 结婚登记行为并不涉及过多的公共利益，即撤销结婚登记

〔1〕 参见马忆南：《论结婚登记程序瑕疵的处理——兼评"〈婚姻法〉司法解释(三)征求意见稿"第1条》，载《西南政法大学学报》2011年第2期。

〔2〕 参见胡建淼主编：《行政行为基本范畴研究》，法律出版社2006年版，第461页。

〔3〕 参见孔祥俊：《行政行为可诉性、原告资格与司法审查》，人民法院出版社2005年版，第431页。

可以实现的公共利益通常都会小于可能损害的信赖利益。还有学者认为,尽量使婚姻有效,如未达法定婚龄和重婚的,在达到婚龄后或者前一段婚姻关系解除后,就不得再主张婚姻无效。〔1〕

实践中有三种不同的观点:一是缔结婚姻要遵守法定程序,违反强制性规定是无效的,如陈某与仪征市民政局行政登记纠纷案。〔2〕二是应当撤销有瑕疵的婚姻登记行为,如蒋某与浦江县民政局行政纠纷案。〔3〕三是为了维护婚姻家庭的稳定和弱势群体的利益,不应轻易否定婚姻的效力,且无效婚姻和可撤销婚姻的规定中都没有婚姻登记瑕疵这种情形,如黄某重婚案。〔4〕

对于婚姻登记瑕疵,当事人往往提起行政诉讼,人民法院往往判决撤销婚姻,如用虚假身份登记结婚后下落不明的,可以通过行政诉讼救济。一方当事人以虚假身份证明登记结婚后下落不明,经法定核查程序无法确认真实身份的,另一方当事人诉诸行政诉讼,婚姻登记机关未尽到充分审查核实职责的,应当承担登记行为被撤销的败诉责任。〔5〕如原告被原告父亲的欺骗行为所误导办理了结婚证,与实际持证人不相吻合,故登记机关在审查该结婚登记程序中存在瑕疵,导致办理的结婚登记主要证据不足,事实不清,依法应予撤销。〔6〕

当事人以婚姻不成立提起行政诉讼,一种裁判思路是超过诉讼时效不予支持。如有法院认为,根据原最高人民法院《关于执行〈中华人民共和国行政诉讼法〉若干问题的解释》第41条第1款之规定,行政机关作出具体行政行为时,未告知公民、法人或者其他组织诉权或起诉期

〔1〕参见王礼仁:《"婚姻登记瑕疵"中的婚姻成立与不成立》,载《人民司法》2010年第11期。
〔2〕参见江苏省扬州市邗江区(县)人民法院(2014)行初字第88号民事判决书。
〔3〕参见浙江省金华市中级人民法院(2018)浙07行初第289号行政判决书。
〔4〕参见广东省清远市中级人民法院(2017)粤18刑终78号刑政判决书。
〔5〕参见重庆市第二中级人民法院(2015)渝二行终字第283号行政判决书。
〔6〕参见河南省息县人民法院(2019)豫1528行初51号行政判决书。

限的，起诉期限从公民、法人或者其他组织知道或者应当知道诉权或者起诉期限之日起计算，但从知道或者应当知道具体行政行为内容之日起最长不得超过2年。例如，上诉人彭某在新化县公安局白溪派出所于2005年11月20日出具证明（内容为“长沙市开福区捞刀河镇霞凝村霞凝组385号的彭某与湘新化籍女子陈南英结婚一事，其中陈南英是化名，在此婚姻中该女子涉嫌婚姻诈骗，一直在逃”）时即已经知道“陈南英”系化名。综上所述，上诉人从知道具体行政行为内容之日起至今已经超过2年的起诉期限。上诉人的诉求无事实和法律依据，法院不予支持。〔1〕

当事人以婚姻不成立提起民事诉讼，一种裁判思路是不予受理，驳回起诉，如有法院认为，起诉人刘某本人以未亲自到婚姻登记机关办理相关登记手续为由，要求确认与吴某之间的婚姻关系不成立。起诉人与吴某已共同生活15年之久，其诉讼请求所依据的事实理由为结婚登记存在瑕疵，即起诉人未亲自到婚姻登记机关办理相关登记手续，故起诉人认为婚姻关系不成立的理由为双方婚姻欠缺婚姻登记的形式要件，其实质仍是要求由人民法院对婚姻登记行为进行评判。因此，起诉人提起的诉讼不属人民法院民事案件的受案范围。〔2〕

最高人民法院认为，当事人仅以结婚登记程序瑕疵为由请求否定其婚姻效力，经审查后发现不属于婚姻法律关系中无效婚姻的三种情形，应以判决形式驳回当事人申请宣告婚姻无效的请求。〔3〕最高人民法院《关于适用〈中华人民共和国民法典〉婚姻家庭编的解释（一）》（以下简称《民法典婚姻家庭编司法解释一》）（法释〔2020〕22号）第17条

---

〔1〕参见湖南省长沙市中级人民法院（2014）长中行终字第00307号。

〔2〕参见四川省资阳市雁江区人民法院（2014）雁江民初字第2509号。

〔3〕参见最高人民法院民法典贯彻实施工作领导小组主编：《中华人民共和国民法典婚姻家庭编继承编理解与适用》，人民法院出版社2020年版，第76页。

规定:“当事人以民法典第一千零五十一条规定的三种无效婚姻以外的情形请求确认婚姻无效的,人民法院应当判决驳回当事人的诉讼请求。当事人以结婚登记程序存在瑕疵为由提起民事诉讼,主张撤销结婚登记的,告知其可以依法申请行政复议或者提起行政诉讼。”

本书认为,对于婚姻登记的瑕疵,特别是冒名登记的问题,应当更多通过民事诉讼,采用婚姻不成立之诉解决。婚姻登记在性质上属于一种民事登记,其目的在于确认当事人的婚姻状态。最高人民法院相关人员认为,在婚姻登记中行政机关的职责仅是对当事人行使婚姻自由权的合法性及其结果进行审查确认,因此,婚姻登记虽不属于行政许可范畴,但仍属于行政确认行为,系一种具体行政行为。〔1〕 近年来,在实践中发生了大量婚姻登记瑕疵的案件。依行政诉讼程序处理瑕疵结婚登记的方式,现婚姻法学界的研究结论主要集中在“补正和重新确认”。〔2〕 这种观点在某种意义上是对婚姻登记的错误理解。婚姻登记不是一种行政确认,只是婚姻的一种公示方式,不能用行政法的原理进行解释。现实生活中,借用他人名义登记结婚、使用虚假户口登记结婚,一方认为婚姻不成立,可以提起确认双方婚姻不成立之诉。对于目前婚姻登记瑕疵,主要通过婚姻无效民事诉讼和婚姻登记撤销行政诉讼解决,欠缺婚姻不成立之诉的相关机制。《民法典》第 134 条第 1 款规定:“民事法律行为可以基于双方或者多方的意思表示一致成立,也可以基于单方的意思表示成立。”该条是民事法律行为成立的规定,对于婚姻的成立同样适用。因此,在《民法典》已经实施的背景下,要更多运用婚姻成立之诉或者不成立之诉解决冒名登记等问题。

---

〔1〕 参见最高人民法院民法典贯彻实施工作领导小组主编:《中华人民共和国民法典婚姻家庭编继承编理解与适用》,人民法院出版社 2020 年版,第 77 页。

〔2〕 参见杜万华、程新文、吴晓芳:《〈关于适用婚姻法若干问题的解释(三)〉的理解与适用》,载《人民司法》2011 年第 17 期。

二、夫妻财产约定协议公示中的行政权

《民法典》第 1065 条第 3 款规定："夫妻对婚姻关系存续期间所得的财产约定归各自所有，夫或者妻一方对外所负的债务，相对人知道该约定的，以夫或者妻一方的个人财产清偿。"该条确立了夫妻约定财产制，并规定该约定必须采用书面形式。目前尚未建立与该约定相配套的公示制度，这导致夫妻间的约定缺乏公信力。登记机构如何选择，学术界存在争议。如有学者主张，婚姻登记机关可以登记公示夫妻财产约定协议，将协议通过扫描、拍照等方式，以电子形式进行存档；如果夫妻财产约定协议有变更的，要进行变更登记。[1]

《德国民法典》第 1558 条规定："登记财产制登记簿的登记，可以在夫妻双方中一方或者夫妻双方的惯常居所所在辖区的任何初级法院进行。经州司法行政命令，可以将整个初级法院辖区的登记事务转移给一个初级法院负责。"[2]

《法国民法典》第 1394 条规定："夫妻间的所有财产协议，均应在公证人前，有订立协议的诸当事人或他们的委托代理人在场，并均表同意的情况下作成的文书为之。公证人在契约签字时，免费向各当事人提交一份未贴印花之白纸制作的证明书。该证明书应载明公证人的姓名与居所地，拟婚夫妻各自的姓名、身份与住所，以及订立契约的日期。该证明书应指明在举行结婚之前应将其送交户籍官员。如结婚证书中写明双方没有订立财产契约，对于第三人，该夫妻双方被视为依普通法之财产制结婚，但如其在与第三人缔结的契约中申明已订立夫妻财产契约，不在此限。"[3]《法国民法典》与《德国民法典》所规定的一样，约

---

〔1〕 参见黄巧玲：《夫妻约定财产制中引进公示制度的探讨》，载《湘南学院学报》2020 年第 1 期。

〔2〕 参见《德国民法典》，杜景林、卢谌译，中国政法大学出版社 2014 年版，第 381 页。

〔3〕 参见《法国民法典》（下册），罗结珍译，法律出版社 2005 年版，第 1120 ~ 1121 页。

定公证并将约定记录于结婚证书之内,是该约定生效的两个要件。相较德国与法国而言,意大利夫妻财产契约的生效条件较为简单,“婚姻契约应当以公证的方式缔结,否则无效”。《日本民法典》第759条规定:“依前条规定或契约结果,变更管理人或分割共有财产时,除非进行登记,不得以之对抗夫妻的承受人及第三人。”[1]

从德国、法国与意大利等国家和地区的规定看,登记机关主要有两种类型:一种是婚姻登记机关;另一种是有管辖权的法院。根据我国实践的情况,由婚姻登记机关对夫妻财产约定协议进行登记较为现实。民政部门负责婚姻登记,因此由其负责夫妻财产约定协议的登记也比较合理。这样当事人查询夫妻财产约定协议也比较方便。有学者认为,由于夫妻财产约定中所涉及的夫妻财产既包括不动产又包括动产,如果以登记或公证作为对抗要件,只要夫妻依法进行了登记或公证,就可以对第三人发生对抗效力,这无异于将注意义务加给第三人。[2] 因此,即使民政部门建立起夫妻财产约定协议的登记制度,如何与《民法典》不动产登记公示原则协调,需要进一步研究。

三、离婚冷静期中的行政权

家和万事兴,家固天下稳。《民法典》第1077条规定,协议离婚需要冷静30日。离婚冷静期制度有利于避免冲动离婚,在维护家庭和谐和社会稳定方面起着极其重要的作用。离婚冷静期,并不仅仅是让男女双方各自冷静思考。在离婚冷静期,政府需要有所作为,建立并逐步完善相应的配套措施,否则“冷静期”可能变成“冷冻期”。有学者认为,在离婚冷静期内,地方民政部门应当根据当事人离婚原因的不同情形,

---

〔1〕 参见《日本民法典》,王书江译,中国人民公安大学出版社1999年版,第132页。

〔2〕 参见梁慧星、陈华彬:《物权法》,法律出版社2004年版,第74页。

而采用不同的配套措施。如果当事人离婚时有未成年子女，政府应当委托专门的心理咨询机构对未成年子女进行疏导。如果当事人属于冲动型离婚，政府可以安排协调人员介入协调，以期修复夫妻感情。[1] 有学者指出，政府要培养专职的家事调查员，以更为直接的方式全面、清晰地了解当事人的感情及家庭状况，协助法官作出公正合理的离婚判决。[2] 有学者指出，应当采用社会购买服务的方式，建立健全家事调查员队伍，将家事调查员纳入我国的司法人员队伍中，可以参照国家公务员进行管理。[3]

在登记离婚冷静期内，政府不是不作为，而是要根据具体情形，采取不同的作为方式。家事纠纷具有身份性、情感性、牵连性、隐秘性、伦理性及社会性等特点，充分认识家事纠纷与其他民事纠纷的不同，是构建科学合理的家事纠纷解决机制的前提。政府应当建立健全婚姻家庭纠纷人民调解委员会，选聘法律、心理、社会工作等领域的专家、实务工作者和妇联维权干部等担任人民调解员。各级人民调解组织对于冷静期内当事人的帮助请求应当接受，不得推脱。要建立“党委领导、政府支持、综治协调、法院推动、社会参与”的多元化家事纠纷解决机制，充分调动家事审判法官、人民调解员、心理咨询师和社会各界志愿者的积极性，妥善化解离婚冷静期的矛盾，促进家庭和谐稳定。

2018 年 7 月印发的最高人民法院《关于进一步深化家事审判方式和工作机制改革的意见（试行）》第 40 条第 1 款规定：“人民法院审理离婚案件，经双方当事人同意，可以设置不超过 3 个月的冷静期。”与登记离婚冷静期一样，诉讼离婚冷静期同样是为了减少冲动型离婚，减少当

---

〔1〕 参见翁明杰：《〈民法典〉中离婚冷静期制度的证成及完善》，载《吕梁学院学报》2020 年第 5 期。

〔2〕 参见郭剑平：《我国离婚冷静期制度构建的法理学思考》，载《社会科学家》2018 年第 7 期。

〔3〕 参见刘万成、郑永建：《家事审判中离婚冷静期的合理性证成与完善》，载《人民法院报》2018 年 7 月 11 日，第 7 版。

事人之间的对抗。诉讼离婚冷静并不是法定的，而是要征得当事人的同意。在诉讼离婚冷静期内，法院可以根据案件情况，开展家事调查、心理疏导等工作，这同样需要政府的积极参与。

四、生育权行使中的行政权

《民法典》第1041条删除了原《婚姻法》第2条第3款"实行计划生育"之规定。我国生育政策经历了从"鼓励生育"过渡到"计划生育"，再到"逐步放宽计划生育"的发展过程。20世纪50~60年代，随着经济社会的发展，我国总人口从中华人民共和国成立初期的5.4亿人迅速增加到1970年的8.3亿人。为控制人口过快增长，国家从70年代开始在城乡推行计划生育政策。1980年，党中央发表了《关于控制我国人口增长问题致全体共产党员、共青团员的公开信》，提倡一对夫妇生育一个孩子。1982年，计划生育被确定为基本国策。1992年颁布的《妇女权益保障法》第一次在立法中规定生育权，其第47条第1款规定："妇女有按照国家有关规定生育子女的权利，也有不生育的自由。"2002年实施的《人口与计划生育法》第17条规定："公民有生育的权利，也有依法实行计划生育的义务，夫妻双方在实行计划生育中负有共同的责任。"党的十八届三中全会作出了坚持计划生育基本国策、启动实施单独两孩政策的重大决策。2015年对《人口与计划生育法》进行修改，2016年开始实施全面两孩政策。全面两孩政策的实施，并没有达到预期的人口增长目标，人口出生率还在下降。2020年5月颁布的《民法典》第1100条第1款规定："无子女的收养人可以收养两名子女；有子女的收养人只能收养一名子女。"2020年11月启动了第七次全国人口普查工作，查清人口数量、结构、分布等情况，能够把握人口变化趋势性特征，这将为完善我国人口发展战略和政策体系，提供扎实的统计信息基础。

生育权是民事权利的重要类型，是人格权的重要组成部分。学术界对生育权与行政权的关系有不同的认识。很多学者基于思维的惯性，仍然坚持计划生育的政策。如有学者认为，计划生育政策在我国这样的人口大国是必须存在的，但要准确把握公权力对妇女生育权的管制限度；基于我国人口问题的复杂性，不能照搬国外的立法，把生育权提升至高度自决地位。[1] 有学者认为，生育行为是一种生理现象，但在本质上其更加具有社会属性，即"具有丰富的社会内容，承担多种社会功能，对社会的稳定与发展起着重要的作用"。[2] 有学者认为，国家公权力对生育行为进行正当和适度的调节是理所当然的。[3] 生育权具有自然属性，同样具有社会属性。生育权具有私人属性，亦具有公共属性。生育权不仅受私法调整，还受到公法调整。根据《宪法》第 25 条，国家推行计划生育，使人口的增长同经济和社会发展计划相适应。该条具有丰富的内涵，包括限制人口增长、放任人口增长和鼓励人口增长等不同的含义。人口治理应当从国家治理的角度出发，不能主要依赖于国家强制力制裁的行政手段，而应当实行自由生育制度，同时加上国家适当的政策指引。目前，我国仍然实行计划生育政策，行政权对公民的生育权实行某种程度的限制，已经远远不能满足实践的需求。2018 年国家机构改革，不再保留国家卫生和计划生育委员会，而是改制为国家卫生健康委员会，落实了大卫生、大健康的理念。总之，要及时废除生育间隔、生育审批管理等不合理的国家强制，实行自由生育制度，同时实施一定程度的鼓励生育政策，实现制度正义。行政机关的职责，不是控制人口数量，而是提供各种社会服务，提高人口的质量。

---

〔1〕 参见罗红：《"全面二孩"视域下妇女生育权的宪法保障》，载《滇西科技师范学院学报》2020 年第 1 期。
〔2〕 崔卓兰主编：《计划生育法律问题研究》，中国法制出版社 2013 年版，第 4 页。
〔3〕 参见王卫：《论我国生育权公法调节的范围和边界》，载《人民论坛·学术前沿》2020 年第 10 期。

第二节 收养关系中的行政权

收养是依法收养他人子女为自己子女的民事法律行为,本质上属于婚姻家庭制度的重要组成部分。现代亲子关系是以子为本位,因此收养同样要遵循最有利于被收养人的原则。收养关系并不是纯粹的私法关系,而是出现了较多的国家强制。我国对收养人数进行限定,就是国家计划生育强制政策的延伸。收养权和被收养权虽然是一种私权利,但在现代社会越来越多地受到了行政权的保障和制约。然而,民政部门作为收养关系登记与收养关系解除的法定机关,行政权行使的边界需要明确,不能为了国家强制而强制。没有办理登记手续的收养,并不是当然无效的。收养最重要的是收养的意思表示,只要不违反收养的实质性要件,不宜轻易认定无效。民政部门如何进行科学的收养评估,需要学术界和实务界进一步探索。我国要适时承认不完全收养,被收养人在与收养人建立父母子女关系的同时,与其生父母之间仍然保持父母子女关系,因此要适时地放宽收养条件。

一、收养登记的法律效力

《民法典》第 1105 条第 1 款规定:“收养应当向县级以上人民政府民政部门登记。收养关系自登记之日起成立。”据此,收养是一种要式民事法律行为,以登记为生效要件。收养登记是指国家通过主管部门对申请建立收养关系的当事人,依照法律规定的收养条件进行审查,对于符合条件的准予登记收养关系即成立的一项制度。从法律条文来看,立法者明确登记为收养关系成立的必经程序。然而,我国民间存在大量未经登记的事实上的收养行为,当事人有收养的合意,但没有办理登记手续。《民法典》第 1105 条第 1 款具有较大的解释空间，要充分尊重当事人的意思，对事实收养予以一定程度的法律保护。

（一）事实收养的学术争鸣

一种观点是无效说。收养关系乃为法律所拟制的“法定血亲”关系，法律上亲子权利义务关系并不会因为“事实”收养行为而发生。〔1〕事实收养的成立时间在实践操作中非常难以确定，在收养过程中也易于产生各种矛盾纠纷；事实收养缺乏国家监督，很容易被拐卖儿童者利用。〔2〕

另一种观点是附条件有效说或者部分有效说。绝对不承认事实收养的效力，并不一定有利于保护未成年人的利益。在完善我国有关立法时，对于仅欠缺法定形式要件的事实收养，宜肯定其效力。〔3〕在事实收养中，当收养人与被收养人以父母子女名义共同生活达到一定期间，以 5 年为宜，且愿意继续共同生活下去，应当认可该事实收养中的父母子女关系，并通过办理抚养责任公证的方式予以认可。〔4〕收养关系适用取得时效，具体条件包括收养人年满 30 周岁，身体健康，具有收养能力；收养人具有抚育被收养人，将被收养人当作自己子女的真实意愿；抚养教育必须是公开的，即对外以父母子女相称；抚养教育的事实经过一段时间，以 5 年为宜；排除拐卖、盗窃婴幼儿的可能。具备上述要件的，可认定收养人与被收养人拟制血亲关系成立，适用父母子女权利义务关系的法律规定。〔5〕可以区分收养的无效和可撤销，法律应当适当

---

〔1〕参见张作华：《事实身份行为与事实身份关系的法律保护——以事实婚姻为中心》，载《四川大学学报（哲学社会科学版）》2009 年第 4 期。

〔2〕参见王利明：《中国民法典学者建议稿及立法理由：人格权编·婚姻家庭编·继承编》，法律出版社 2005 年版，第 326 页。

〔3〕参见余延满：《亲属法原论》，法律出版社 2007 年版，第 410 页。

〔4〕参见匡俊：《事实收养研究》，载《上海政法学院学报（法治论丛）》2014 年第 6 期。

〔5〕参见雷春红：《欠缺法定要件收养关系的法律规制——以浙江省为样本》，载《西部法学评论》2014 年第 1 期。

限制收养的无效事由和可撤销事由,以维持收养关系的稳定。[1]

(二)司法实践中的收养登记案例

司法实践中,对于未经登记的收养关系法律效力认定不一,缺乏统一标准。甚至于针对一个案件的事实,不同法院对其效力的认定各不相同。

案例一:刘某甲与刘某乙确认收养关系纠纷一案。该案原告刘某甲在1992年6月6日收养弃婴刘某乙,后与其妻一同抚养被告至2015年10月29日其妻去世,其间原告为被告办理了户籍登记,同时当事人在日常生活中以父母子女相称。后原告起诉被告称因其未办理收养登记请求确认双方收养关系无效。一审法院认为,双方已经形成事实上的收养关系,故驳回原告诉求。当事人不服上诉,二审法院认为,1992年4月1日实施的原《收养法》第15条规定,法律要求收养应当办理收养登记,但是当时1992年原《收养法》尚未确认"登记成立主义"这一原则,同时认定双方之间成立事实收养关系。后原告提出再审申请,重庆市高级人民法院认为,事实收养关系的法律依据是1984年最高人民法院《关于贯彻执行民事政策法律若干问题的意见》第28条的规定,1992年实施的原《收养法》并无事实收养法律依据,同时依据行为当时的法律,收养必须履行登记手续,因此认定当事人之间收养关系无效,支持原告诉求。[2]

案例二:邵某、陈某诉崔某、徐某收养关系纠纷案。崔某、徐某夫妇于1998年9月16日向邵某、陈某夫妇抱养一女孩,取名崔某某并抚养至今,崔某某目前在读大学。崔某某高一时,邵某、陈某夫妇与其相见。2013年3月,崔某、徐某曾向邵某、陈某邮寄崔某某照片一张。2016年

[1] 参见周友军:《我国民法典编纂中收养制度的完善》,载《广东社会科学》2019年第4期。

[2] 参见重庆市高级人民法院(2017)渝民再273号民事判决书。

7月5日，邵某与崔某通电话时要求双方建立亲戚往来关系，遭到崔某拒绝。邵某、陈某遂向法院起诉要求确认其二人与崔某某之间存在亲子关系，同时确认崔某、徐某与崔某某收养关系不成立。崔某某在一审审理过程中表明：(1)其自幼与崔某、徐某夫妇生活至今，已经形成事实上的收养关系，不同意改变现状，可补办收养登记。(2)不同意改变目前的身份及亲属关系。(3)不同意做亲子鉴定。海安县人民法院于2017年2月21日作出(2017)苏0621民初517号判决：驳回邵某、陈某的诉讼请求。邵某、陈某不服一审判决，提起上诉。南通市中级人民法院二审审理认为，邵某、陈某未能提供与崔某某存在亲子关系的必要证据，该案不属于法律规定的可以推定存在亲子关系的情形。更为重要的是，崔某某已年满18周岁，明确表示拒绝亲子鉴定且愿意维持目前身份关系，基于对亲子法律关系中子女意愿的尊重和利益的保护，以及对身份和亲属关系稳定性的维护，对邵某、陈某的上诉请求依法不予支持。据此，南通市中级人民法院于2017年9月25日作出(2017)苏06民终1496号民事判决：驳回上诉，维持原判。[1]

案例三：陈某、郎某等与永康县民政局行政撤销、行政登记案。该案中，原告陈某夫妇称其于2004年1月13日向永康县民政局申请收养弃婴陈某某，被告永康县民政局于2004年1月18日发放收养证，并于2004年2月11日，在《永康日报》上刊登了弃婴公告。后被告在发证长达8年后的2011年12月27日，原告突然收到撤销收养登记的决定书，理由是违背程序(寻找弃婴父母公告在发证后的几天后，在《永康日报》上登出，应当先进行公告后发放收养证)。法院认为，被告永康县民政局行政行为程序违法，但是未考虑原告陈某、郎某与原告陈某某已形成7年以上抚养关系，因此判决撤销被告永康县民政局所作关于撤销陈

[1] 参见南通市中级人民法院(2017)苏06民终1496号民事判决书。

某、郎某与陈某某收养登记决定。[1]

实践中,对于事实收养的效力,一般是区分时间段。对于原《收养法》出台前形成的事实收养关系,应当依据1984年最高人民法院《关于贯彻执行民事政策法律若干问题的意见》第28条之规定,认可其效力。原《收养法》虽然规定了收养登记,但是登记并非影响事实收养效力的必要条件,当事人之间形成的事实收养关系,可以办理收养公证,效力及于事实收养关系成立之日。如李某甲、李某乙与李某丙合同、无因管理、不当得利纠纷案。[2] 对于修正后的《收养法》施行后发生的事实收养,内容符合收养条件的可以办理收养登记,收养关系自办理登记之日成立,不再承认事实收养的效力。

法院对于当事人之间收养关系进行确认的案例中,大部分案由都是继承纠纷、保险赔偿纠纷,在这些案件中,当事人有时候并未对收养关系成立与否进行诉讼,但是认定当事人之间是否成立收养关系,即双方当事人之间是否有法律上的父母子女关系,决定了当事人是否享有继承财产的资格。实践中,法院的裁判思路不尽相同。第一,认定未经登记的收养关系有效,承认被收养人的继承权。如李某甲、李某乙与李某丙合同、无因管理、不当得利纠纷案。[3] 第二,认定未经登记的收养关系无效。一些非原则性的收养要件缺失,如收养成立时收养人未满30周岁等,应当承认其法律效力,这也有利于保护收养人和被收养人双方的利益。如李某等与姜某确认收养关系纠纷案。[4] 第三,部分人身损害赔偿纠纷中,当事人未请求确认其未经登记的收养关系效力,但是是否确认当事人之间法律拟制的父母子女关系决定"被收养人"是否有

---

〔1〕参见浙江省永康市人民法院(2012)金永行初字第19号行政判决书。

〔2〕参见(2018)苏1012民初3628号。

〔3〕参见(2020)豫03民终6440号民事判决书。

〔4〕参见(2019)京03民终10262号民事判决书。

权要求抚养费赔偿，法院对其中事实收养效力未予认定，但支持当事人关于抚养费赔偿的请求。如郑州一建集团有限公司、范某提供劳务者受害责任纠纷案。[1]

同样是认定事实收养无效，对于如何确定无效的法律后果，以及与此相关的其他法律问题，法院的裁判也不尽相同。针对继承纠纷，有法院判决收养关系不成立，“被收养人”对死者的遗产没有继承权。同时该判决中法院未承认当事人之间具有其他的权利义务关系。如王某甲、王某乙与王某丙、王某丁法定继承纠纷案。[2] 有法院在判决中考虑到“被收养人”系未成年人，将其认定为“被继承人生前抚养的缺乏劳动能力又没有生活来源的未成年人”，其可以适当分得被继承人的遗产以及死亡赔偿金。如王某甲、王某乙共有物分割纠纷再审案。[3] 有法院考虑到收养人对“养子”生活、学习、保险支出，且当事人共同生活的事实以及“养子”已经跟随被继承人的姓氏，依据该案实际情况和公平原则判令，“养子”可以继承被继承人少量遗产。如郑某甲、郑某乙继承纠纷案。[4] 有法院考虑到“养子”是从小依靠被继承人抚养，成人后对被继承人扶养较多的人，判令该“养子”和其婚生子女一并分得遗产。如刘某甲、刘某乙与刘某丙继承纠纷案。[5] 有法院基于“被收养人”对于被继承人尽到的赡养照顾义务，判令其适当分得被继承人遗产，而被继承人其他法定继承人由于未对其尽到足够赡养义务，只能分得少量遗产。如安某甲与安某乙等法定继承纠纷案。[6] 综上所述，同样是继承问题，法院的裁判结论并不相同，不能继承、少量继承、继承一份、继承

---

〔1〕 参见(2019)豫05民终3989号审民事判决书。
〔2〕 参见(2020)苏02民终3945号民事判决书。
〔3〕 参见(2017)豫0802民再10号民事判决书。
〔4〕 参见(2019)豫13民终6994号民事判决书。
〔5〕 参见(2019)豫9001民初788号民事判决书。
〔6〕 参见(2020)京0111民初338号民事判决书。

大部分等都有。大部分法院即使认定双方未进行法定登记收养无效的同时,仍承认双方存在一定的权利义务关系。如将未被法律承认的“养子”定义为“被继承人生前抚养的缺乏劳动能力又没有生活来源的人”或者根据实际情况和公平原则,判令其可继承“收养人”部分遗产。在侵权赔偿纠纷中将“被收养人”定义为“收养人负有抚养义务的人”,支持其以特殊的身份对保险公司或者侵权人主张赔偿。在被认定无效的事实收养关系中,支持对“被收养人”负担了较多抚养义务的“养父母”对其亲生父母主张一定的赔偿请求,以此来最大限度地保障收养双方的利益,取得了良好的社会效果。

(三)未办理收养登记效力的反思

《民法典》第153条规定,违反法律、行政法规的强制性规定的民事法律行为无效,但是该强制性规定不导致该民事法律行为无效的除外。收养登记是不是强制性规定,是属于何种性质的强制性法律规定,存在较大的解释空间。

从收养行为本身来看,出于善意救助的收养行为,即使不符合收养的实质要件或只是没有办理收养登记,继续有效也并不一定会损害公共利益。民间存在大量未经合法程序进行登记的事实收养关系,在这些事实收养关系中,当事人之间大多建立了一种稳定的、长期的父母子女关系,并且这种关系同时被当事人的亲朋好友所认同。对于此种“非法”收养关系,如果严格依据法律条文否认其效力,不仅不利于维护被收养人利益,还会与社会公序良俗、社会公共利益相冲突,但是,若肯定其效力,长此以往又会损害法律的权威性。

《全国法院民商事审判工作会议纪要》(法〔2019〕254号)指出,在民商事审判工作中要弘扬社会主义核心价值观,注意情理法的交融平衡,做到以法为据、以理服人、以情感人,既要义正辞严讲清法理,又要循循善诱讲明事理,还要感同身受讲透情理,争取广大人民群众和社会的理解与支持。对于在实践中缺乏法定的形式要件或者实质要件方面的瑕疵,应当允许当事人后期进行补正其效力,同时该收养法律关系效力可以追溯到事实收养关系成立之日。法无外乎人情,在法律框架之内要尽可能照顾人民群众的情感,司法判决只有兼顾法律和人情,才能实现法律效果与社会效果的统一,实现真正的正义。

二、收养评估中的行政权

《民法典》第1105条第5款规定:"县级以上人民政府民政部门应当依法进行收养评估。"这标志着我国收养登记由形式审查,开始注重对收养条件的实质审查转变,行政权在收养评估中的作用越来越重要。很多国家的收养,逐步被视为政府行为或司法行为,而不再是纯粹的私法行为。各国收养评估制度大致有两种模式:一是以法国、英国和美国为代表的司法主导模式;二是以德国、挪威和丹麦为代表的行政主导模式。我国目前各地采取的具体收养评估方式主要有三种:收养登记机关评估模式、社会福利机构评估模式和专业社会组织评估模式。民政部门工作人员缺乏专业培训,难以进行专业评估。若将收养评估工作交由社会福利机构,难以避免福利机构为自身利益放宽收养申请条件。因此,专业社会组织评估方式更符合我国社会发展的趋势。民政部应当及时修改完善《中国公民收养子女登记办法》,增加收养评估制度的相应规定。

(一)有关收养评估制度的部门规章和规范性文件

原《收养法》第15条第1款规定:"收养应当向县级以上人民政府民政部门登记。收养关系自登记之日起成立。"该法只规定了收养登记,但未规定收养评估制度。国务院1999年制定的《中国公民收养子女登记办法》细化了收养登记的相关内容,对收养评估也没有专门规定。2001年河北省人民政府根据原《收养法》和国务院收养登记行政法规等,制定了《河北省收养登记办法》。该办法第 27 条规定:“县级以上医疗机构应当按规定为收养人出具公正、科学的检查证明,并根据检查结果在检查证明上注明‘可以收养’、‘暂缓收养’、‘不宜收养’的字样。”

2012 年民政部发布的《关于开展收养评估试点工作的通知》(民函〔2012〕189 号)决定在上海、江苏、湖北、广州、重庆五地开展收养评估试点工作。该通知明确要建立科学的收养评估指标体系,除收养人的收养动机、经济状况、婚姻状况、家庭状况、身体健康状况、学历学识、品德品行等指标外,还要对被收养人情况以及影响收养人抚养教育被收养人能力的其他因素进行深入研究,努力将其转化为可通过约见、面谈、家访、走访等办法观察反映的客观指标,并积极尝试运用其他方法对各项指标进行检验、完善,在实践中逐步建立科学、全面、开放的评估指标体系。同时明确要建立收养评估监督机制和保障机制。该通知成为各地开展收养评估试点工作的指导文件。根据 2014 年民政部发布的《关于开展第二批收养评估试点工作的通知》(民函〔2014〕179 号),要重点审查对申请人或家庭成员有无虐待(忽视)儿童、家庭暴力或者其他针对儿童的违法行为,有无吸毒、酗酒或者暴力犯罪;申请人的收入或经济能力是否足以负担家庭生活;申请人能否提供充足的空间满足家中新增被收养儿童的需求;申请人有无身体或者心理疾病影响其给予被收养儿童适当的照顾,申请人是否提供虚假信息或隐瞒信息等事项。

2015 年民政部印发《收养能力评估工作指引》,进一步明确收养能力评估的对象、流程、标准和评估方式,规范评估报告的内容及格式,确保收养能力评估工作规范、准确地开展。该工作指引规定,中国公民在中国境内收养子女的,依照本指引进行收养能力评估。收养继子女的,不进行收养能力评估。该工作指引进一步规定,实施评估并出具报告:

收养评估机构自收到收养申请人所提交的材料之日起30日内完成评估,并出具《收养能力评估报告》。如有特殊情况,评估期限可以适当延长,但最长不超过60日。

2017年安徽省民政厅印发的《安徽省收养能力评估实施办法(试行)》,突出强调了第三方专业机构人员的专业性,明确了评估对象对第三方专业机构的评估报告的救济措施。该办法第7条规定:"承担收养能力评估工作的人员,应当是第三方评估机构正式聘用的专职或兼职工作人员,且至少具备以下条件之一:(一)具有全日制大学社会学或社会工作专业本科以上学历,且从事社会调查或评估工作1年以上;(二)具有中级以上社会工作师职业资格,且从事社会调查或评估工作1年以上;(三)具有全日制大学(儿童)教育学、儿童护理学、儿童医学、儿童心理学本科以上学历,且从事与本专业相关工作2年以上;(四)具有婚姻家庭咨询师职业资格,且从事婚姻家庭咨询工作2年以上;(五)具有心理咨询师职业资格,且从事心理咨询工作2年以上;(六)具有律师执业资格,且从事婚姻家庭类法律咨询服务或诉讼2年以上;(七)从事婚姻家庭类审判工作2年以上;(八)担任人民调解员,从事婚姻家庭类事务调解工作2年以上;(九)从事其他与婚姻、家庭或儿童相关行业2年以上并具备相应职业资格。"第18条规定:"收养评估机构应在5个工作日内,经评估机构负责人批准,将《收养评估能力结论通知书》(见附件7)送达评估对象,并将复核受理方式、时间、地点等告知评估对象。评估对象对《收养能力评估结论通知书》有异议,且有新的证据或证明材料,足以推翻原评估结论的,可以在3日内到收养登记机关现场申请复核。收养评估机构应当自评估提交复核申请之日起5个工作日内完成复核,并将复核结论告知评估对象。复核小组成员不能与初次评估小组成员重复。"

2018年山东省民政厅、山东省公安厅颁布的《山东省收养评估办法》确定了收养评估的程序为收养能力评估、融合期调查和收养后回访三步。其中，第31条规定："送养人或收养申请人申请收养前融合的，应当签订《融合期间委托监护协议》（附件9），与被收养儿童进行融合。送养人要求融合，收养申请人无正当理由拒不同意的，视为自动放弃收养申请，申请收养程序终止。"第32条规定："融合期一般不少于5日不超过30日。确有必要延长的，经双方协商同意可以续签。"第37条规定："送养人要求进行收养后回访的，可以与收养人协商。收养人同意的，应当签署《收养后回访协议书》（附件11）。"第38条规定："收养后回访可以由评估小组或送养人（以下简称回访小组）开展。回访时间和回访次数由回访小组与收养人协商确定，一般不少于3次。评估小组开展回访的，经收养人同意，送养人可以参加。"

2018年陕西省民政厅办公室印发的《陕西省收养子女家庭评估实施细则（试行）》（陕民办发〔2018〕38号）规定，收养家庭应当接受收养登记机关的长期跟踪回访，并进一步细化了收养评估的内容。其中第8条规定，"家庭基本情况"中除了按照《收养法》规定无配偶的男性收养女性的双方年龄应相差40周岁，还规定了收养申请人与被收养人的年龄差不超过50周岁；"婚姻状况"中收养申请人离异次数不应超过2次；该次婚姻应持续满5年，且收养申请人无同性恋行为。"受教育程度"中规定收养申请人城市居民一方需受过大专以上教育，农村居民应受过初等程度以上教育。"居住条件"中有固定的自有住房，城市居民住房应在人均30平方米以上。

2018年北京市民政局印发的《北京市收养家庭能力评估实施细则（试行）》较为详细地规定了收养申请人登记备案、评估通知、评估前准备、能力评估、综合评估、回访评估等六个收养评估流程。该实施细则第11条规定，收养意向评估合格后，收养申请人与送养人达成收养意向的，被收养人进入收养家庭生活与融入，融合期为90日；各区民政部门办理收养登记,征求收养人回访意见,签署《收养家庭回访协议》,并在收养登记满6个月、18个月,评估机构各回访一次,了解被收养人融入家庭情况和生活成长情况,出具《北京市收养家庭回访报告》。该实施细则第16条规定,收养申请人平均年龄与被收养人年龄相差55周岁以上;收养申请人子女不赞成收养的;收养申请家庭收入未达到城乡最低收入等,不得收养。

2020年上海市民政局、上海市高级人民法院、上海市人民检察院、上海市公安局印发的《上海市儿童福利院抚养的未成年人送养和收养工作操作规程》(沪民规〔2020〕9号),对收养需求备案、收养前培训、收养能力评估、试养融合跟踪、办理收养登记、收养后回访等作出了具体的规定。该工作操作规程规定,市收养中心根据收养申请人收养需求比对被送养儿童情况,按申请时间先后顺序以1个被送养儿童对应3个家庭的比例进行筛选和初步配对,委托第三方评估机构对收养申请人抚养教育能力进行评估,并向市收养中心提交收养能力评估报告。市收养中心审核收养能力评估报告后,对收养申请人和被送养儿童进行配对,并向收养申请人签发《试养通知书》,收养申请人与市儿童福利院签订《试养协议书》,接被送养儿童回家试养1个月。试养期间,第三方评估机构对收养申请人和被送养儿童的融合情况进行跟踪反馈,并向市收养中心提交试养融合情况反馈报告。试养期满且融合成功的,收养申请人填写《收养登记申请书》,并与市儿童福利院签订《国内收养协议书》;市收养中心通知收养申请人办理相关收养登记手续。在完成收养登记手续后3个月内,由第三方评估机构对收养家庭开展跟踪回访服务工作,对被送养儿童融入家庭生活和成长情况进行了解,必要时可提供专业帮助。

(二)收养评估中行政权的合理定位

有学者指出,考虑到收养制度的重要性,尤其是为了保障儿童利益最大化原则的实现、维护收养关系的稳定性,最好明确民政部门对收养登记采取实质审查主义。[1] 专业社会组织所出具的收养评估报告,只是民政部门的参考,民政部门还有一定的行政裁量权。对收养评估报告不服的,应当怎样进行权利救济,也存在较大的争议。大部分学者认为,专业社会组织的职责来源于行政机关的委托,少数观点认为,专业社会组织的职责源于法律法规的授权,属于非政府组织。民政部门对收养评估行为承担实质审查的职责,对此不服的,可以通过行政复议或行政诉讼予以救济。如常某、张某诉泰州市姜堰区民政局行政登记案中,民政部门根据专业社会组织的评估,作出终止办理收养登记的决定。2015 年 6 月 18 日,原告常某、张某夫妇向被告姜堰区民政局递交申请书,申请收养一名被其发现的弃婴。被告根据江苏省民政厅《关于全面开展收养评估工作的通知》(苏民事〔2014〕17 号)的要求,委托泰州乐助社会工作事务所对原告夫妇收养能力和条件进行调查评估。两次评估均不合格,2015 年 8 月 24 日,被告依据评估机构的评估结论,对两原告提出的收养登记申请终止办理,并作出不予办理收养登记通知书。原告不服该通知书,诉至法院。法院认为,评估机构作出的评估结论系民政机关是否为收养申请人办理收养登记的重要依据之一。姜堰区民政局所作具体行政行为于法有据,因此驳回原告诉讼请求。[2]

各地在原《收养法》《中国公民收养子女登记办法》的基础上,制定了地方性规章或地方性规范文件,对收养评估作出了具体的规定。山东省、北京市等地方设置了收养登记过程中融合期调查制度,在融合期内被收养人不同意或者发生其他情况,即宣告融合失败。融合期的具体期限不尽相同,山东规定的是不少于 30 日,而北京规定的是 90 日。

---

〔1〕 参见周友军:《我国民法典编纂中收养制度的完善》,载《广东社会科学》2019 年第 4 期。
〔2〕 参见泰州市姜堰区人民法院(2015)泰姜行初字第 00050 号行政判决书。

南京市、山东省、北京市、陕西省、郑州市等规定了收养登记后的跟踪回访制度，具体规定也不尽相同。北京市规定收养登记后6个月、18个月后分别进行收养回访，最大限度地保障被收养人利益，具有重大的借鉴意义。各地对禁止收养的具体条件规定也不一样。如南京市规定收养申请人离异次数不能超过3次，陕西省规定收养人离异次数不能超过2次且本次婚姻应当持续满5年。部分省市对该第三方专业机构的专业性进行规定，对第三方专业机构出具的评估报告不服的，可以自收到该报告一定期限内申请复核等，同时还对该第三方组织成员的专业性进行限制等。这些地方收养评估制度的创新改革对于建立科学的收养评估体系具有重要意义。

目前我国各地收养评估标准和评估程序不统一，应当总结地方改革试点经验，及时出台全国性的收养评估办法，作为收养评估工作的法律依据。有学者将收养评估流程概括为七个步骤：收养申请、家庭评估、收养配对、收养培训、收养试养、收养登记、收养回访。[1] 有学者认为，应当建立收养评估工作监督小组，对所有参评收养家庭进行电话回访，并按一定比例进行抽查。[2] 有学者认为，目前我国实践中进行的收养评估制度，无法替代试养期。这个评估并没有以收养人和拟被收养的人之间共同生活为前提，与试养期制度并不完全相同；但这有利于跨国收养中对被收养人的保护。[3] 当今国际社会普遍设立试养期机制，给予收养人和被收养人一定的相处时间，根据儿童对该收养家庭的适应情况决定该名儿童是否适合继续被收养于该家庭。[4]

综上所述，《民法典》第1105条第5款只是原则性地规定了收养评

---

〔1〕 参见王云斌：《构建收养评估制度的八个关键问题》，载《社会福利（理论版）》2015年第12期。
〔2〕 参见朱峰：《收养评估工作模式初探》，载《中国民政》2016年第6期。
〔3〕 参见周友军：《我国民法典编纂中收养制度的完善》，载《广东社会科学》2019年第4期。
〔4〕 参见于榕、倪妮、吕欣：《我国儿童家庭收养问题分析》，载《辽宁经济》2017年第8期。

估制度,具体制度依赖国务院颁布的行政法规、民政部门颁布的规章和其他规范性文件。基于最大限度保障被收养儿童利益,需要对收养申请人的家庭婚姻、经济、收养心理等进行限制,这也是收养评估制度的立法目的。从立法统一的角度看,民政部应当按照科学、具体、可行的原则,综合考虑现有评估手段,加强对具体评估指标的设计、梳理,建立比较完善的收养评估指标体系。北京和上海等一些地方建立的收养登记过程中融合期调查制度,实际也是试收养制度,实践中的经验也可以上升到全国立法层面。为切实维护被收养人的合法权益,需要建立健全收养后的回访制度。一些地方对收养申请人的评估条件限制过于严格,不利于解决大量孤弃儿待收养的问题,也过分限制了收养人的合法权益。需要指出的是,民政部门通过的《收养能力评估工作指引》,对收养评估的对象、流程、标准和评估方式等作出了原则规定,既有强制性规定,也有倡导性规定,允许地方针对具体情况作出不同的制度安排是行政权行使的新形式。民政部应当及时修改《中国公民收养子女登记办法》,增加收养评估的具体规定。

CHAPTER 06 >>

第六章 《民法典·侵权责任编》中行政权运行规范

整体上看,《民法典·侵权责任编》中的行政权运行规范,主要包括两个问题:一是侵权过错认定与行政管制规范的关系;二是民事侵权公益诉讼与行政权的关系。侵权法中过错的认定具有独立性,可以参考行政管制中的强制性规定,但不能完全依赖。如违法建筑倒塌或其搁置物、悬挂物脱落、坠落造成损害赔偿的,要综合各种因素确定过错,而不能因为建筑物是违法建造的,就要所有者、管理人承担全部责任。行政机关应当主动进行环境民事公益诉讼和消费民事公益诉讼,或者在民事公益诉讼中积极发挥司法辅助人的角色,切实保护社会公共利益。

第一节 行政管制规范与侵权责任认定的关系

长期以来,过错责任与私权神圣、契约自由相并列,被称为传统民法的三大原则。按照这种观念,国家基本上是消极的,是“守夜式”的国家。这种最小国家理念越来越不适应社会发展的需要,因而出现了越来越多的国家强制。《民法典·侵权责任编》除了规定一般侵权责任外,还规定了特殊侵权责任,包括产品责任、机动车交通事故责任、医疗损害责任、环境污染和生态破坏责任、饲养动物损害责任等。这些特殊侵权责任条款中,明示或者暗示了大量的行政规制内容。当事人违反了这些行政规制条款,是否必然产生侵权责任?当事人没有违反这些行政规制条款,甚至没有相应的国家标准或地方标准,是否必然不产生侵权责任?这些问题涉及民法与行政法的关系,涉及风险规制的方法和限度。

一、行政规制规范与侵权责任关系的理论争议

在现代风险社会,公法上强制性规范的制定对于预防损害事故能够发挥重要的安全维护功能。行政法通过建立安全生产许可证制度、强制性标准制度、信息披露制度、产品召回制度以及行政制裁制度等具体行政管理制度来实现预防损害、减少危险的目的。[1] 在整个法律预防体系中,公法形成了以强制性规范为核心的损害预防机制,私法则保留了以侵权责任承担为核心的损害预防机制。正是基于二者共同的损害预防功能,公法上的强制性规范逐渐被作为私法的原《侵权责任法》所认可,并成为侵权责任承担的重要影响因素。有学者认为,站在公法与私法相互支援这样一种立场上考察强制性规范对于侵权责任的意义,才有可能深化对该问题的思考,既不至于简单地将强制性规范等同于侵权法上的违法性依据,也不至于完全割裂前后者之间的

〔1〕 参见程啸:《侵权责任法》(第2版),法律出版社2015年版,第43~44页。

密切联系。[1]

公法上的强制性规范对侵权责任成立如何产生影响,学术界有不同的认识。有学者认为,保护他人的法律规范表现为强制性规范,要通过系统的解释论,将违反保护他人法律的侵权责任,定性为一种特殊的过错责任。保护他人的强制性规范具有界定过错的功能,因此应当允许法官结合立法目的,认定当事人是否存在过错。[2] 有学者认为,将强制性规范界定为转介条款的功能,以弥补侵权责任规范的不足。如果强制性规范对义务进行了具体规定,在原《侵权责任法》中就可以成为法官认定侵权人过错的表面证据,减轻当事人的举证责任和法官的认知负担,实际上将私法中的过错责任在特定情况下转变为过错推定责任。[3]

针对符合强制性标准能否作为侵权责任的抗辩事由,学术界存在绝对抗辩说、相对抗辩说和不得抗辩说三种观点。第一,绝对抗辩说。该种学说主要是基于强制性标准的权威性出发而得出的结论,这主要适用于产品责任领域。有学者认为,产品缺陷系由遵循国家强制性规定而产生的,该缺陷产品致人损害,生产者可以不承担责任。[4] 第二,相对抗辩说。该种学说有两种解释路径。一种观点认为,符合强制性标准抗辩权是必要的,但不具有决定意义,而必须综合各方面证据进行评估。[5] 另一种观点认为,需要区分情形进行分析,如果强制性标准的内容是相关法律的解释或具体化,可以作为抗辩事由;否则,并不能作为法定的抗辩事由,而仅仅是满足法律要求的必要条件。[6] 第三,不得

---

〔1〕 参见解亘:《论管制规范在侵权行为法上的意义》,载《中国法学》2009 年第 2 期。

〔2〕 参见朱岩:《违反保护他人法律的过错责任》,载《法学研究》2011 年第 2 期。

〔3〕 参见方新军:《私法和行政法在解释论上的接轨》,载《法学研究》2012 年第 4 期。

〔4〕 参见王翔:《关于产品责任抗辩事由的比较研究》,载《政治与法律》2002 年第 4 期。

〔5〕 参见董春华:《论产品责任法中的符合强制性标准抗辩》,载《重庆大学学报(社会科学版)》2015 年第 4 期。

〔6〕 参见何鹰:《强制性标准的法律地位——司法裁判中的表达》,载《政法论坛》2010 年第 2 期。

抗辩说。该种学说认为,符合强制性标准只是表明行为人符合行政规范的根据,并不能据此认为产品就不构成"缺陷",因此不能构成免除侵权责任的抗辩事由。[1] 持有这种观点的学者认为,我国现行强制性标准仅仅作为强制性的技术规范,不属于正式的法律渊源,不能作为法院的审判依据或为法院参照适用。[2] 强制性标准是基本标准、最低标准,不能适应安全价值的需要,也不能实现安全效力的强制。强制性标准仅是侵权责任注意义务的重要产生依据和侵权责任承担的重要判断依据,符合强制性标准不能成为免除侵权责任的抗辩事由。[3]

总之,学术界更多关注合同法与行政权的关系,特别是行政强制性规范与合同效力的关系,较少关注侵权法与行政权的关系。当前国内学界对于公法上强制性规范与侵权责任之间互动关系的研究主要集中于产品责任、环境侵权等特殊的侵权责任领域,主要将强制性规范作为一种技术标准对侵权责任的构成产生的影响,尚未建立起强制性规范与原《侵权责任法》之间关系的一般性、基础性和整体性的分析框架。整体而言,侵权性规范与规制性规范具有不同的目标和手段,前者更多是向后看的思维模式,主张以损害赔偿为中心,主张发现最佳行为标准的成本是由当事人和法官承担,而后者更多是向前看的思维模式,以预防性救济措施为主,主张由政府负担规制的成本。[4]

二、交通行政管制规范与侵权责任的认定

《民法典》第1208条规定:"机动车发生交通事故造成损害的,依照道路交通安全法律和本法的有关规定承担赔偿责任。"从解释论的角度

[1] 参见宋华琳:《论政府规制与侵权法的交错——以药品规制为例证》,载《比较法研究》2008年第2期。
[2] 参见何鹰:《强制性标准的法律地位——司法裁判中的表达》,载《政法论坛》2010年第2期。
[3] 参见谭启平:《符合强制性标准与侵权责任承担的关系》,载《中国法学》2017年第4期。
[4] 参见张家勇、昝强龙:《交通管制规范在交通事故侵权责任认定中的作用——基于司法裁判的实证分析》,载《法学》2016年第6期。

看，要科学对待交通事故侵权过错认定与交通管制规范的关系，准确区分侵权责任与行政责任，合理配置交通事故风险防范成本，及时救济受害人的权益。

（一）交通行政管制规范与过错关系的理论梳理

有学者认为，遵守管制规范即表明行为人履行了法定义务，行为人没有过错，因而可以不承担侵权责任。[1] 而有学者认为，遵守管制规范虽然不能完全排除行为人的过错，但是遵守管制规范的事实毕竟表明行为人已经尽到一定程度的注意，全然否定它对过错判定的影响显然并不合适。正确的做法应当是比照违反管制规范时的过错证明规则，减轻行为人的举证责任。[2] 还有学者认为，公法规范和私法规范应当互为源头活水，使整个法律水系井然有序，规制性规范和侵权法之间的关系不外乎是上述这种关系的有机组成部分。[3]

《道路交通安全法》第76条规定了交通事故责任中的过错，规定了侵权责任的承担。该条规定："机动车发生交通事故造成人身伤亡、财产损失的，由保险公司在机动车第三者责任强制保险责任限额范围内予以赔偿；不足的部分，按照下列规定承担赔偿责任：（一）机动车之间发生交通事故的，由有过错的一方承担赔偿责任；双方都有过错的，按照各自过错的比例分担责任。（二）机动车与非机动车驾驶人、行人之间发生交通事故，非机动车驾驶人、行人没有过错的，由机动车一方承担赔偿责任；有证据证明非机动车驾驶人、行人有过错的，根据过错程度适当减轻机动车一方的赔偿责任；机动车一方没有过错的，承担不超过百分之十的赔偿责任。交通事故的损失是由非机动车驾驶人、行人故意碰撞机动车造成的，机动车一方不承担赔偿责任。"《道路交通安全

---

〔1〕 参见何鹰：《强制性标准的法律地位——司法裁判中的表达》，载《政法论坛》2010年第2期。
〔2〕 参见焦艳玲：《论管制规范对侵权责任的影响》，载《河北法学》2017年第4期。
〔3〕 参见朱虎：《规制性规范、侵权法和转介条款》，载《中共浙江省委党校学报》2014年第3期。

法》第87~113条规定了警告、罚款、暂扣或者吊销机动车驾驶证、拘留等行政处罚。其中第89条规定:“行人、乘车人、非机动车驾驶人违反道路交通安全法律、法规关于道路通行规定的,处警告或者五元以上五十元以下罚款;非机动车驾驶人拒绝接受罚款处罚的,可以扣留其非机动车。”第90条规定:“机动车驾驶人违反道路交通安全法律、法规关于道路通行规定的,处警告或者二十元以上二百元以下罚款。本法另有规定的,依照规定处罚。”

从上述规定看,在机动车交通事故责任中,违法和过错的区分是显而易见的。违法性是客观的,通过具体的违反道路交通安全的行为表现出来,具有相对确定性。但过错是一种主观状态,在很大程度上具有不确定性。《民法典》和《道路交通安全法》等法律法规并没有对过错给予明确的定义,更没有对如何判定过错加以规定。现代侵权行为法中对过错的认定日益呈现客观化的趋势,违法推定过失的情形普遍存在。由于《道路交通安全法》等法律法规对于机动车驾驶人的义务作出了详细的规定,因此驾驶人一旦违反这些法定义务,就很容易基于其违法行为而推定其具有过失,无须考虑行为人主观的心理状态。当交通事故主体存在违法行为,没有遵守交通法律法规,比如闯红灯、酒驾等,认定其主观上存在过错是毫无疑问的。然而,当行为人没有违法违章时,并不等同于其不存在过错。因此,应当对违法和过错分别加以判断,不能将两者混淆。

(二)交通管制规范与过错关系的实践案例

道路交通安全的法律法规的公法规范,即交通管制规范,对交通事故责任的认定有重要作用。通过对相关司法案例进行检索,大致分以下三类:

第一类案例,法院直接以违法性作为机动车交通事故侵权责任的认定依据。此类案件法院直接以违反道路交通安全的法律法规为由认定行为人承担侵权责任。例如,在关某与蔡某甲、蔡某乙等机动车交通事故责任纠纷案中,法院认为,刘某违反《道路交通安全法》的规定,驾驶机动车在高速公路上超过限速标志标明的最高时速行驶且未按操作规程安全驾驶,导致该案交通事故的发生。公安交警部门对该案事故事实认定和责任的划分事实清楚、适用法律正确,予以采信并作为处理该案民事赔偿的依据。因被告刘某的违法行为导致该案事故发生,其应对由此造成的损害后果依法承担赔偿责任。[1] 在内蒙古远通伟业饲料有限责任公司与高某等机动车交通事故责任纠纷案中,法院认为,双方均违反了《道路交通管理条例》第36条和第49条之规定,双方应负此事故的同等责任。[2]

第二类案例,法院在认定机动车交通事故责任时,并不仅仅考虑行为人是否违反了交通管制规范,还会考虑行为人的主观过错程度。例如,在中国人寿财产保险股份有限公司上海市分公司等诉夏某甲等机动车交通事故责任纠纷案中,法院认为,事故发生前夏某乙曾与夏某丙共同饮酒,而后其驾驶普通二轮摩托车一路穿行,夏某丙的摩托车在非机动车道行驶,该行为具有明显的违法性。而夏某丙驾驶的虽为轻便二轮摩托车,但事发时该车辆已被强制注销,且发动机已被夏某丙擅自更换为普通摩托车发动机,加之其未戴安全头盔,故夏某丙自己对于涉案事故的发生亦具有相当的过错。综合夏某乙、夏某丙、高某各自行为与损害后果的关系、过错程度,法院认为夏某丙应当对其死亡的后果自担35%的责任,夏某乙的过错程度明显高于高某,亦应承担35%的责任。[3] 在青海省公路建设管理局与陈某等机动车交通事故责任纠纷案中,法院认为,因驾驶员周某未按规定会车,临危采取措施不当,致使车

〔1〕 参见湖北省恩施土家族苗族自治州中级人民法院(2014)鄂恩施中民终字第00584号判决书。
〔2〕 参见呼和浩特市中级人民法院(2015)呼民再终字第00001号民事判决书。
〔3〕 参见上海市第一中级人民法院(2014)沪一中民一(民)终字第1181号民事判决书。

辆撞到路面土堆驶下路基翻车；青海省公路建设管理局作为道路管理维护部门，不能证明已按照法律、法规、规章、国家标准、行业标准或者地方标准尽到安全防护、警示等管理维护义务，因路面堆放土堆，导致机动车发生交通事故造成损害，驾驶员周某和青海省公路建设管理局对此次交通事故的发生均有过错；吴某、周某请求道路管理者承担相应赔偿责任的主张，应予支持。[1]

第三类案例，法院并非仅仅依据违法性和过错要件进行责任认定，还会考虑违反交通管制规范的行为与损害结果的因果关系这一要件确定侵权责任的承担。例如，在安徽水安建设集团股份有限公司与胡某机动车交通事故责任纠纷再审案中，再审法院认为，交通信号灯的基本功能是起到通行安全指引作用，十字路口的交通信号灯，双向、同时设置为应有之义。水安公司在未完成十字路口全部交通信号灯安装设置的情形下，启用不具备使用条件的单向信号灯，一定程度上导致了事发当事人对交通情况的误判，构成引发交通事故的原因力。二审综合该案当事人的过失程度、原因力、损害后果和经济能力等情况，酌定水安建设公司与宁国住建局共同承担20%赔偿责任并无不当。[2] 在张某与崔某、封某机动车交通事故责任纠纷案中，法院认为，张某通过路口未慢行或停车瞭望，主观存在过失，与损害结果发生存在因果关系，应负事故次要责任；崔某行车逆行通过路口，在距离只有行人一米远的位置躲避行人，致使行人当时摔倒，未确保行车安全，主观存在过失，与损害结果发生存在因果关系，应负事故主要责任。[3]

综上所述，侵权法上的过错与行政法上的违章既有联系又有区别。交通管制规范固然对机动车侵权责任的认定发挥着重要作用，但不能

〔1〕参见青海省高级人民法院(2014)青民一终字第100号民事判决书。
〔2〕参见安徽省高级人民法院(2020)皖民申3103号民事裁定书。
〔3〕参见河北省鹿泉市人民法院(2014)鹿民一初字第2165号民事判决书。

把它作为认定责任的直接或者唯一根据,否则很可能在司法实践中出现错判和误判。当事人违反交通管制规范,在某种意义上可以认定当事人过错。侵权责任的承担,除了过错之外,还要求因果关系等要件。最高人民法院公报案例裁判摘要指出,交通事故认定书是公安机关处理交通事故,作出行政决定所依据的主要证据,虽然可以在民事诉讼中作为证据使用,但由于交通事故认定结论的依据是相应行政法规,与民事诉讼中关于侵权行为认定的法律依据、归责原则有所区别。因此,交通事故认定书不能作为民事侵权损害赔偿案件责任分配的唯一依据。行为人在侵权行为中的过错程度,应当结合案件实际情况,根据民事诉讼的归责原则进行综合认定。在该案件中,行为人没有违章,但具有过错,其不当行为与损害事实的发生存在因果关系,因此应当承担赔偿责任。[1]

三、医疗行政管制规范与侵权责任的认定

《民法典》第 1222 条规定,违反法律、行政法规、规章以及其他有关诊疗规范的规定,推定医疗机构有过错。医疗损害责任是指医疗机构和医务人员在诊疗活动中因过错造成他人损害而应当承担的侵权责任。医疗过错的认定比较专业,很难根据日常经验予以判断,因此要参考医疗行政管制规范。

(一)医疗管制规范的行政立法

与医疗侵权责任有关的行政法规,包括《医疗用毒性药品管理办法》《医疗事故处理条例》《人体器官移植条例》《医疗废物管理条例》《医疗机构管理条例》《医疗器械监督管理条例》《医疗纠纷预防和处理

[1] 参见《葛宇斐诉沈丘县汽车运输有限公司、中国人民财产保险股份有限公司周口市分公司、中国人民财产保险股份有限公司沈丘支公司道路交通事故损害赔偿纠纷案》,载《最高人民法院公报》2010 年第 11 期。

条例》《护士条例》等。部门规章包括2002年卫生部发布的《医疗事故分级标准(试行)》与《医疗事故技术鉴定暂行办法》、2017年国家卫计委发布的《医疗机构管理条例实施细则》等。部门规范性文件主要包括2009年卫生部发布的《医院投诉管理办法(试行)》,2010年卫生部发布的《病历书写基本规范》,2010年卫生部、国家中医药管理局发布的《中医病历书写基本规范》,2013年国家卫计委、国家中医药管理局发布的《医疗机构病历管理规定》,2017年国家卫计委、国家中医药管理局发布的《电子病历应用管理规范(试行)》等。

上述医疗管制规范对于认定医疗机构侵权责任具有重大意义。如《医疗机构管理条例实施细则》第88条第2款规定:"诊疗活动:是指通过各种检查,使用药物、器械及手术等方法,对疾病作出判断和消除疾病、缓解病情、减轻痛苦、改善功能、延长生命、帮助患者恢复健康的活动。"第4款规定:"特殊检查、特殊治疗:是指具有下列情形之一的诊断、治疗活动:(一)有一定危险性,可能产生不良后果的检查和治疗;(二)由于患者体质特殊或者病情危笃,可能对患者产生不良后果和危险的检查和治疗;(三)临床试验性检查和治疗;(四)收费可能对患者造成较大经济负担的检查和治疗。"

(二)医疗管制规范与过错关系的理论梳理

《民法典》第1222条中的"推定",法学界形成了两种不同的观点。一种观点认为,该规定不是过错推定,不允许医疗机构举证证明自己没有过错而获得免责,属于法理上"不可推翻的推定",其法律效力等同于"视为"。[1] 另一种观点认为,该规定在性质上是可以反驳的法律推定,推定有过错并非等同于当然认定有过错。[2]

---

〔1〕 参见杨立新:《侵权责任法》,北京大学出版社2014年版,第314页。

〔2〕 参见王利明:《〈中华人民共和国侵权责任法〉释义》,中国法制出版社2010年版,第288页。

本书认为,判断医疗过错的标准不应该是唯一的和固定不变的,应当综合考虑各种因素。推定的前提条件为假设,即只要违法了,就视为有因果关系,就视为医疗中主观有过错。在特殊情况下,可以举证推翻,更符合立法表达的文义解释和目的解释。违反法律、行政法规、规章以及其他有关诊疗规范的规定,只是推定医疗机构有过错,并不是确定有过错。如为抢救患者,甲药对该患者有禁忌症,但又找不到更好的乙药来替代,医务人员使用了甲药,医疗机构可以举证自己没有过错。医疗机构的过错,需要考虑诊疗水平的地域性、医学技术的时代性和抢救病人的紧急性等因素,要排除与过错无关的因素。2021 年 1 月 1 日实施修改后的最高人民法院《关于审理医疗损害责任纠纷案件适用法律若干问题的解释》第 16 条规定:"对医疗机构或者其医务人员的过错,应当依据法律、行政法规、规章以及其他有关诊疗规范进行认定,可以综合考虑患者病情的紧急程度、患者个体差异、当地的医疗水平、医疗机构与医务人员资质等因素。"该解释明确判定过错的标准应该是多元的,但规定过于笼统、模糊。按照学术界的普遍观点,"法律、行政法规、规章以及其他有关诊疗规范"不仅包括规范性文件,还包括各级卫生行政部门、各类医学行业协会组织指定的各种标准、规程、制度、指南、指引等文件。实践中,是否违反法律、行政法规、规章以及其他有关诊疗规范,是作为判定过错的主要和根本标准。如果不违反上述规定,则需要以一个"合理的、谨慎的"医师标准确定,这就需要法院自由裁量。

(三)医疗行政管制规范与过错关系的实践案例

有法院以医疗机构违反注意义务为裁判依据。如在古田县精神病防治院与卓某铭医疗损害责任纠纷案中,法院认为,古田精神病院作为专门收治精神病患的医疗机构,其从事医疗活动应具有较高的专业性和技术性,与普通医院亦具有不同的监督、看护和管理的职责,其诊疗行为在符合诊疗规范的同时,对收治的病人亦负有高度的注意义务和特殊的安全保障义务。监控录像显示从卓某自缢行为开始到医护人员知悉后前往现场进行施救经过了一个半小时的时间,故应当认定古田精神病院未尽到医疗看护责任,存在过错,该过错与卓某的死亡后果之间存在因果关系。[1] 在杨某与上海交通大学医学院附属上海儿童医学中心等医疗损害责任纠纷案中,法院认为,华中协和医院在为杨某实施的医疗行为中存在未能充分履行足够的注意义务之医疗过失,该过失是导致患儿需要进行二次手术治疗,并由此发生缺血缺氧性脑病手术并发症的不利后果的很轻微原因;上海医学中心在为杨某实施的医疗行为中存在未尽到必要的注意义务之医疗过失,该过失是导致杨某心脏手术后发生缺血缺氧性脑病手术并发症的不利后果的轻微至次要之间的原因。[2]

有法院以医疗机构"违反法律、行政法规、规章以及其他有关诊疗规范的规定"为裁判依据。如在曹某、丁某医疗损害责任纠纷案中,法院认为,杨庄卫生院在未取得精神疾病诊疗资格的情况下,接收张某入院治疗,开具治疗精神疾病药物,后张某死亡,杨庄卫生院违反相关法规规定,该案符合原《侵权责任法》第58条第1项"违反法律、行政法规、规章以及其他有关诊疗规范的规定"。[3] 在内蒙古医科大学附属医院与周某医疗损害责任纠纷案中,法院认为,医院提供的手术知情同意书存在页码不连续、内容不连贯的问题,证实该院在对患者诊疗过程中存在病历书写不规范,履行告知义务有瑕疵的情形。原审依据查明事实和上述法律法规推定医院存在过错,酌定医院就周某的损失承担

〔1〕 参见福建省高级人民法院(2020)闽民申1316号民事裁定书。

〔2〕 参见北京市高级人民法院(2020)京民申1573号民事裁定书。

〔3〕 参见山东省高级人民法院(2020)鲁民申5405号民事裁定书。

30%的赔偿责任并无不当。[1] 在株洲市二医院与吴某、叶某甲医疗损害责任纠纷案中，法院认为，由于株洲市二医院未书面明确告知被申请人有关尸检的规定，未对叶某乙进行尸检，导致无法进行司法鉴定，违背了《医疗纠纷预防和处理条例》第23条之规定，因此酌情株洲市二医院对叶某乙的损害承担50%的赔偿责任。[2]

有法院对医疗过错进行综合认定，行政管制规范只是必要的参考。如在辛某与巴音郭楞蒙古自治州人民医院医疗损害责任纠纷案中，法院认为，结合辛某的病历资料，鉴定意见从医学本身的不可知性、高风险性，肠梗阻疾病的复杂性，巴州医院的医疗水准、资质等多方面原因考虑，作出巴州医院过错参与度大小为50%较为客观。[3] 在覃某、胡某、侯某与柳州市柳铁中心医院医疗损害责任纠纷案中，二审法院综合考虑医疗过失行为在医疗损害后果中的责任程度、医疗过失行为与损害后果发生的各种原因力以及原因力的大小、损害程度、医疗风险水平等因素，认为柳州市柳铁中心医院应当承担15%的赔偿责任。[4]

四、动物饲养行政管制规范与侵权责任的认定

《民法典》第1246条规定："违反管理规定，未对动物采取安全措施造成他人损害的，动物饲养人或者管理人应当承担侵权责任；但是，能够证明损害是因被侵权人故意造成的，可以减轻责任。"第1247条规定："禁止饲养的烈性犬等危险动物造成他人损害的，动物饲养人或者管理人应当承担侵权责任。"上述两个条款涉及动物饲养行政管制规范与饲养动物损害责任的关系问题。

---

〔1〕 参见内蒙古自治区高级人民法院(2020)内民申1854号民事裁定书。
〔2〕 参见湖南省高级人民法院(2019)湘民申4201号民事裁定书。
〔3〕 参见新疆维吾尔自治区高级人民法院(2020)新民申103号民事裁定书。
〔4〕 参见广西壮族自治区高级人民法院(2020)桂民申503号民事裁定书。

（一）动物饲养的行政管制规范

2020 年 11 月 30 日，在北大法宝法律法规库输入“养犬”，可以发现全国共有 144 个地方人大常委会颁布的养犬管理条例，共有 52 个地方政府颁布的养犬管理办法，共有 159 个地方政府及相关部门颁布的与养犬相关的地方规范性文件。一些地方人大颁布了养犬管理条例，相应地，政府也颁布了养犬管理办法。如《洛阳市市区养犬管理规定》是洛阳市人大 1998 年制定的，并于 2004 年、2010 年进行了两次修改。《洛阳市养犬管理办法》是洛阳市政府 2010 年制定，于 2018 年进行了第一次修改。《洛阳市养犬管理办法》一些规定更加具体，其中第 23 条规定：“犬只饲养人及携犬人还应当遵守下列规定：（一）非经营性或者非助残需要，个人养犬每户限养一只，并不得饲养烈性犬、大型犬；（二）公民携犬出户时间为 20 时至次日 7 时；（三）犬只在户外排泄粪便的，应当立即清除；（四）携犬乘坐电梯或者上下楼梯的，应当将犬只装入犬袋、犬笼，怀抱或者戴嘴套，并避开人流高峰时间；（五）携犬出户的应当携带准养证，为犬只挂犬牌、束犬链，犬链长度不得超过 1.5 米，并由具有完全民事行为能力的人牵领（残疾人自用助残犬除外），遵守交通法规并主动避让行人和车辆；（六）单位养犬的，应当拴养或者圈养，因登记、免疫、诊疗、培训、配种需要外出的，应当将犬只装入犬笼或者束犬链、戴嘴套，由管理人员牵领。”此外，《北京市养犬登记和年检管理办法》《重庆市养犬管理暂行办法》《宝鸡市市区养犬管理办法》《威海市区养犬管埋办法》《日照市城区养犬管理办法》《郴州市市城区养犬管理办法》等地方政府规章，对养犬人行为及犬类管理进行了更加细致的规定，并明确了违规饲养动物应当承担的法律责任。

2009 年成都市人大常委会通过的《成都市养犬管理条例》第 32 条规定：“养犬人应当对犬只拴养或者圈养，妥善管理犬只。犬吠影响他人正常生活时，养犬人应当采取有效措施予以制止。养犬人不得虐待或者遗弃犬只。”第33条规定:“养犬人携犬出户,应当遵守下列规定:(一)将犬只装入犬笼、犬袋或者由完全民事行为能力人使用犬绳牵领;(二)为犬只佩戴标识牌;(三)避让老年人、残疾人、孕妇和儿童及其他行人;(四)对犬只粪便即时清除;(五)及时制止犬吠和犬只攻击行人的行为;(六)不得乘坐除小型出租汽车以外的公共交通工具。携犬乘坐小型出租汽车时,应征得驾驶员的同意。”

北京市人大常委会2003年颁布的《北京市养犬管理规定》第17条:“养犬人应当遵守下列规定:(一)不得携犬进入市场、商店、商业街区、饭店、公园、公共绿地、学校、医院、展览馆、影剧院、体育场馆、社区公共健身场所、游乐场、候车室等公共场所;(二)不得携犬乘坐除小型出租汽车以外的公共交通工具;携犬乘坐小型出租汽车时,应当征得驾驶员同意,并为犬戴嘴套,或者将犬装入犬袋、犬笼,或者怀抱;(三)携犬乘坐电梯的,应当避开乘坐电梯的高峰时间,并为犬戴嘴套,或者将犬装入犬袋、犬笼;居民委员会、村民委员会、业主委员会可以根据实际情况确定禁止携犬乘坐电梯的具体时间;(四)携犬出户时,应当对犬束犬链,由成年人牵领;(五)对烈性犬、大型犬实行拴养或者圈养,不得出户遛犬;(六)携犬出户时,对犬在户外排泄的粪便,携犬人应当立即清除;(七)养犬不得干扰他人正常生活,犬吠影响他人休息时,养犬人应当采取有效措施予以制止;(八)定期为犬注射预防狂犬病疫苗;(九)不得虐待、遗弃所养犬;(十)严格履行养犬义务保证书规定的其他义务。”

2011年制定、2016年修改的《上海市养犬管理条例》第22条规定:“养犬人携带犬只外出应当遵守下列规定:(一)为犬只挂犬牌;(二)为犬只束牵引带,牵引带长度不得超过两米,在拥挤场合自觉收紧牵引带;(三)为大型犬只戴嘴套;(四)乘坐电梯或者上下楼梯的,避开高峰时间并主动避让他人;(五)单位饲养的烈性犬只因免疫、诊疗等原因需要离开饲养场所的,将其装入犬笼;(六)即时清除犬只排泄的粪便。”第

23 条规定："禁止携带犬只进入办公楼、学校、医院、体育场馆、博物馆、图书馆、文化娱乐场所、候车(机、船)室、餐饮场所、商场、宾馆等场所或者乘坐公共汽车、电车、轨道交通等公共交通工具。前款以外其他场所的管理者可以决定其管理场所是否允许携带犬只进入。禁止犬只进入的,应当设置明显的禁入标识。携带犬只乘坐出租车的,应当征得出租车驾驶员的同意。居民委员会、村民委员会、业主委员会可以根据相关公约或者规约,划定本居住区禁止犬只进入的公共区域。盲人携带导盲犬的,不受本条规定的限制。"

各个地方的规定也不尽一致。如有的地方规定了饲养人或者管理人应当对犬只戴头套和嘴套、套取安全绳,犬只必须由成年人牵引等措施。而有的地方并没有此类规定。规范的不一致会导致实践中对违法与过错的认定标准不统一,进而致使责任划分出现偏差。法官是否可以在没有统一规定的情况下认定饲养人或者管理人的某种行为违法,需要法官综合全案进行判断。

(二)实践中的司法裁判

有法院判决认为,被上诉人未对犬只进行牵领束缚,在公共场所妨碍他人通行,违反了《连云港市养犬管理条例》《连云港市文明行为促进条例》等管理规定。原《侵权责任法》第 79 条之规定,违反管理规定,未对动物采取安全措施造成他人损害的,动物饲养人或者管理人应当承担侵权责任。依据该条规定,在违反管理规定未对动物采取安全措施致人损害的情形下,受害人即使有重大过失也不能减轻侵权人的赔偿责任,故本案中被上诉人应当承担全部赔偿责任。

在赵某因与马某甲、马某乙饲养动物损害责任纠纷案中,法院认为,马某乙驾驶摩托车与赵某饲养和管理的无牵犬相撞,造成马某乙受伤,赵某作为动物饲养人和管理人应当承担侵权责任,但是马某乙酒后无证驾驶无牌号两轮摩托车存在过错,属于重大过失,可以减轻动物饲养人赵某的责任,一审认定赵某承担30%的责任,责任比例划分及适用法律并无不当。[1]

在丁某因与刘某饲养动物损害责任纠纷案中,法院认为,丁某未采取充分安全措施就携带大型犬到公共场所,刘某驾驶电动车与丁某的金毛犬相撞,丁某对刘某损害结果的发生具有一定过错,应承担相应的侵权责任,一审法院综合该案实际情况,酌定丁某承担50%的赔偿责任并无不当。[2]

在曹某、凌某因与刘某饲养动物损害责任纠纷案中,法院认为,作为动物饲养人,上诉人在公共场合理应尽到足够的安全保障及警示义务,但事实上其并未采取拴狗链等行为而致上诉人受伤,造成了上诉人实际损失。被上诉人系未成年人,其父母未尽到监护义务,具有一定的过错,综合考虑双方的过错程度,一审法院判决被上诉人承担30%、上诉人承担70%的损害损失并无不当。[3]

在齐某因与康某、康氏中医诊所饲养动物损害责任纠纷案中,法院认为,李某驾驶无号牌本田牌两轮摩托车沿原111国道由西向东行驶时,与张某、于某散放的牧羊犬发生碰撞,摩托车摔倒,造成李某受伤、摩托车损坏。张某、于某上诉主张李某无证驾驶无牌照两轮摩托车,超速并逆向行驶是造成事故的主要原因。作为动物饲养人的张某、于某,对其牧羊犬未采取有效管束措施,未尽合理管理义务,导致李某受伤的事实发生,应对李某承担损害赔偿责任。该案中,张某、于某在其散放的牧羊犬穿行国道时,未尽合理管理义务,致使损害事实发生,一审法院酌情减轻其80%的赔偿责任,判决张某、于某承担20%的赔偿责任并

---

〔1〕 参见河南省周口市中级人民法院(2019)豫16民终5668号民事判决书。
〔2〕 参见山东省潍坊市中级人民法院(2020)鲁07民终5702号民事判决书。
〔3〕 参见河北省保定市中级人民法院(2018)冀06民终4007号民事判决书。

无不当。[1]

在李某因与赵某饲养动物损害责任纠纷案中,法院认为,虽然原《侵权责任法》第 80 条作出了禁止饲养的烈性犬等危险动物造成他人损害的,动物饲养人或者管理人应当承担侵权责任的规定,但原《侵权责任法》第 26 条亦规定:“被侵权人对损害的发生也有过错的,可以减轻侵权人的责任。”李某作为完全民事行为能力人,明知赵某饲养的阿拉斯加犬系大型犬,且未拴狗绳,存在危险性,仍然作出将手搭在狗脖子上的危险举动,故李某本人对事故的发生亦存在一定过错,依法应当减轻赵某的侵权责任。一审法院综合双方当事人的过错程度,酌情判决赵某承担 60% 的赔偿责任符合法律规定。[2]

综上所述,动物饲养的行政管制规范,是认定动物致害责任的参考依据。违反管理规定,未对动物采取安全措施造成他人损害的,动物饲养人或者管理人承担的是绝对的无过错责任。只有一个减轻责任事由,那就是损害结果是被侵权人故意造成的。动物饲养人或管理人应当通过主动、积极、有效的方式方法,对动物进行管理、约束和控制,防患于未然,尽量杜绝损害事实发生,保障不特定社会公众的合法权益。案例是复杂的整体,除了违法要件之外,还有因果关系的要件,因此法院还有很大的自由裁量空间。

五、环境行政管制规范与侵权责任的认定

《民法典》第 1229 条规定:“因污染环境、破坏生态造成他人损害的,侵权人应当承担侵权责任。”最高人民法院《关于审理环境侵权责任纠纷案件适用法律若干问题的解释》第 1 条第 1 款规定:“……污染者

[1] 参见内蒙古自治区呼伦贝尔市中级人民法院(2020)内 07 民终 525 号民事判决书。
[2] 参见吉林省吉林市中级人民法院(2020)吉 02 民终 2067 号民事判决书。

以排污符合国家或者地方污染物排放标准为由主张不承担责任的，人民法院不予支持。”实践中，环境标准能否作为环境侵权责任认定的依据，实践中和理论上尚存疑问。

（一）实践中与理论上的争议

司法实践中是否以污染物排放标准作为侵权责任依据，出现了不同的判决。有些法院持否定态度，如在山东富海实业股份有限公司与曲某公司环境污染损害赔偿纠纷上诉案中，法院认为，即使排污符合国家或者地方污染物排放标准，亦不能免除污染者的环境侵权民事责任。[1] 而有些法院则持肯定态度，如在黄某与邵阳市大祥区微艺术酒店排除妨害纠纷中，法院认为黄某提供的现有证据，不足以证明微艺术酒店安装的空调外机确实存在安全隐患及空调外机在运行过程中所产生的噪声超过国家规定的环境噪声排放标准的事实存在。[2]

否定说的学者认为，环境标准在界定是否存在妨害或是损害时是不具有判断的效力的，因而环境标准与私法效力没有关联。[3] 应以环境质量标准作为环境侵权责任的判断依据，而不是排污标准。[4] 而肯定说认为污染物排放标准的设置目的在于直接对排污者的排污行为进行规制，其本身规定了约束排污者的行为义务，因此可以作为公法上判断污染者应否承担公法责任的依据，而在私法中也存在衡量私法责任的可能。[5] 违反环境管制标准的行为在侵权法上将具备“可归责性”，环境标准在侵权法上具有实质性的意义。[6]

随着实践的发展，肯定说占据了主流。而肯定说又在污染领域类

---

〔1〕 参见最高人民法院（2014）民申字第1782号民事判决书。

〔2〕 参见湖南省邵阳市中级人民法院（2019）湘05民终1363号民事判决书。

〔3〕 参见汪劲：《环境法学》，北京大学出版社2006年版，第210页。

〔4〕 参见陈伟：《环境标准侵权法效力辨析》，载《法律科学（西北政法大学学报）》2016年第1期。

〔5〕 参见张式军、徐欣欣：《环境质量标准侵权法效力否议——兼评环境质量标准与污染物排放标准的侵权法效力之争》，载《常州大学学报（社会科学版）》2018年第1期。

〔6〕 参见宋亚辉：《环境管制标准在侵权法上的效力解释》，载《法学研究》2013年第3期。

型化的基础上出现了分化。有学者认为,物理性污染应适用过错责任,可以以达标排污作为抗辩事由,对于化学性污染适用无过错责任,不能以达标排污为由阻却侵权责任。[1] 有学者借鉴《德国环境责任法》的做法,将影响生态环境的行为分为危险活动和非危险活动,而且认为前者应适用无过错责任,而后者应适用过错责任。[2] 有学者认为,污染物排放标准在侵权法上发生作用的模式存在两种:一是标准足以成为判定行为违法性的必要依据,即违反标准可以推导出违法,符合标准则可推导出合法或不违法;二是标准不足以成为认定行为违法性的必要依据,即违反标准可以推导出违法,但符合标准则不能必然推导出合法或不违法。[3] 很多学者认为,实践中在"不可量物"领域可以适用污染物排放标准,只要符合一定标准,行为人就可以不承担侵权责任。

(二)各种争议的分析评价

对污染领域进行类型化,以确定可以适用标准的领域,但是类型化的标准难以量化,而且所涵盖领域并不周延,这大大降低了这些观点的说服力。司法实践中以能量污染领域的排放标准达标进行责任免除得到广泛认同,由此,部分环境领域适用污染物排放标准的观点成为主流意见。污染物排放标准在于为污染提供了量化的参照,而这种参照也是在诸多限制条件下作出的,故存在一定局限。但是,污染物排放标准是针对环境而作出的,其所反映的是一种对环境公共利益的维护。在侵害的对象比较抽象的情况下,排放标准则成为具化的对象,其实质上充当了环境公共利益的载体。环境领域的污染存在很大不同,因此需要区别对待,但是对于如何划分则有待进一步探讨。

---

〔1〕 参见张宝:《环境侵权归责原则之反思与重构——基于学说和实践的视角》,载《现代法学》2011年第4期。

〔2〕 参见竺效:《论环境污染赔偿责任的特殊要件——兼评〈侵权责任法〉(草案)二审稿第68条》,载《政治与法律》2009年第12期。

〔3〕 参见柳经纬:《论标准的私法效力》,载《中国高校社会科学》2019年第6期。

污染物排放标准对于侵权认定具有双面性,其既可以是环境侵权认定的促成要件,也可以是环境侵权认定的阻却要件。首先,污染物排放标准具有证明排放行为存在的作用。污染物排放标准并不一定能够认定侵权行为,其并非认定侵权的必要条件。符合排污标准只是企业排污的前提条件,而排污行为应当以许可证的存在为依据。其实办理排污许可证就暗含了企业要排污的想法以及可能排污的行为。污染物排放标准作为一种技术规范,其一定程度上承担了"专家意见"的功能。在违法行为认定上,污染物排放标准构筑了行为者举证的重要防线,而且可以作为行为是否发生的"第一道防线"而存在。其次,污染物排放标准可以作为评价排放行为危害程度的依据。污染物排放标准是有限度的,往往以达到最大限值为标准。在排放标准被认为行为认定的侵权行为中,在极值范围内行为被认为是合法的,而突破最大极限值才引起了违法行为。当强制性标准执行者的"合标"行为造成损害时,应当依法承担侵权责任,而不得以符合强制性标准为抗辩主张免除。[1] 最高人民法院亦认可,在燥光、噪声环境侵权案件中,只有行为具有违法性,才能构成侵权责任。因此,污染物排放标准并不是完全适用侵权责任的,它只是在有限的环境侵权领域发挥着有限的作用。

第二节 民事侵权公益诉讼与行政权的关系

《民法典》第1234条规定,行政机关可以提起环境民事公益诉讼。政府市场监管部门能否针对食品药品安全领域侵害众多消费者合法权益等损害社会公共利益的行为提起民事公益诉讼,法律并不明确。目

---

〔1〕 参见谭启平:《符合强制性标准与侵权责任承担的关系》,载《中国法学》2017年第4期。

前更多是消费者协会提起的民事公益诉讼,从解释论上应当赋予政府市场监管部门民事诉权。行政权应当在环境民事公益诉讼和消费民事公益诉讼中发挥更大的作用。行政机关应当主动提起公益诉讼,特别是没有有关组织或者有关组织不提起诉讼的情况下。人民检察院是法律监督机关,是兜底的民事公益诉讼主体,应当督促行政机关及时提起相关诉讼。行政机关提起民事公益诉讼的职责,与行政机关依法进行行政处罚的职责,要进行合理的分工,避免出现制度的缺位与制度的越位。

一、环境民事公益诉讼中的行政权

《民法典》第 1234 条规定:“违反国家规定造成生态环境损害,生态环境能够修复的,国家规定的机关或者法律规定的组织有权请求侵权人在合理期限内承担修复责任。侵权人在期限内未修复的,国家规定的机关或者法律规定的组织可以自行或者委托他人进行修复,所需费用由侵权人负担。”该条规定的是生态民事公益诉讼。有学者认为,生态环境损害赔偿诉讼与环境民事公益诉讼是既联系又区别的关系,相互配合与补充,共同维护生态环境公共利益。[1] 有学者认为,生态环境损害赔偿是环境民事公益诉讼的子类型,其本质上属于环境民事公益诉讼。[2] 《民法典·侵权责任编》第七章的标题是“环境污染和生态破坏责任”。根据文义解释,环境污染责任和生态破坏责任是区分的,前者是更多涉及私人权益问题,后者更多涉及公共利益问题。《民事诉讼法》第 55 条规定了环境公益诉讼,而没有采用生态破坏公益诉讼的表

---

〔1〕 参见罗丽:《生态环境损害赔偿诉讼与环境民事公益诉讼关系实证研究》,载《法律适用》2020 年第 4 期。

〔2〕 参见林莉红、邓嘉咏:《论生态环境损害赔偿诉讼与环境民事公益诉讼之关系定位》,载《南京工业大学学报(社会科学版)》2020 年第 1 期。

达。因此,为讨论的方便,本书统一采用环境民事公益诉讼的概念,将生态损害赔偿诉讼视为环境民事公益的一个子类型予以考虑。

(一)环境监管部门的民事公益诉权

环境公益诉讼,是指特定的国家机关、相关团体和个人对有关民事主体或行政机关侵犯环境公共利益的行为向法院提起诉讼,由法院依法追究行为人法律责任的制度。[1] 我国环境公益诉讼具有先行先试的特征,由地方试点逐步全国立法,并不断修改完善。在社会组织与检察机关的诉讼地位都得到法律明确规定的情况下,《民事诉讼法》第55条中"法律规定的机关"的具体含义还需要根据其他法律予以确认。《环境保护法》第58条规定:"对污染环境、破坏生态,损害社会公共利益的行为,符合下列条件的社会组织可以向人民法院提起诉讼:(一)依法在设区的市级以上人民政府民政部门登记;(二)专门从事环境保护公益活动连续五年以上且无违法记录。符合前款规定的社会组织向人民法院提起诉讼,人民法院应当依法受理。提起诉讼的社会组织不得通过诉讼牟取经济利益。"《海洋环境保护法》第89条第2款规定:"对破坏海洋生态、海洋水产资源、海洋保护区,给国家造成重大损失的,由依照本法规定行使海洋监督管理权的部门代表国家对责任者提出损害赔偿要求。"根据上述两条规定,《环境保护法》并没有明确规定环境保护部门的民事诉权,而《海洋环境保护法》明确了海洋监督管理部门的民事诉权。

2017年中共中央办公厅、国务院办公厅印发的《生态环境损害赔偿制度改革方案》指出:"国务院授权省级、市地级政府(包括直辖市所辖的区县级政府,下同)作为本行政区域内生态环境损害赔偿权利人……在健全国家自然资源资产管理体制试点区,受委托的省级政府

[1] 参见吕忠梅:《环境公益诉讼辨析》,载《法商研究》2008年第6期。

可指定统一行使全民所有自然资源资产所有者职责的部门负责生态环境损害赔偿具体工作;国务院直接行使全民所有自然资源资产所有权的,由受委托代行该所有权的部门作为赔偿权利人开展生态环境损害赔偿工作。”该改革方案确认了环境行政机关的民事诉权。

实践中,除社会组织和检察机关提起的诉讼案件外,行政机关提起的诉讼案件可谓凤毛麟角。2010 年发生的昆明市环保局诉三农公司和羊甫牧业案中,昆明市环保局以公益诉讼人身份出庭,并最终获胜。[1] 此外,还有贵阳市两湖一库管理局诉化工公司水污染责任案等。[2] 提起环境公益诉讼的行政机关的类型偏少,目前的主体只有环保局和林业局两类。[3] 2019 年最高人民法院发布的人民法院保障生态环境损害赔偿制度改革典型案例,很多都是行政机关提起或参与的,具体包括山东省生态环境厅、重庆市人民政府、贵州省人民政府、绍兴市环境保护局、贵阳市生态环境局等。[4]

学术界存在不同的声音。反对者认为若让行政机关提起民事公益诉讼,本质上是在扩张行政机关的权力,挤压公民的权利,而这是与现代行政法的控权、限权理念背道而驰的,不仅不能发挥对行政机关的制约作用,而且还成为行政机关规避责任的一种制度性工具。[5] 环保机关的价值判断往往受制于其所代表的国家环境利益,从而无法真正代表环境公共利益,而且强势的行政机关可能对诉讼构造的平衡造成影

---

〔1〕 参见储皖中:《云南首例环保诉讼终审判罚两污染企业 430 余万》,载新浪网:http://news.sina.com.cn/green/news/roll/2011-06-02/084822574551.shtml,2021 年 2 月 27 日最后访问。

〔2〕 参见王立主编:《环保法庭案例选编》,法律出版社 2012 年版,第 3 页。

〔3〕 参见李琳:《论环境民事公益诉讼之原告主体资格及顺位再调整》,载《政法论坛》2020 年第 1 期。

〔4〕 参见《人民法院保障生态环境损害赔偿制度改革典型案例》,载最高人民法院网:http://www.court.gov.cn/zixun-xiangqing-162312.html,2020 年 12 月 5 日最后访问。

〔5〕 参见龚学德:《环境公益诉讼的角色解读与反思》,载《河南师范大学学报(哲学社会科学版)》2013 年第 2 期。

响。[1] 而支持者认为,行政机关作为环境公益诉讼的原告,既合乎法理,也因应实践,具有其他主体不可比拟的优势。[2] 基于专业知识以及动机角度考虑,环保行政机关是最合适提起环境民事公益诉讼的机关。[3] 在行政机关作为原告的环境民事公益诉讼案件中,几乎所有案件均以胜诉而结束,这其中行政干预司法的可能也往往成为反对者质疑的有力依据。[4]

行政机关在环境民事公益诉讼中发挥其应有作用,是实现国家治理能力和治理水平现代化的要求。《民法典》第 1234 条对此予以明确规定,具有法理基础和实践基础。一方面,这是政府的职能所在。政府作为国家权力的执行机关,其有职责代表国家履行环境保护义务,领导和推进生态文明建设。[5] 依据公共信托理论,既然公共利益可以被代表,那么政府当然可以担当代理人。地方政府提起的生态环境损害赔偿诉讼和社会组织提起的环境民事公益诉讼又具有同质性。[6] 与其他起诉主体相比,行政机关的原告地位是有深厚的理论基础的。另一方面,行政权受到了严格限制。一些学者以行政权可能干预司法为由持反对意见。这种认识一定程度上忽视了我国法律对行政权的整体制约,从《宪法》到《民事诉讼法》,都有明确的规定强调对行政权的制约。即使在诉讼中,行政权与司法权存在的张力,也是可以协调,可以衔接的,并不能因担心权力扩张而否认行政权的运用,这是因噎废食的做

---

〔1〕 参见秘明杰:《环境民事公益诉讼原告之环保机关的主体资格审视》,载《内蒙古社会科学(汉文版)》2014 年第 1 期。

〔2〕 参见张宝:《环保局能否提起环境民事公益诉讼》,载《绿色视野》2011 年第 6 期。

〔3〕 参见段厚高、高鹏:《环境民事公益诉讼基本理论研究》,复旦大学出版社 2020 年版,第 96 ~ 98 页。

〔4〕 参见宋宗宇、郭金虎:《扩展与限制:我国环境民事公益诉讼原告资格之确立》,载《法学评论》2013 年第 6 期。

〔5〕 参见彭中遥:《行政机关提起生态环境损害赔偿诉讼的理论争点及其合理解脱》,载《环境保护》2019 年第 5 期。

〔6〕 参见王小钢:《生态环境损害赔偿诉讼的公共信托理论阐释——自然资源国家所有和公共信托环境权益的二维构造》,载《法学论坛》2018 年第 6 期。

法。行政机关具有无可比拟的优势,对行政机关成为环境民事公益诉讼的适格原告,应当予以支持。

(二)环境监管部门的协助职责

最高人民法院《关于审理环境民事公益诉讼案件适用法律若干问题的解释》第23条规定:"生态环境修复费用难以确定或者确定具体数额所需鉴定费用明显过高的,人民法院可以结合污染环境、破坏生态的范围……因素,并可以参考负有环境保护监督管理职责的部门的意见、专家意见,予以合理确定。"在我国民事环境公益诉讼制度设计中,行政权的行使与运用,起到对司法权的辅助作用。〔1〕 最高人民法院、民政部、原环境保护部《关于贯彻实施环境民事公益诉讼制度的通知》第6条规定:"人民法院可以判决被告自行组织修复生态环境,可以委托第三方修复生态环境,必要时也可以商请负有监督管理职责的环境保护主管部门共同组织修复生态环境。对生态环境损害修复结果,人民法院可以委托具有环境损害评估等相关资质的鉴定机构进行鉴定,必要时可以商请负有监督管理职责的环境保护主管部门协助审查。"据此,在法院的证据搜集和认定过程中,行政机关提供的文件具备证明效力。环保行政机关在环境民事公益诉讼中所扮演的角色主要是支持、辅助和配合,为环境民事公益诉讼提供技术支持、证据支持、配合法院审判职能的发挥。〔2〕 总之,民事公益诉讼中行政权的行使,是为了更好地服务法院的审判工作,具有辅助人的地位。

(三)行政责任与侵权责任的关系

行政处罚在环境监管中占据重要地位,而赔偿损失是环境民事公

〔1〕 参见江润民、朱晖:《环境民事公益诉讼中司法权与行政权关系反思》,载《沈阳农业大学学报(社会科学版)》2019年第5期。

〔2〕 参见张辉:《环境行政权与司法权的协调与衔接——基于责任承担方式的视角》,载《法学论坛》2019年第4期。

益诉讼的最广泛的责任承担方式，两者具有一定的重合性。有学者认为，行政机关提起环境民事公益诉讼时，其诉讼请求实质上是对行政机关原先所作出的行政处罚、行政命令的转化。[1] 这种理解是不合适的，忽略了民事责任的优位性。《环境保护法》第59条规定："企业事业单位和其他生产经营者违法排放污染物，受到罚款处罚，被责令改正，拒不改正的，依法作出处罚决定的行政机关可以自责令改正之日的次日起，按照原处罚数额按日连续处罚。前款规定的罚款处罚，依照有关法律法规按照防治污染设施的运行成本、违法行为造成的直接损失或者违法所得等因素确定的规定执行。地方性法规可以根据环境保护的实际需要，增加第一款规定的按日连续处罚的违法行为的种类。"被告在环境民事公益诉讼案件审结前已经交纳罚款，罚款不足以修复环境的，法院依旧会判决赔偿损失。这样在诉讼中，行政处罚往往作为责任承担的一个重要参考。生态损害赔偿更加注重对实际发生的损害后果的修复，这往往是实现环境保护的重要手段，而行政处罚并不能治本。因此，即使存在互补，那也应当以民事责任为主。通过民事诉讼和法院居中裁判的方式，解决生态修复问题，更容易被污染企业接受，这也是国家治理体系和治理能力现代化的重要表现。

二、消费民事公益诉讼中的行政权

消费民事公益诉讼是基于风险管理的理念而作出的规定，借由民事诉讼程序来实现公法上的风险管控目的。[2] 《民事诉讼法》第55条规定，对污染环境、侵害众多消费者合法权益等损害社会公共利益的行为，人民检察院是兜底的提起公益诉讼的机关。除消费者协会和检察

〔1〕 参见张辉：《环境行政权与司法权的协调与衔接——基于责任承担方式的视角》，载《法学论坛》2019年第4期。

〔2〕 参见宋亚辉：《食品消费公益诉讼的功能定位与功效评估》，载《浙江学刊》2017年第3期。

院外,行政机关能否提起消费公益诉讼?行政机关作为消费公益诉讼的起诉主体资格,并没有得到法律明确规定。食品药品消费民事公益诉讼,是消费民事公益诉讼的一个重要类型。未来应当首先明确食品药品主管部门,可以依法提起民事公益诉讼。

(一)行政机关具有起诉主体的资格

最高人民法院《关于审理消费民事公益诉讼案件适用法律若干问题的解释》(法释〔2016〕10号)(以下简称《消费民事公益诉讼司法解释》)第1条规定:“中国消费者协会以及在省、自治区、直辖市设立的消费者协会,对经营者侵害众多不特定消费者合法权益或者具有危及消费者人身、财产安全危险等损害社会公共利益的行为提起消费民事公益诉讼的,适用本解释。法律规定或者全国人大及其常委会授权的机关和社会组织提起的消费民事公益诉讼,适用本解释。”据此,目前消费民事公益诉讼案件的适格主体仅有省级以上的消协和各级检察机关,不仅没有吸收之前被很多学者呼吁的赋予公民个人起诉主体资格的建议,而且将数量更多的地市及县区两级的消费者协会排除在起诉主体之外。[1] 行政机关是否具有起诉资格,理论上形成了支持与反对两种观点。支持者认为,社会公共利益理应由政府机构来维护,公益诉讼的原告只能由有权代表社会公共利益的政府行政机关来担任。[2] 反对的学者认为,将公益诉讼作为行政机关实施社会管理的新手段,实际上是将一个强势机关解决不了的纠纷转交给作为弱势机关的法院,不仅周期延长、成本增加,其实效性也很难让人产生乐观期待。[3] 还有学者认为,公益受损必然意味着政府职能部门的失职,而民事公益诉讼掩盖了

〔1〕 参见余彦:《治理假冒伪劣问题的“第四条道路”:消费民事公益诉讼及其枢纽制度》,载《江西社会科学》2019年第7期。

〔2〕 参见杨秀清:《我国检察机关提起公益诉讼的正当性质疑》,载《南京师大学报(社会科学版)》2006年第6期。

〔3〕 参见韩波:《公益诉讼制度的力量组合》,载《当代法学》2013年第1期。

行政管理中的问题。[1]

行政机关不能作为消费民事公益诉讼原告的理由，基本上与行政机关不能作为环境民事公益诉讼原告的原因基本一致。从比较法的角度来看，俄罗斯的《消费者权益保护法》以及美国的《联邦交易委员会法》都规定了行政机关的起诉资格，但对其予以了严格程序限制。从功能上来说，消费民事公益诉讼与环境民事公益诉讼存在一定区别：环境民事公益诉讼兼具"风险预防"和"损害填补"的双重功能；[2]而消费公益诉讼秉承风险管控的理念和功能定位。[3] 消费民事公益诉讼主要目的在于预防和规范经营者的不当行为，实际上是借民事诉讼程序实现公法目的，与环境民事公益诉讼的目的本质上是一致的。

（二）行政机关作为司法辅助者的角色

《消费民事公益诉讼司法解释》第 6 条规定："人民法院受理消费民事公益诉讼案件后，应当公告案件受理情况，并在立案之日起十日内书面告知相关行政主管部门。"第 7 条规定："人民法院受理消费民事公益诉讼案件后，依法可以提起诉讼的其他机关或者社会组织，可以在一审开庭前向人民法院申请参加诉讼。人民法院准许参加诉讼的，列为共同原告；逾期申请的，不予准许。"

《消费民事公益诉讼司法解释》第 14 条规定："消费民事公益诉讼案件裁判生效后，人民法院应当在十日内书面告知相关行政主管部门，并可发出司法建议。"据此，法院必须做到两个"告知"。法院受理后必须公告案件受理情况，并且必须书面告知相关行政主管部门。判决生效后，人民法院必须书面告知行政主管部门，并可提出司法建议。实践

〔1〕 参见熊明：《检察机关不宜成为民事公益诉讼的主体——以新修订的民事诉讼法为视角》，载《辽宁公安司法管理干部学院学报》2013 年第 2 期。

〔2〕 参见周勇飞：《生态环境损害赔偿诉讼与环境民事公益诉讼的界分——功能主义的视角》，载《湖南师范大学社会科学学报》2020 年第 5 期。

〔3〕 参见宋亚辉：《食品消费公益诉讼的功能定位与功效评估》，载《浙江学刊》2017 年第 3 期。

确实存在的一些做法也体现出行政机关辅助者的角色。例如,如皋市关于建立食品药品监管领域公益诉讼的实践,其《关于建立食品药品安全监管领域公益诉讼》(皋市监发〔2018〕124 号)第 3 条第 2 款规定:"市监局在履职中发现涉嫌食品药品犯罪案件除依法向公安机关予以移送外,应同时抄送检察院;对发现的本辖区食品药品领域侵害国家利益和社会公共利益的重大问题线索,应在 5 个工作日内将情况通报检察院……"而在 2020 年 10 月 12 日最高人民检察院与中央网信办、国务院食品安全办等食品药品有关部门发布的《关于在检察公益诉讼中加强协作配合依法保障食品药品安全的意见》中规定,检察机关在调查取证时,食品药品有关部门应当积极配合协助。

(三)行政处罚与惩罚性赔偿的关系定位

《民法典·侵权责任编》规定了产品质量缺陷的惩罚性赔偿。从法理基础、功能定位、发展方向来看,在消费民事公益诉讼中适用惩罚性赔偿责任具备必要性与可行性。[1] 从实践中看,消费民事公益诉讼中惩罚性赔偿的作用将会更加重要。而行政机关是市场监管者,是消费领域的重要主体。行政权在保障食品药品市场健康运行方面发挥着不可替代的作用,行政机关管理市场的通常手段为行政处罚。有学者认为,提起惩罚性民事赔偿,更能发挥惩罚性赔偿的惩罚和激励功能。[2] 还有学者认为,违法行为人承担行政处罚,不影响其承担公益诉讼中的民事赔偿责任。[3] 也有学者认为,在惩罚威慑违法经营者的过程中,必须客观全面地评估消费公益诉讼损害赔偿与行政罚款的威慑度,应当承认两者关系的机能性连接,并从一个整体的角度去实现制裁手段的

---

〔1〕 参见张旭东、郑烽:《消费民事公益诉讼中惩罚性赔偿的规范化适用研究——从广东省消费者委员会的惩罚性赔偿系列公益案件出发》,载《学术探索》2019 年第 11 期。

〔2〕 参见高丽:《惩罚性赔偿请求在消费公益诉讼中的困境与出路》,载《东南大学学报(哲学社会科学版)》2020 年第 S1 期。

〔3〕 参见刘京蒙:《消费领域民事公益诉讼损害赔偿请求研究》,载《中国检察官》2019 年第 19 期。

多样化和合理化,最终实现两者的“合作规制”。[1] 实践中有法院认为,民事惩罚性赔偿金与行政罚款、刑事罚金类似,应参照行政罚款与刑事罚金竞合时相同的处理原则裁断。[2]

本书认为,行政罚款的本质是惩罚性债权,与民事惩罚性赔偿具有功能上的相似性。行政机关处罚是为了追究不法侵害人的行政责任,实际上是构成了一种公法上的债权。与惩罚性赔偿相同,二者构成了共同的债权。不能简单地说行政责任优先,也不能简单地说民事责任优先。要树立整体主义法治观,树立整体主义的治理观,要坚持比例原则,在保护社会公共利益的同时,也不能损害企业的正当权利。允许行政机关提起民事公益诉讼,主张惩罚性赔偿,其实质是对行政处罚法定原则的一种缓和。由于行政罚款和民事惩罚性赔偿的用途不一样,两者责任如何承担分配,还有待进一步研究。

〔1〕 参见杜乐其:《消费民事公益诉讼损害赔偿请求权研究》,载《法律科学(西北政法大学学报)》2017年第6期。

〔2〕 参见广东省广州市中级人民法院(2017)粤01民初383号判决书。

CHAPTER 07 >>

第七章

《民法典》中行政权运行规范的理论反思

民法为了应对公共性问题,对传统私法理念进行了变革,出现了私法公法化的现象。《民法典》中的行政权运行规范条款,是公私法融合的重要标志。民法与行政法的关系,应当运用宪法思维,合理确定私法自治与国家强制的关系,科学解释公法管制规范介入私法的具体路径。在民法典时代,要充分认识《民法典》对行政权的制约意义和行政权对《民法典》的实施意义,树立整体主义的法治观和整体主义的治理观,充分发挥《民法典》在推进国家治理体系和治理能力现代化中的作用。要科学分析《民法典》与行政法规、部门规章、地方规章等行政立法的关系,构建以《民法典》为中心的民事法律规范体系。要分析《民法典》与行政登记、行政备案、行政确认、行政许可、行政处罚、行政强制、行政征收、行政征用、行政给付、行政收费、行政协议、行政允诺、行政指导、行政调解、行政裁决等行政行为的关系,科学解释《民法典》中的行政权运行规范。

第一节 民法与行政法关系的逻辑前提

《民法典》中的行政权运行规范条款，是观察民法与行政权关系的重要窗口。在《民法典》的编纂过程中，出现的民宪关系争鸣仅仅是公法与私法沟通的开端。随着实践的发展和研究的深入，民法与刑法、民法与行政法的关系必然成为新的研究热点。宪法是沟通民法与行政法关系的桥梁和纽带，是合理解释《民法典》中行政权运行规范的前提和基础。合理界定民法与宪法的关系，是合理界定民法与行政法关系的前置问题。民法与行政法的关系，并不是一成不变的，而是多元的，受制于特定国家特定时代的背景。构建中国哲学社会科学话语体系，必须以中国道路、中国理论、中国制度、中国经验、中国梦想为中心。[1] 中国特色法学学科体系和话语体系的建构，必须关注中国社会的实践，回应中国社会的关切。诠释《民法典》中行政权规范，需要从公私法交叉角度予以进一步梳理，需要从宪法高度思考民法问题，需要民事宪法学的理论支撑。

一、民法公法化的论争

主流学者认为，民法公法化是一种客观存在的现象。持肯定论的学者往往以公法与私法划分的局限性为出发点。公私二分的立法模式已经逐步由绝对走向相对，这种趋势按照日本学者美浓部达吉的观点即为“公法与私法的结合”。[2] 西方的私法公法化发生在 19 世纪资本

〔1〕 参见李捷：《构建中国哲学社会科学话语体系的几点思考》，载《中国社会科学报》2014 年 1 月 17 日，第 B02 版。

〔2〕 参见［日］美浓部达吉：《公法与私法》，黄冯明译，中国政法大学出版社 2003 年版，第 250 页。

主义从自由竞争发展到垄断之后,公法私法分离在前,私法公法化在后。而中国私法公法化和私法与公法剥离,发生在同一过程中,其背景都是从计划经济向市场经济的转轨。[1]

一些学者坚持私法公法化的否定说。背离传统民法的潮流不是私法"公法化",而是公法被私法"内化"了。[2] 对私法自治的限制,只属于私法生活中的个别现象,公法与私法的分立仍然是基础和根本,否则就没有交错和融合可言。[3] 当代国家对所有权和其他财产权的控制只是使这种格局产生变动,而非在无界限的状态上设置了一道前所未有的公私界限。[4] 公法与私法的划分依然还是大陆法系发展的主要逻辑基础,尚没有哪一种力量能够取代它在大陆法系中的重要地位。[5] 公私交错互动的前提是在确认公共性究竟为何物这点上。[6]

对于私法公法化的限度,学术界也展开了讨论。有学者指出,私法公法化主要体现在传统私权自治的三个经典原则的变革上,即财产所有权保护从绝对到相对,契约制度从强调自由到追求正义,责任归责从主观到客观的发展。[7] 在私法中,应当有限地承认公权力干预的合理性和合法性。[8] 公法化并没有使民商法的实质改变,只不过给私人自治设置了条件。[9] 财产权的行政法化主要表现在两种趋势之上:一种是公法性财产权的兴起,另一种是行政公产的出现。[10]

---

〔1〕 参见朱景文:《中国特色社会主义法律体系:结构、特色和趋势》,载《中国社会科学》2011 年第 3 期。

〔2〕 参见许可:《民法与国家关系的再造》,载《法商研究》2015 年第 1 期。

〔3〕 参见钟瑞栋:《"私法公法化"的反思与超越——兼论公法与私法接轨的规范配置》,载《法商研究》2013 年第 4 期。

〔4〕 参见梅夏英:《当代财产权的公法与私法定位分析》,载《人大法律评论》2001 年第 1 期。

〔5〕 参见叶秋华、洪荞:《论公法与私法划分理论的历史发展》,载《辽宁大学学报(哲学社会科学版)》2008 年第 1 期。

〔6〕 参见吉村良一、张挺:《从民法角度看公法与私法的交错与互动》,载《人大法律评论》2012 年第 2 期。

〔7〕 参见田喜清:《私法公法化问题研究》,载《政治与法律》2011 年第 11 期。

〔8〕 参见郭明瑞、于宏伟:《论公法与私法的划分及其对我国民法的启示》,载《环球法律评论》2006 年第 4 期。

〔9〕 参见朱景文:《中国特色社会主义法律体系:结构、特色和趋势》,载《中国社会科学》2011 年第 3 期。

〔10〕 参见施建辉:《财产权与行政法》,载《财产权与行政法保护——中国法学会行政法学研究会 2007 年年会论文集》,武汉大学出版社 2008 年版,第 194 页。

而有学者认为,“私法公法化”的提法并不严谨,它易于误导人们以为私法公法化产生了一种既具有公法性质又具有私法性质的新型的独特的法律关系。[1] 私法的公法化不等于私权公权化,要慎用公权理论分析私权问题。[2]

本书认为,民法公法化是指民法中出现了较多的公法色彩,而不是私法与公法混同,适用统一的法律原则和法律规则。《民法典》共使用了182次“登记”,共使用了13次“批准”、2次“行政许可”和1次“备案”,共使用了5次“国家机关”、1次“行政机关”、6次“有关机关”、17次“民政部门”、8次“有关部门”、21次“登记机构”、7次“主管部门”等。《民法典》并不是都是民事规范,包含大量行政权运作条款。财产权行使中的国家强制、契约自由限制中的国家强制、侵权责任确定中的国家强制,是国家公权力进入私法的三个路径。不动产与特殊动产登记管理、国家征收征用私人财产、国家监护理念、离婚冷静期、收养评估、机动车交通事故强制保险等,都是市民社会中国家强制的直接表现。因此,《民法典》并不是纯粹的私法,并不能完全按照传统私法的理念进行解释。《民法典》中的行政权运行条款,应当运用公法的基本理念进行解释适用,妥当处理民事权利与行政权的冲突。

二、行政法私法化的论争

行政法私法化是公法私法化的重要组成部分,是私法原则或精神向行政法渗透的表现。公法私法化背后有三种观念模式:“私优于公”模式、“以私助公”模式和“以私代公”模式。[3] 效率优先、合理限制、平

---

[1] 参见夏勇编:《公法》(第1卷),法律出版社1999年版,第399页。

[2] 参见于志强:《论知识产权的私权属性——关于“知识产权的公权化理论”的质疑》,载《法律论坛》2012年第2期。

[3] 参见金自宁:《“公法私法化”诸观念反思——以公共行政改革运动为背景》,载《浙江学刊》2007年第5期。

等对待、公开透明都可以被确立为公法私法化法律制度的基本理念。[1] 公法私法化表现为宪法私法化、行政法私法化等,而不是整体或统一公法私法化。[2] 宪法私法化是指宪法在私人关系领域间接或直接适用,以解决公民之间涉及宪法权利的纠纷,从而保护公民的基本权利。[3] 行政法作为公法的典型代表,其私法化的表现最有代表性,出现了从管制到自治,从命令、服从到协商、参与,从刚性管理到柔性指导的转化。[4] 行政合同是公法私法化的典型例证,国家订购合同、公共设施建设合同、国有资源开发利用合同、公共征用合同、环境保护合同、科学研究合同、行政管理责任合同、企业承包合同、政府采购合同等,都是公法私法化的重要表现。[5] 行政法中规定大量的授权性、非强制性的管理方式,表明个人利益与公共利益的联系更加密切,国家行政权的运作呈现社会化的趋势。[6]

本书认为,行政法私法化是一种客观现象。行政法包括行政组织法、行政行为法、监督行政法等,这些方面均出现了私法化的趋势。行政法的行政协议、单方允诺、不当得利、无因管理、公共财产等,都借鉴了私法的制度模式。2019 年 11 月通过的最高人民法院《关于审理行政协议案件若干问题的规定》,将政府投资的保障性住房的租赁、买卖等协议,政府特许经营协议、土地、房屋等征收征用补偿协议等明确界定为行政合同,是行政法私法化最典型的表现之一。

在行政法私法化的背景下,《民法典》某种意义上也是行政法的法源,是依法行政中的"法"的范畴。行政法的信赖保护原则,很大程度上

〔1〕 参见曾云燕:《我国公法实施中的私法化问题研究》,载《山东社会科学》2012 年第 7 期。
〔2〕 参见张弘、于虹:《对统一公法学理论的质疑与反思》,载《东方法学》2013 年第 3 期。
〔3〕 参见蔡定剑:《中国宪法实施的私法化之路》,载《中国社会科学》2004 年第 2 期。
〔4〕 参见姜明安:《全球化时代的"新行政法"》,载《法学杂志》2009 年第 10 期。
〔5〕 参见杨阳:《行政合同:一种新型行政技术》,载《中国行政管理》2005 年第 5 期。
〔6〕 参见武善学:《对抗、渗透与互动:知识产权法与行政法关系辨析》,载《知识产权》2011 年第 5 期。

受民法的善意保护原则影响。《民法典》第86条规定："营利法人从事经营活动，应当遵守商业道德，维护交易安全，接受政府和社会的监督，承担社会责任。"该条明确提到的"交易安全"是一种新的价值导向，对行政纠纷的处理具有借鉴意义。民法典的财产制度、契约制度和侵权赔偿制度等，对行政法上的行政公产、行政协议和行政赔偿等，均有较强的参照适用意义。行政权的行使可以更多地遵守私法的精神，更多地进行合作式的治理。《民法典·总则编》是相对比较成熟的规范体系，将成为"行政法总则"制定的重要参考。

三、宪法对民法与行政法关系的调控

很多学者对宪法的根本法地位进行了深入的论证。从宪法在法律体系中的地位来看，它既是行政法、刑法和民商法的源泉，也是经济法、社会法、环境法以及程序法的根据，是一个国家法律体系的母法。[1] 宪法既不是公法，也不是私法，而是凌驾于公法和私法之上来协调公法和私法之间的关系的根本法。[2] 宪法在法律体系的构成中具有多重身份：作为母法的宪法、作为公法的宪法、作为社会法——私法的宪法以及作为元部门法的宪法。[3] 宪法不仅是政治国家的宪法，而且也是市民社会的宪法。宪法不仅是政治国家奉行的最高准则，也是市民社会奉行的最高准则。民法不仅是市民社会的民法，而且也是政治国家的民法。民法是国家立法的产物，属于国家法的范畴，是国家制定或认可的行为规范的总称。因此要从宪法的高度，认识和分析民法与行政法的关系。

[1] 参见朱景文：《中国特色社会主义法律体系：结构、特色和趋势》，载《中国社会科学》2011年第3期。
[2] 参见夏正林：《"民法学与宪法学学术对话"纪要》，载《法学》2006年第6期。
[3] 参见季涛、白斌：《论宪法和民法的关系——以宪法特质的三重性为视角》，载《浙江社会科学》2007年第1期。

(一)民宪关系的争鸣

原《物权法(草案)》起初没有"根据宪法"的表达,这引发了2005年物权法草案违宪风波,引发了民法学界与宪法学界广泛而持久的学术争鸣。代表性的民法学者认为,"民法是私法的基本法,宪法是公法的基本法,民法不是宪法的实施细则,宪法不能统率民法,民法与宪法分属于不同的法律体系"[1]。民法不需要依据宪法产生,因为民法与宪法都是全国人大颁布的法律,"全国人大的立法权源不产生于宪法,人民代表大会与西方的三权分立有本质的不同"[2]。代表性的宪法学者认为,作为公法的宪法是私法的制定基础,"私法优位于公法,私法独立于宪法,是自由资本主义时期的观念表达,具有时代局限性"[3]。"全国人大的立法权源产生于宪法,最高国家权力机关有权修宪但不可违宪。"[4]2007年通过的原《物权法》,增加了"根据宪法"的表述。

随着中国《民法典》编纂的重新启动,民宪关系再次成为争论的焦点。有民法学者重提《民法典》的"宪法依据"问题,主张要警惕"宪法依据"的陷阱,因为"民事权利不应受宪法和其他公法的干扰,民法典不应是宪法的简单实施法"。[5] 有宪法学者对此予以反击,强调必须在宪法实施背景下解读民法,"否则孤立的私法概念将导致方法论上的陷阱"。[6] 还有宪法学者明确表示,"民法在价值体系与规范体系上均受

[1] 赵万一:《从民法与宪法关系的视角谈我国民法典制定的基本理念和制度架构》,载《中国法学》2006年第1期。

[2] 梁慧星:《不宜规定"根据宪法,制定本法"》,载《社会科学报》2006年11月16日,第1版。

[3] 刘志刚:《立宪主义语境下宪法与民法的关系——兼评〈物权法(草案)〉合宪违宪之争》,载《法学评论》2007年第2期。

[4] 童之伟:《立法"根据宪法"无可非议——评"全国人大立法不宜根据宪法说"》,载《中国法学》2007年第1期。

[5] 参见龙卫球:《民法依据的独特性——兼论民法与宪法的关系》,载《国家检察官学院学报》2016年第6期。

[6] 参见郑贤君:《作为宪法实施法的民法——兼议龙卫球教授所谓的"民法典制定的宪法陷阱"》,载《法学评论》2016年第1期。

宪法的制约,成为宪法的具体化法”。[1] 2020年通过的《民法典》,保留了“根据宪法”的表述。

中国特色社会主义进入新时代,中国特色社会主义法治进入新时代。民法宪法化和宪法民法化是社会主义法治体系完善的必然要求,为民法学和宪法学的发展提供了广阔的空间。被民法视为基础的“意思自治”,本身就是一个不折不扣的宪法原则。[2] 对“社会主义”“社会主义市场经济”“公有制”“全民所有”“国家所有”“集体所有”等经典概念的宪法确认,是中国《民法典》编纂与适用保持合宪性的基本前提。[3] 处置民法上的违法问题,应当从宪法价值下的实质法秩序观念出发,遵循比例原则的指导,针对个案具体情况进行协调。[4] 民法学家不应当继续以形式主义、技术主义的学理姿态论证民法的独立性,而应当理直气壮地将宪法作为目的,将《民法典》编纂作为宪法实施的重要组成部分。中国民法学家的宪法使命,是与宪法学家一道开拓和发展人格宪法学、家庭宪法学、组织宪法学和财产宪法学等民事宪法学新领域。

构建和发展民事宪法学,具有学科建设的重大意义,有利于拓展民法知识的广度和深度。“持‘饭碗法学’观点者对其他领域的学者从事自己这个领域的研究往往表现出高度的警惕,一旦有越雷池者必然口诛笔伐,认为这种学者是不务正业,或者说是手伸得太长。”[5]学术研究如果固守“饭碗法学”,不敢越雷池半步,不客观看待学科之间的交叉与

---

〔1〕 参见韩大元:《宪法与民法关系在中国的演变——一种学说史的梳理》,载《清华法学》2016年第6期。

〔2〕 参见郑贤君:《宪法虚伪主义与部门法批判》,载《中国法律评论》2016年第1期。

〔3〕 参见张力:《民法典“现实宪法”功能的丧失与宪法实施法功能的展开》,载《法制与社会发展》2019年第1期。

〔4〕 参见黄忠:《民法如何面对公法:公、私法关系的观念更新与制度构建》,载《浙江社会科学》2017年第9期。

〔5〕 王利明:《对法学研究现状的几点看法》,载《法制与社会发展》2005年第1期。

融合,就很难保证研究成果的客观性和实践性。最近两年学术界提出的领域法学,强调“以问题为导向,以特定经济社会领域全部与法律有关的现象为研究对象”[1],具有新兴学科和交叉学科理论定位的重大意义,具有复杂社会问题协同解决的重大意义。如实践中对于人格的保护问题,应当充分考虑以宪法为中心的包括民法、刑法、行政法等法律规范群的协调问题。刑事附带民事诉讼中的精神损害赔偿,是否要予以支持,涉及民法与刑法的规范冲突,就是一个典型的例子。随着民法公法化和行政法私法化的发展,民法与行政法在规范层面的冲突也越来越多。随着民法刑法化和刑法民法化的发展,民法与刑法在规范层面的冲突也越来越多。从宪法视野研讨民法问题,有助于运用宪法思维解决民法与行政法、刑法等的规范冲突问题,有助于科学定位民法的边界,有助于科学解释民法规范生成和实施的政治环境。只关注公法的宪法学,只是一半的宪法学、残缺的宪法学或蹩脚的宪法学。只关注私法的民法学,无法解决私法自治的外部边界问题,无法解决民法学的外部边界问题,也只是一半的民法学。中国宪法是社会各界基本的共识,也是民法学家论证法律问题的基本前提。中国宪法学的发展,不仅需要宪法学家的努力,还需要其他法学家的参与。民法学家从私法的立场研究宪法问题,为中国宪法学发展作出了重大的贡献。一些民法学家对宪法学的研究相当深入,某种意义上也可以称为宪法学家。构建和发展民事宪法学,有利于科学界定民法与宪法的关系,有利于规范民法学和民法解释学的进一步发展。

(二)民行关系的争鸣

民宪关系的争鸣,仅仅是公法与私法沟通的开端。公私法的划分不是绝对的。一些学者否认公私法的划分,即使是承认公私法划分的

---

〔1〕 刘剑文:《论领域法学:一种立足新兴交叉领域的法学研究范式》,载《政法论丛》2016年第5期。

法学家也反对将其绝对分割开来,在它们之间建立一道不可逾越的鸿沟。公私法的划分至少有以下局限:第一,公私法的划分只是一种法理上的划分,从来没有上升到法律,也不可能上升到法律,成为实证法的概念;第二,公私法划分作为一种法理念的划分,与社会实践有较大的差异,可操作性不强;第三,公私法的划分是对法律的一种分类,还有按照法律部门的分类等;第四,公私法划分的标准有利益说、主体说、应用说和性质说等,很难统一,也难以包容兼具有公法和私法性质的法律;第五,英美法系并不存在明显的公私法划分。公法与私法功能存在互补性,公法的基础是私法,公法要为私法服务。私法的制定和实施靠公法,私法要接受公法的控制。没有完善的公法,就不可能有科学的私法。

随着实践的发展和研究的深入,民法与刑法、民法与行政法的关系,必然成为新的研究热点。有学者指出,物权的排他性就是划分公权力与私权利的界限,不仅排除一般人的干涉,而且排除国家的干涉。[1]有学者对物权与行政权的关系进行了梳理,指出"物权排斥行政权、行政权确认物权、行政权保护物权、行政权消灭物权、行政权创设物权"等。[2]有学者从动态法规范体系的角度指出,《民法典》应当在三个关键的地方保留公法进入私法的管道,即"公法作为法律行为的界限,公法作为事实行为的界限,公法作为私有财产的界限"。[3]有学者对行政规章进行实证分析,指出民法与行政法交叉关系有两条路径,"一是行政法对民法的概念进行重新的定义,二是行政法重新定义了民事行为和民事责任的构成要件"。[4]有学者指出,民法典应当"贯彻负面清单

〔1〕参见梁慧星:《正确认识制定和实施物权法的重大意义》,载《中国社会科学院报》2007年3月22日,第1版。

〔2〕参见应松年:《行政权与物权之关系研究——主要以〈物权法〉文本为分析对象》,载《中国法学》2007年第5期。

〔3〕参见苏永钦:《民事立法与公私法的接轨》,北京大学出版社2005年版,第83页。

〔4〕参见于立深:《行政规章的民事法源地位及问题》,载《当代法学》2005年第4期。

管理模式所体现的法治精神,奉行法不禁止即自由的原则"[1]。这些观点均具有相当的合理性。合理界定民事权利与行政权的关系,必然涉及立法政策的选择,涉及立法权、行政权与司法权的整体架构,涉及国家功能的定位。

综上所述,在《民法典》行政权运行规范条款适用中,要充分发挥宪法的作用,妥当解决民法与行政法的冲突。实践中的一些合同属于民事合同,还是行政合同,需要运用宪法思维进行区分。民行交叉的问题,更需要运用宪法思维进行解决。宪法意义上的比例原则,是指只有符合公共利益的要求,才能够限制公民的基本权利,这是调整公民权利和国家权力的关系时的原则,公权力不得非法侵犯私权利,具体包括妥当性原则、必要性原则、均衡原则。宪法比例原则是解释和解决《民法典》中的行政权运行规范条款的重要原则。《民法典》第6条规定:"民事主体从事民事活动,应当遵循公平原则,合理确定各方的权利和义务。"该条对公平原则的表述,增加了"合理确定各方的权利和义务"。这实质上是对宪法比例原则的具体化,突出民事主体各方权利的均衡。

第二节 《民法典》与行政立法的科学定位

《民法典》使用了348次"法律"、55次"行政法规"、163次"依法"、42次"合法"、8次"违法"、45次"非法"等。《民法典》并没有穷尽所有的民事法律关系,除了民事特别法,行政法规、部门规章、地方规章和其他规范文件等行政立法,也起到细化民事法律关系的作用。本书以物权领域为例,分析《民法典》与行政立法的关联。根据《立法法》等相关

[1] 王利明:《负面清单管理模式与私法自治》,载《中国法学》2014年第5期。

规定，我国构建了“法律—行政法规—地方性法规—地方政府规章”等多层次的物权立法体系，涉及土地物权、房屋物权和物权登记等诸多方面。在推动《民法典》全面实施的过程中，学术界不仅要关注民事法律，还要关注民事方面的行政法规、部门规章和地方规章。提出地方民法学的概念，有利于自觉运用法地理学思维，强化空间正义理念指引，突出空间平等、空间自由和空间效率。要从国家治理的角度，定位《民法典》与行政立法的关系，要从理论上阐释民法政治学的学科意义。

一、国务院及各部委民事领域的行政立法

《民法典·物权编》是“物的归属和利用”的基本规定，是财产的基本法。《土地管理法》《农村土地承包法》《森林法》《草原法》《矿产资源法》《煤炭法》《水法》《渔业法》《文物保护法》《海域使用管理法》《城市房地产管理法》《电力法》《民用航空法》《海商法》《道路交通安全法》《野生动物保护法》等，是“物的归属和利用”的特别规定，是财产的特别法。除了民事基本法和民事特别法，国务院及各部委颁布了很多物权方面的行政立法。

（一）国务院颁布的行政法规

从现行法看，国务院颁布的《土地管理法实施条例》《国有土地上房屋征收与补偿条例》《城镇国有土地使用权出让和转让暂行条例》等，是土地物权制度的进一步完善和发展。国务院1990年为了加强土地管理，制定了《城镇国有土地使用权出让和转让暂行条例》。1998年国务院根据《土地管理法》，制定了《土地管理法实施条例》，2011年和2014年分别进行了修改。2011年国务院为了规范国有土地上房屋征收与补偿活动，制定了《国有土地上房屋征收与补偿条例》。1998年国务院为加强对城市房地产开发经营活动的监督管理，根据《城市房地产管理法》，制定了《城市房地产开发经营管理条例》。为了规范物业管理活

动,2003年国务院制定了《物业管理条例》,并于2007年、2016年、2018年进行了三次修改。为整合不动产登记职责,2014年国务院根据原《物权法》等法律,制定了《不动产登记暂行条例》。

《民法典·物权编》采用了14次"行政法规"的表达,不动产统一登记(第210条)、登记机构的职责(第212条)、国家作为出资人的职责和权益(第257条)、城镇集体所有权的行使(第263条)、农村集体财产的公示和成员的查询(第264条)、营利法人和营利法人以外的法人对其不动产和动产的权利(第269条)、土地的用途(第346条)、住宅建设用地使用权的续期和非住宅建设用地使用权的续期(第359条)、禁止抵押的财产(第395条、第399条)、禁止质押的财产(第426条)、可以出质的其他财产权利(第440条)等,适用行政法规的相关规定。《民法典》还有很多条款虽然只采用了"法律"的表达,但其内涵包括"行政法规",如第277条规定的业主大会、业主委员会成立的具体条件和程序、第289条规定的相邻关系等。

《民法典·物权编》授权制定"行政法规"的,国务院应当及时制定。如《民法典》第359条第1款规定:"住宅建设用地使用权期限届满的,自动续期。续期费用的缴纳或者减免,依照法律、行政法规的规定办理。"与原《物权法》第149条相比,该条增加了"续期费用的缴纳或者减免,依照法律、行政法规的规定办理"的规定。从立法权看,住宅建设用地使用权续期费用问题,可以制定行政法规,但不可以制定部门规章。《民法典·物权编》还有很多条款,没有明确采用"行政法规"的表述,但根据立法法的规定,国务院也可以针对一些立法漏洞,制定行政法规。如《民法典》第314条规定:"拾得遗失物,应当返还权利人。拾得人应当及时通知权利人领取,或者送交公安等有关部门。"第318条规定:"遗失物自发布招领公告之日起一年内无人认领的,归国家所有。"《民法典》规定了公安机关发布遗失物招领公告的义务,规定了遗失物归国家所有的条件。这些条款如何操作,招领公告如何发布,遗失物归国家所有的用途如何,遗失物如何拍卖、变卖,财政部门是否直接获得利益,权利人出现如何处理等,可以通过制定遗失物管理的行政法规予以细化。

(二)各部委颁布的部门规章

针对土地物权的归属和利用,原国土资源部和原农业部等制定了《闲置土地处置办法》《土地权属争议调查处理办法》《土地复垦条例实施办法》《农村土地承包经营纠纷仲裁规则》《农村土地承包经营权证管理办法》《农村土地承包经营权流转管理办法》《协议出让国有土地使用权规定》等部门规章。其中,《闲置土地处置办法》是1999年原国土资源部为有效处置和充分利用闲置土地,根据《土地管理法》《城市房地产管理法》等制定的。《土地权属争议调查处理办法》是2003年原国土资源部为依法、公正、及时地做好土地权属争议的调查处理工作,根据《土地管理法》制定的。《土地复垦条例实施办法》是2012年原国土资源部,为保证土地复垦的有效实施,根据《土地复垦条例》制定的。《农村土地承包经营纠纷仲裁规则》是2009年原农业部和原国家林业局为规范农村土地承包经营纠纷仲裁活动,根据《农村土地承包经营纠纷调解仲裁法》制定的。《农村土地承包经营权证管理办法》是2003年原农业部加强农村土地承包经营权证管理,根据《农村土地承包法》制定的。《农村土地承包经营权流转管理办法》是2005年原农业部为规范农村土地承包经营权流转行为,根据《农村土地承包法》等制定的。《协议出让国有土地使用权规定》是2003年原国土资源部为规范协议出让国有土地使用权行为,根据《城市房地产管理法》《土地管理法》《土地管理法实施条例》等制定的。2016年原国土资源部根据《不动产登记暂行条例》,颁布了《不动产登记暂行条例实施细则》。

针对房屋物权的归属和利用,住房和城乡建设部制定了《城市危险房屋管理规定》《房屋建筑工程质量保修办法》《商品房屋租赁管理办法》《房屋建筑和市政基础设施工程质量监督管理规定》《房屋建筑和市政基础设施工程施工招标投标管理办法》等。其中,《城市危险房屋管理规定》是1989年原建设部为加强城市危险房屋管理制定的,于2004年进行了修改。《房屋建筑工程质量保修办法》是2000年原建设部为维护公共安全和公众利益,根据《建筑法》《建设工程质量管理条例》等制定的。《房屋建筑和市政基础设施工程施工招标投标管理办法》是2001年原建设部为了规范房屋建筑和市政基础设施工程施工招标投标活动,根据《建筑法》《招标投标法》等制定的,于2018年进行了修改。《房屋建筑工程抗震设防管理规定》是原建设部2005年为加强对房屋建筑工程抗震设防的监督管理,根据《防震减灾法》《建筑法》《建设工程质量管理条例》《建设工程勘察设计管理条例》等制定的。《商品房屋租赁管理办法》是原住房和城乡建设部2010年为加强商品房屋租赁管理,根据《城市房地产管理法》等制定的。《房屋建筑和市政基础设施工程质量监督管理规定》是2010年原住房和城乡建设部为了加强房屋建筑和市政基础设施工程质量的监督,根据《建筑法》《建设工程质量管理条例》等制定的。

针对机动车物权的归属和利用,公安部和原交通部等制定了《机动车维修管理规定》《机动车登记规定》《机动车强制报废标准规定》《报废机动车回收管理办法实施细则》等。《机动车维修管理规定》是2005年原交通部为规范机动车维修经营活动,根据《道路运输条例》等制定的。2015年、2016年、2019年进行了三次修改。《机动车登记规定》是2008年公安部根据《交通安全法》及其实施条例等制定的,2012年进行了修改。《机动车强制报废标准规定》是2012年商务部、发改委、公安部、原环境保护部根据《道路交通安全法》制定的。《报废机动车回收管理办法实施细则》是2020年商务部等为加强报废机动车回收拆解行业管理，根据国务院《报废机动车回收管理办法》制定的。

针对船舶、航空器等特殊动产，交通运输部、农业部等制定了《船舶登记办法》《民用航空器权利登记条例实施办法》《渔业船舶登记办法》《渔业船舶船名规定》等。

针对不动产登记，国务院制定了《不动产登记暂行条例》。针对民用航空器登记，国务院制定了《民用航空器权利登记条例》。同样是物权登记规范，《船舶登记办法》《渔业船舶登记办法》《机动车登记规定》等，是国务院各部委颁布的部门规章。《专利权质押登记办法》《著作权质押合同登记办法》《应收账款质押登记办法》《动产抵押登记办法》等，也是国务院各部委颁布的部门规章。从立法权统一的角度看，这些物权登记规范应当修改完善，由国务院统一颁布。2020 年 12 月国务院《关于实施动产和权利担保统一登记的决定》（国发〔2020〕18 号）明确规定，生产设备、原材料、半成品、产品抵押；应收账款质押；存款单、仓单、提单质押；融资租赁；保理；所有权保留等动产和权利担保，由当事人通过中国人民银行征信中心动产融资统一登记公示系统自主办理登记，并对登记内容的真实性、完整性和合法性负责。该规定只是统一了动产和权利担保的登记机构，对登记的依据、登记的程序等没有实现完全的统一。目前的动产和权利担保统一登记，排除了机动车、航空器和船舶等特殊动产。从未来发展看，应当统一特殊动产的登记机构，统一由交通运输部门负责，制定统一的登记程序。国务院适时制定《机动车、航空器和船舶登记条例》，对于方便融资，提高登记效率，具有重大的现实意义。

二、地方政府民事领域的行政立法

《民法典》只是粗线条地规定了民事制度，如何落实还依赖于其他法律、法规和规章的完善。从中央到地方的物权立法，一般呈现两种模式。一是针对同一调整对象,形成了"全国—河南省—郑州市"逐级深化和精确的模式。如针对物业管理法律关系,国务院了出台《物业管理条例》,河南省人大常委会出台《河南省物业管理条例》,郑州市人大出台《郑州市物业管理条例》。在该模式下中央与地方立法存在同一具体的调整对象,下位法是对上位法的补充与细化。二是对于一些全国形态立法没有涉及或涉及较少的领域,由地方出台地方性法规或规章进行调整。在该种模式下,下位法没有直接参考的上位法标准,大多依照中央的原则性法律进行原创性立法活动,如郑州市政府颁布的《郑州市闲置土地处置办法》,是依据《土地管理法》和《房地产管理法》进行的专门立法。这两种地方立法模式,立法技术和立法方式可能存在差异,"从粗到精"和"从无到有"显示出不同的法律逻辑,但均展示了物权立法一定程度的地方性。要进一步关注地方行政立法,要委托中立的第三方,对地方立法进行科学的评估。要进一步完善地方行政立法的备案审查制度,避免其架空"民法典"的基本精神和基本规则。在民事法治建设过程中,要重视法理学的方法,突出空间思维,关注地方立法。法地理学强调法律的地理属性,关注地方立法,突出空间思维,在解释和解决特定民事法律问题上具有明显的理论优势。

(一)河南省和郑州市颁布的政府规章

在遵守法律和行政法规的基础上,河南省结合本省实际,制定了一系列更为细化的地方性法规和地方政府规章。一种类型是对全国性立法的细化和补充,如《河南省物业管理条例》《河南省实施〈土地管理法〉办法》《河南省城镇国有土地使用权出让和转让管理规定》《河南省城市房地产开发经营管理条例》《河南省城市房地产交易管理办法》等。另一种类型是基于本地实际针对全国性立法没有规定的专门立法,如《河南省农村宅基地用地管理办法》等。政府规章效力低于地方性法规,规章内容虽然更偏向于界定行政管理职能,但一些内容也涉及民事权利配置。如《河南省城市房地产交易管理办法》是为规范城市房地产交易行为,促进房地产市场的发展和存量住房的流通而制定的。《河南省农村宅基地用地管理办法》是为了切实加强农村宅基地用地管理而制定的。

由于各地市的经济、社会、文化发展水平不尽相同,立法也体现出很大的差别。郑州市作为一个设区的市,为了更好地管理我国的土地资源,结合本市的具体实际情况,制定了适合自己的条例和办法。郑州市出台的关于物权的法律文件数量较多,涉及问题更广,规定更细。整体呈现出富有地方特色、更为精细化的特征。从立法文件的效力位阶角度分析,整体可将郑州市物权立法分为两类:一是地方性法规,包括《郑州市房屋登记条例》《郑州市国有土地有偿使用条例》《郑州市确定土地权属条例》《郑州市城市房地产开发经营管理条例》《郑州市城市房地产市场管理条例》《郑州市城市公有房屋管理条例》《郑州市物业管理条例》等。二是地方政府规章,包括《郑州市房地产抵押管理办法》《郑州市闲置土地处置办法》《郑州市集体土地上村民住宅建设规划管理暂行办法》《商品房销售管理办法》等。制定地方政府规章的主要目的是执行法律、行政法规、地方性法规的规定以及解决本行政区域内具体的行政管理事务。根据《立法法》的规定,地方规章被限定为城乡建设与管理、环境保护、历史文化保护等方面的事项,重点突出其“行政管理”的职能。

(二)郑州市物权登记立法的主要特色

1.《郑州市房屋登记条例》的主要特色

2011 年郑州市人大常委会制定的《郑州市房屋登记条例》,具有明显的效率性特征,在登记机构、单方申请、处分被监护人财产等方面作出了具体的规定。

第一,市房地产管理部门是郑州市辖区内的登记机构。《郑州市房屋登记条例》第4条规定："市房地产管理部门是本市的房屋登记机构，负责本市市区内房屋登记工作。县(市)、上街区房地产管理部门是本行政区域内的房屋登记机构，负责本辖区内房屋登记工作。"市区房屋众多，房屋交易来往频繁，如果由各区负责登记，将会造成登记分散，给当事人带来登记、查询等方面的困难。各辖县(市)房屋较少，且交易多为本辖区内的交易，由房屋所在地的房屋管理机关负责，一来便于管理，二来减轻市房屋登记机构压力。考虑上街区的特殊行政定位，由其房屋登记机构负责房屋登记，能够高效完成房屋登记。

第二，细化了单方申请登记的情形。《郑州市房屋登记条例》第7条规定："房屋登记应当由当事人双方共同申请，但有下列情形之一的，当事人可以单方申请：(一)因合法建造房屋取得房屋权利的；(二)因人民法院、仲裁机构的生效法律文书或者人民政府的生效征收决定，导致房屋权利设立、变更、转让或者消灭的；(三)已办理初始登记的房屋，房地产开发企业未按合同约定办理转移登记，购房人能够提供已按合同约定履行应尽义务的有效证明的；(四)预售商品房买卖合同签订后，房地产开发企业未按照约定与购房人申请预告登记的；(五)因继承、受遗赠、协议离婚取得房屋权利的；(六)权利人的姓名(名称)、房屋坐落的街道或门牌号发生变更的；(七)房屋灭失的；(八)法律、法规规定的其他情形。"一般情形下，如果开发商不能履行房屋买卖合同约定的房屋过户义务，买方需要向人民法院起诉或者仲裁机构申请仲裁并经过胜诉判决或裁决之后，才能申请房屋过户。而该条例在充分考虑到买方通常处于弱势地位的现实基础上，又考虑到房屋登记的效率性要求，直接作出了在一定条件下买方直接申请过户的规定。该条预告登记的单方申请事项，体现了效率性特征，应严格限制在开发商和买方之间才能适用，而不能随意扩大。

第三，细化了处分监护人财产的规定。《郑州市房屋登记条例》第9

条规定："无民事行为能力人、限制民事行为能力人的房屋，应当由其监护人代为申请登记，并提交合法有效的监护关系证明；因处分被监护人房屋申请登记的，还应当提供经过公证的为保障被监护人利益的书面保证。"该条规定了监护人对被监护人房屋进行处分，需要提供经过公证的为保障被监护人利益的书面保证。该条切实保护被监护人权益，有利于防止监护人不当的处分。

需要指出的是，2015 年国土资源部颁布的《不动产登记暂行条例实施细则》第 11 条规定："无民事行为能力人、限制民事行为能力人申请不动产登记的，应当由其监护人代为申请。监护人代为申请登记的，应当提供监护人与被监护人的身份证或者户口簿、有关监护关系等材料；因处分不动产而申请登记的，还应当提供为被监护人利益的书面保证。父母之外的监护人处分未成年人不动产的，有关监护关系材料可以是人民法院指定监护的法律文书、经过公证的对被监护人享有监护权的材料或者其他材料。"该条区分了父母和父母之外的监护人，前者不要求公证，后者要求公证，更符合立法精神的要求。

第四，明确了依职权注销登记。《郑州市房屋登记条例》第 31 条规定："房屋灭失后或因人民法院、仲裁机构的生效法律文书、人民政府的生效征收决定等致使房屋权利消失后，房屋权利人未申请注销登记的，房屋登记机构可以直接代为办理注销登记手续。按前款规定直接代为办理注销登记的，房屋登记机构应当事先书面告知房屋权利人，并令其限期缴回房屋权属证书；相关权利人未在规定期限内缴回房屋权属证书的，房屋登记机构应当在其网站和当地主要报纸上公告房屋权属证书作废。"房屋灭失后，如果房屋权利人未按规定办理注销登记的，房屋登记机构可以直接办理注销登记。这条规定表面看是出于行政管理职能的要求，其实是为了防止房屋权利人再行出卖已经灭失的房屋。

2. 原《郑州市房地产抵押管理办法》的主要特色

《郑州市房地产抵押管理办法》是 2013 年郑州市人民政府为规范房地产抵押行为,根据原《物权法》、原《担保法》、《城市房地产管理法》和《郑州市房屋登记条例》等制定的,现已废止。原《郑州市房地产抵押管理办法》的很多条款都是《郑州市房屋登记条例》的具体化。如该办法第 4 条规定,市房地产行政主管部门负责本市房地产抵押管理工作的主管部门其所属的房地产抵押管理机构具体负责房地产抵押的管理工作。县(市)、上街区房产行政主管部门主管本行政区域内的房地产抵押的管理工作。该办法第 7 条规定:"下列房地产不得抵押:(一)权属有争议的房地产;(二)教育、医疗卫生设施和其他社会公益设施的房地产;(三)列入文物保护的建筑物和有重要纪念意义的建筑物;(四)依法查封或以其他形式限制转让的房地产;(五)已经预售的房屋;(六)在依法公告拆迁范围内的房地产;(七)已出租的公有住宅房屋;(八)国有土地使用权设定抵押后的在建工程及建成的建筑物;(九)法律、法规规定不得抵押的其他房地产。"该条进一步明确了不得抵押的财产范围,有利于明确民事行为的边界。

(三)郑州市土地物权立法的主要特色

郑州市土地物权立法主要包括《郑州市国有土地有偿使用条例》《郑州市确定土地权属条例》《郑州土地闲置处理办法》《郑州市集体土地上村民住宅建设规划管理暂行办法》等,一些条款具有明显的地方特色。如《土地管理法》只是笼统规定可以采用划拨方式取得建设用地的几种类型,而《郑州市国有土地有偿使用条例》对此又进行了分类处理。如 2003 年郑州市人大常委会颁布的《郑州市国有土地有偿使用条例》第 20 条规定:"有下列情形之一的,经市、县(市)、上街区人民政府批准,可以实行国有土地租赁:(1)以划拨方式取得使用权的国有土地使用权转让、场地出租、企业改制、土地用途改变等情形,依法应当实行有偿使用的;(2)土地用于修建临时建筑物或者使用期较短的;(3)新增建设用地的有偿使用不宜或者不能采取出让方式的;(4)法律、法规、规章规定可以实行国有土地租赁的其他情形。经营性房地产开发用地,不实行租赁。”

1.《郑州市闲置土地处置办法》的主要特色

2008 年郑州市人民政府颁布的《郑州市闲置土地处置办法》的主要特色在于:

第一,闲置土地的认定。该办法第 7 条规定:“认定闲置土地以宗地为单位。符合下列情形之一的宗地,认定为闲置土地:(一)未经原批准用地的人民政府同意,超过国有土地使用权出让合同约定或建设用地批准书(国有土地划拨决定书)规定的期限未动工开发建设的;(二)国有土地使用权出让合同未约定或建设用地批准书(国有土地划拨决定书)未规定动工开发建设期限,自国有土地使用权出让合同生效或建设用地批准书(国有土地划拨决定书)颁发之日起满 1 年未动工开发建设的;(三)未经批准中止开发建设连续满 1 年,且开发建设总面积不足三分之一或已投资额占总投资额不足 25%,其中,房地产开发项目中六层以下(含六层)的商品房项目,未完成二层以上(含地下室)结构封顶工程;七至十二层(含十二层)小高层建筑,未完成三层以上(含地下室)结构封顶工程;十三层以上(含地下室)高层建筑,未完成五层以上结构封顶工程的;(四)法律、法规规定的其他情形。”与《土地管理法》和《房地产管理法》相关条款相比,《郑州市闲置土地处置办法》第 7 条的规定更加具体。在实践中,相当部分闲置浪费的土地,并非完全表现为法律、法规所规定的情形,更多表现为以下两种情况:第一种情形,土地使用者并未取得土地使用权,但却获得了政府同意其使用土地的准许并实际占有了土地,最后由于该土地使用者的自身原因致使土地闲置。第二种情形,取得土地使用权后,虽已完成同一宗地部分土地的开发建设并投入使用,但又存在相当比例的土地低效利用或处于闲置状态。法律和行政法规未能对上述两种情况作出明确界定,地方可以根据立法权限作出具体规定。

第二,政府原因导致的闲置土地。《郑州市闲置土地处置办法》区分了闲置土地处置方式,强化政府原因导致土地闲置的责任。一是明确要求土地出让必须是"净地"出让,禁止"毛地"出让,避免因拆迁等原因造成的土地闲置。二是明确出让合同和划拨决定书应当约定开工时间等。该办法第 8 条规定:"国有土地使用权出让合同约定或建设用地批准书(国有土地划拨决定书)规定分期开发的,核定闲置土地面积时,按照分期开发的范围核定。"

第三,闲置土地的收回、协议收购,征收土地闲置费和增值地价等。《郑州市闲置土地处置办法》第 15 条规定:"土地闲置满 1 年不满 2 年的,按出让或划拨土地价款的 20% 征收土地闲置费。土地闲置超过 2 年,用地单位或个人选择在限期内开发建设的,除按出让或划拨土地价款的 20% 征收土地闲置费外,还应按规定征缴增值地价。增值地价为该宗土地现行评估地价与原出让地价的差价。土地闲置费和增值地价由土地行政主管部门负责征收,纳入财政专户管理。"第 16 条规定:"土地闲置超过 2 年的,按下列方式处置:(一)具备动工开发建设条件的,限期开发建设;(二)不具备动工开发建设条件的,由政府协议收购;(三)符合法定收回条件的,由政府依法无偿收回;(四)法律、法规规定的其他方式。"该条针对无偿收回闲置土地使用权的具体情形和具体程序作出了明确规定。这里无偿收回闲置建设用地使用权的行为,究竟属行政决定还是行政处罚?一方面是违约责任,闲置 2 年以上未动工开发的,出让人即市、县人民政府的土地管理部门可以无偿收回土地使用权。另一方面是行政责任,政府或土地管理部门可以无偿收回闲置的建设用地使用权。因此,一旦纠纷发生后,按照民事诉讼救济还是行政诉讼救济,成为实践中的难题。

2.《郑州市集体土地上村民住宅建设规划管理暂行办法》的主要特色

2011 年郑州市人民政府制定的《郑州市集体土地上村民住宅建设规划管理暂行办法》(郑政〔2011〕11 号)主要特色在于:

第一,细化了村民可以在乡、村庄规划区内使用村内空闲地进行住宅建设的规定。该办法第 11 条规定:“市城市规划区以外,在乡、村庄规划区内使用原有宅基地或者村内空闲地进行住宅建设的,村民应当持本人身份证及户口簿、宅基地证或相应的土地权属资料、村民委员会书面意见、建设图纸等材料,向村民委员会申请办理乡村建设规划许可证,经村民委员会同意后报乡镇人民政府审批。乡镇人民政府应在接到申请之日起十日内审查办结。对符合条件的,核发由全省统一印制和编号的乡村建设规划许可证,并报所在区(管委会)城乡规划主管部门备案;对不符合条件的,不予核发并书面说明理由。”

第二,对集体土地上村民住宅建设的规划管理原则进行了细化。《郑州市集体土地上村民住宅建设规划管理暂行办法》第 3 条规定:“集体土地上村民住宅建设的规划管理原则:(一)为合理利用城乡土地空间资源,对集体土地上村民住宅建设实行严格控制;(二)在城市、镇总体规划确定的建设用地范围内,已纳入近期(五年)建设或改造计划的集体土地上,不得新建、扩建住宅,因危房改造等原因确需建设的,应取得房屋安全鉴定部门出具的鉴定报告;(三)村民住宅建设必须符合郑州市城市总体规划和郑州市土地利用总体规划,严禁在规划建设用地范围外建房;(四)村民住宅建设层数不得超过三层,每层高度不超过 3.3 米。”

第三,增加了建设临时住宅的详细规定。《郑州市集体土地上村民住宅建设规划管理暂行办法》第 8 条规定:“在城市、镇总体规划确定的建设用地范围内集体土地上建设临时住宅的，在不影响近期建设规划或者控制性详细规划的实施以及交通、市容、安全、文物保护等情况下，村民应当持土地使用证件、房屋平面布置图和建筑单体图等材料，申请办理临时建设工程规划许可证。”第9条规定：“临时建设工程的使用期限不得超过两年，使用期满后确需延期的，应当在期限届满三十日前向原批准机关提出申请，经批准可延期一次；延长期限不得超过一年。”

(四)郑州市房屋物权立法的主要特色

郑州市房屋物权相关立法主要包括《郑州市城市房地产开发经营管理条例》《郑州市城市房地产市场管理条例》《郑州市城市公有房屋管理条例》《郑州市物业管理条例》等。2002年郑州市人民政府根据《城市房地产管理法》《城市房地产开发经营管理条例》等，制定了《郑州市商品房销售管理办法》。整体而言，郑州市房屋物权立法亮点不够突出，更多是对上位法的列举重复。一些条款细化了上位法或者突出了地方问题的治理，还是具有较大现实意义。

《郑州市商品房销售管理办法》专章规定细化商品房预售管理制度。其中第9条规定：“商品房预售应当符合下列条件：(一)建设用地已办理国有土地出让手续，并已取得国有土地使用权；(二)已取得建设工程规划许可证；(三)已办理建设工程施工许可证，签订建设工程施工合同，并已确定施工进度和竣工交付日期；(四)六层以下(含六层)的商品房项目，完成基础并施工至二层以上(含地下室)结构封顶工程，七至十二层(含十二层)小高层建筑完成三层以上(含地下室)结构封顶工程，十三层以上(含地下室)高层建筑完成五层以上结构封顶工程；(五)已签订商品房预售款监管协议；(六)法律、法规规定的其他条件。”这是对《河南省城市房地产开发经营管理条例》第27条第4款规定的“工程进度达到设计形象进度的二分之一以上”的具体细化，也是房地产管理部门是否授予商品房预售许可证的重要评判标准。

《郑州市商品房销售管理办法》单列“广告与合同”等章节，尊重合同双方意思自治。其中，第 24 条第 3 款规定：“房地产开发企业、房地产中介服务机构发布商品房预售广告，应当将拟发布广告的样式、内容报房地产市场管理机构审核。”第 26 条规定：“房地产开发企业、房地产中介服务机构发布的商品房销售广告和印发的宣传资料中所明示的事项，买受人有权要求在商品房买卖合同中约定。”该办法严格规范广告的真实性，保障买受人基于对房地产开发企业发布各种广告信息的信赖权益。买受人可以提交广告、样板间、沙盘等资料，向房地产开发企业主张相应的权益。

综上所述，郑州市政府细化了河南省政府的原则规定、填补了治理地方事务的法律空白，既有实体内容，又有程序性规范。行政立法是我国地方立法权的重要组成部分，是我国治理体系和治理能力现代化的重要推动力。地方立法要奉行“能细则细”的原则，进行精细立法，做到法规要“小而精”“精而准”。地方立法解决暂时不宜由国家立法解决，而先由地方对某些问题先行解决，或由国家授权地方先行立法。虽然《民法典》规定了基本的民事法律，但没有穷尽所有的民事问题。虽然各地的行政立法，更多是行政管理方面的规定，但很多都与民事权利的产生、变更和消灭有密切的联系。因此，民法学界应当关注地方立法，特别是与民事权益密切联系的地方立法，形成和发展地方民法学。

三、国家治理现代化对民法典与行政立法关系的要求

（一）国家治理视角看民事法治体系

法治是治国理政的基本方式，是国家治理体系和治理能力现代化的重要支撑。民法典是民事法治的基础，是法治建设的基础，是社会治理的基础，是国家治理的基础。民法典契合了推进国家治理体系和治理能力现代化的时代命题，具有重大的历史意义和现实意义。从内容

上看,目前学者对民法典与国家治理关系的研究主要分为两大类:一类为宏观研究,主要从民法典的特点、性质和意义等角度进行研究;另一类为微观研究,主要是从某一法律原则、某一具体制度、某一法律规范等角度谈民法与国家治理的关系。

很多民法学者从宏观上论述了民法典对国家治理现代化的推进作用。如申卫星教授认为,民法典是建设法治国家和民主政治的法治基础。[1] 王利明教授认为,民法典回应了人民群众对美好幸福生活的追求,回应了互联网、高科技、大数据时代信息爆炸和科技进步带来的时代问题,回应了资源环境恶化带来的环境保护和生态维护的时代问题。[2] 陈甦教授认为,民法典的诞生使国家治理体系和治理能力现代化实现机制中有了一个结构优化、效能倍增的底层操作系统。它是国家治理现代化制度建构的必然产物,是国家治理机制的集约优化,是提高国民素质与信心的教科书。[3] 王轶教授认为,民法典被誉为社会生活的“百科全书”,包含着一个民族的精神密码,是一个国家软实力的核心。[4] 龙卫球教授认为,国家治理现代化从法治架构来看,离不开民法典、公法和社会法三个支柱,其中民法典最为基础。民法典如果预期出台,全面依法治国的一根必要支柱便树起来了。[5] 窦海阳教授认为,民法典私法自治精神培养理性而独立的人,通过民事主体一系列的民事法律活动,推动要素市场建设,完善市场经济体制,从而形塑市场经济,推进国家治理现代化。[6] 一些学者从微观的角度论证了民法典对国家治理现代化的推进作用。如周友军教授认为,民法典体现两个重要理

---

〔1〕 参见申卫星:《社会进步、人的发展与中国民法典》,载《中国人大》2020年第9期。
〔2〕 参见王利明:《民法典的中国特色、实践特色和时代特色》,载《社会治理》2020年第9期。
〔3〕 参见陈甦:《民法典是国家治理现代化的重要制度基础》,载《经济参考报》2020年11月17日。
〔4〕 参见王轶:《民法典编纂与国家治理现代化》,载《中国人民大学学报》2020年第4期。
〔5〕 参见龙卫球:《中国民法典的有为和有所不为》,载《中国法律评论》2020年第3期。
〔6〕 参见窦海阳、付小康:《民法典私法自治精神与国家治理现代化》,载《中国国情国力》2020年第8期。

念：一是绿色发展理念；二是社会共治的理念。这两个理念对国家治理都发挥了重要作用。[1] 刘凯湘教授认为，把人格权独立成编上升到如此重要的地位，对治理能力的现代化具有促进作用。[2]

上述学者的研究，已经较为清晰地论证了民法典与国家治理现代化的内在关联。《民法典》是中国特色社会主义制度的重要内容，是中国特色社会主义法律制度的重要组成部分。《民法典》塑造了中国特色社会主义的国家观，折射出立法权、司法权和行政权关系的中国模式。《民法典》系统全面地规定了民事主体在民事活动中享有的各种人身和财产权益，是国家治理现代化的重要依托。《民法典》全面规定了社会主义市场法律制度，为正确处理市场、国家和社会的关系提供了基本依据。《民法典》有助于培养理性而独立的人，既尊重自己的权利又尊重他人的权利，为国家治理体系和治理能力现代化提供了扎实的社会基础。

要从国家治理视角看民法典与行政立法的关系。行政法规、部门规章、地方规章等行政立法，虽然更多是行政管理的规定，但与民事权利保障有密切的关联。民事权利保障与行政职权法定，是一个事物的两个方面。行政机关及其工作人员不能只盯着行政法，还需要用民法典来“照镜子”。通过强化民事权利保护意识，来实现对行政职权法定的理念。行政权不是纯粹消极不作为，不仅不能干涉民事权利，而且更要依法保护民事权利，防范和制止其他民事主体的不当行为，维护民事关系的和谐有序。民法典对行政权的制约意义和行政权对民法典的实施意义，也是一个事物的两个方面。因此，应当从治国理政高度认识民法典与行政立法的关系，推动新时代中国特色民事法治体系的进一步

〔1〕 参见《民法典是国家治理现代化制度基础》，载《经济参考报》2020年2月11日，第8版。
〔2〕 参见《民法典是国家治理现代化制度基础》，载《经济参考报》2020年2月11日，第8版。

完善。

(二)政治视角的《民法典》

《民法典》中的行政权运行规范条款的解释适用,应当践行政治理理念,坚持经济政策,弘扬传统文化,推进国家治理体系和治理能力的现代化。学术界必须高度重视《民法典》生存的政治土壤,开拓民法政治学的知识类型。法政治学也可以被称为法律政治学,是以法律与政治的内在联系为基础,以具有政治与法律双重属性的社会现象为研究对象的学科。[1] 民法政治学是政治学研究在民法领域的拓展,是民法研究在政治学领域中的拓展。民法政治学独特的研究视角,有助于拓展对国家治理能力和治理体系现代化的认识。

1. 由经济视角转向政治视角

目前通说认为,民法是市场经济的基本法,更多关注民法与经济的关系。各种社会力量都殷切希望通过大规模的民法典编纂,推动社会和国家的变革。目前研究民法典的政治功能,研究民法典的政治边界,研究民法典的政治立场,更有利于提出"中国问题",有利于提供破解"中国问题"的方法。《民法典》第 1 条规定了民法典的价值目标,"适应中国特色社会主义发展要求,弘扬社会主义核心价值观"。这表明决策层逐步认识到了民法典的政治意义。社会主义核心价值观如何在民法典具体规范中落实,是学术研究不可回避的重大课题。

民法政治学的研究对象是具有民法属性和政治属性的社会现象,侧重于民法现象的政治分析。规范民法学属于内在的视角,可以将民法内部关系研究得很清楚,但无法观察到民法与外部事物的关联。中国民法典编纂,不得不考虑民法在整个法律体系中的位置,不得不考虑民法的外部边界问题。民法政治学属于外在的视角,可以揭示民事现

〔1〕 参见卓泽渊:《法政治学研究》,法律出版社 2011 年版,第 2 页。

象背后隐含的一系列重大政治理论问题。民法是国家立法的产物，具有国家强制的因素。民法中的国家强制主要表现在两个方面：一方面要防范私人对私人的强制，另一方面要防范国家对私人的不当强制。民法不可能不受到宪法的制约，不可能不受到政治的影响。当然，也要避免泛政治化的趋势，将一切民法问题都与政治紧紧挂钩。

2. 由权利视角转向权力视角

目前通说认为，民法是调整平等主体之间的法律关系。《民法典》第 2 条继承了原《民法通则》第 2 条的规定，依然采取平等关系说。平等关系说只是诠释民法调整对象的一种表达方式，只是抽象概括出民法的某一方面的特质，而忽视了其他特征。民法并不是完全私法自治的领域，意思自治受到诸多限制。公权力在民法中的影响随处可见，不能无视民法的政治性，也不能过分拔高民法自身的作用。民法不仅要回应私人利益与私人利益的冲突，还要回应私人利益与国家利益的冲突。从某种意义上讲，民法不仅仅调整私权利主体，而且还调整公权力主体。《民法典》作为全国人大颁布的民事基本法律，必然对全国人大常委会的立法权产生影响，必然要约束国务院及其部委的行政立法权，必然要约束最高人民法院的司法解释权。因此，民法调整对象只是私权主体的表述具有时代局限性，应当强调民法典制约公权力的时代价值。

民法政治学采取权力的视角，研究国家公权力行使与限制视域下的民事权利保护。规范民法学的研究是以权利为中心，研究民事权利的界定、行使和救济等。由权利视角转向权力视角，从国家公权力的角度思考民事权利的产生和实现，不仅了拓展民法研究的新视野，也具有较强的现实意义，为民法典编纂提供新的诠释。长期以来，学术界和立法界将民法作为与行政法、经济法、社会法、刑法、诉讼法等并列的一个法律部门，因此，目前民法典编纂团队基本以民法学学者为主。民法典不仅是民商法的基本法,而且是改革开放的基本法,必须"从国家治理基本法的角度来理解民法典的编纂工作"。[1] 中国民法典编纂,应当站在更高的层次,应当汇集更广泛的力量,应当凝聚更广泛的共识。民法典编纂不能只是民法学者的任务,更是整个法学家群体的使命。

总之,行政法规、部门规章、地方规章等行政立法不能违反民法典的基本精神和基本规则。民法典对全国人大常委会、国务院和最高人民法院等公权力机构,具有制约作用,要防范民事特别立法和司法解释架空民法典的基本精神。如2016年修订的《医疗机构管理条例》第33条规定,医疗机构施行手术、特殊检查或者特殊治疗时,必须征得患者同意,并应当取得其家属或者关系人同意并签字。而2009年颁布的原《侵权责任法》第55条第1款规定:"医务人员在诊疗活动中应当向患者说明病情和医疗措施。需要实施手术、特殊检查、特殊治疗的,医务人员应当及时向患者说明医疗风险、替代医疗方案等情况,并取得其书面同意;不宜向患者说明的,应当向患者的近亲属说明,并取得其书面同意。"作为行政法规的《医疗机构管理条例》,要求在施行手术、特殊检查或者特殊治疗时,患者和家属或者关系人的双重签字违反了原《侵权责任法》第55条第1款的规定,是无效的。因此,要从国家治理的角度,定位民法典与行政立法的关系,要从理论上阐释民法政治学的学科意义。

第三节 《民法典》与行政行为的基本类型

在公私法接轨的背景下,具有公法性质的强制性规范逐渐融入私

[1] 参见孙宪忠:《从基本法视角看民法典编纂》,载《中国经济报告》2016年第8期。

法的规范体系，并对私法上的法律效果产生了重要影响。解读《民法典》中的行政权运行规范条款，需要从理论上反思民法典与行政行为的关系。从法治体系看，既要区分民事法律关系和行政法律关系，又要整体看问题，避免法律之间的冲突。要根据《民法典》的新精神和新规定，科学界定行政备案、行政检查、行政登记、行政审批、行政处罚、行政强制、行政征收、行政收费、行政裁决等行政行为的边界，切实坚持职权法定的原则，切实维护民事主体的合法权益。

一、《民法典》与行政登记、行政备案、行政审批

（一）《民法典》与行政登记

《民法典》共使用了 182 次“登记”，包括自然人的出生登记、死亡登记、结婚登记、离婚登记、收养登记、法人登记、非法人组织登记、不动产登记、权利质押登记、动产抵押登记等。这些登记属于民事登记还是行政登记，属于私法行为还是公法行为，学术界存在较大的争议。行政行为说认为，《民法典》中的各种登记属于行政行为。如有学者认为，登记主体为行政机关，与行使政府管理职能有关，登记具有社会公共属性，行政机关应承担登记错误的行政赔偿责任而非民事赔偿责任。[1] 有学者认为，不动产登记行为是行政事实行为，因为不动产登记行为是不动产登记机关作出的行政行为；不动产登记行为没有登记机关的“意思表示”；不动产登记行为的效果是由原《物权法》规定的；不动产登记行为争议是通过行政复议或者行政诉讼解决的。[2] “行政行为说”内部也存在争议，主要有准法律行为性行政行为说、独立行为模式说、广义性行政许可说、确认性行政行为说、法律属性多元说等。本书认为，行政

〔1〕 参见李永军：《民法典编纂中的行政法因素》，载《行政法学研究》2019 年第 5 期。
〔2〕 参见章剑生：《行政不动产登记行为的性质及其效力》，载《行政法学研究》2019 年第 5 期。

登记是一种行政确认行为,能够间接地影响私法主体的权益。公法之设乃是为了实现私法上的目的。因此,把行政登记界定为公法行为,并不排除其能够间接地产生私法上的效果,也不意味着不保护私法主体的利益。当然,要更多从私法的角度审视《民法典》中的各种登记,突出私权的公示意义。

民事主体与行政登记的关系,需要进一步反思。首先,要进一步弱化自然人出生登记、死亡登记中的行政权,突出自然人平等理念。自然人出生登记、死亡登记,只是证明出生、死亡的一种证据,可以被推翻。《民法典》第 15 条规定:"自然人的出生时间和死亡时间,以出生证明、死亡证明记载的时间为准;没有出生证明、死亡证明的,以户籍登记或者其他有效身份登记记载的时间为准。有其他证据足以推翻以上记载时间的,以该证据证明的时间为准。"出生登记、死亡登记的载体是户口簿,也就是户籍登记。受制于历史因素,城镇户籍人口和农村户籍人口、本地户籍人口与外地户籍人口,在资源配置中仍然存在诸多的不平等。《民法典》第 25 条在住所的认定上,除了户籍登记,还承认了"其他有效身份登记记载的居所"。这主要是指居住证等,具有重大的进步意义。2015 年 10 月,国务院颁布的《居住证暂行条例》,对居住证的颁发作出了具体的规定。其次,要进一步研究法人成立的时间,要进一步研究未登记社会组织的法律地位,进一步研究法人注销登记的具体程序。本书认为,《民法典》第 78 条规定,营业执照签发日期为营利法人的成立日期,不符合法律体系性的要求,也不符合市场决定作用的改革目标。当事人办理了登记,营利法人成立的时间应当溯及当事人协议成立之时。此外,公司注销登记程序设计也不合理,其过分考虑第三人的权益,在一定程度上损害了当事人自治的权益。原工商总局《关于全面推进企业简易注销登记改革的指导意见》(工商企注字〔2016〕253 号),是持续深化商事制度改革的重要表现,充分尊重了企业自主权,提高了注销登记的效率。要科学解释《民法典》中法人注销登记条款，完善特别法的相关规定。在立法政策上，要降低法人的成立成本和登记成本，鼓励更多的社会组织依法进行登记。

关于民事权利与行政登记的关系，需要进一步反思。首先，财产权与行政登记。登记只是物权发生变动的依据，未登记不影响合同效力。《民法典》第215条规定了区分原则，也就是物权变动原则。登记的财产权受法律保护，未登记的财产权同样受法律保护。未取得建设工程规划许可证或者未按照建设工程规划许可证规定内容建设的违法建筑，也就是通常所说的小产权房，在一定程度上也受法律保护，特别是受占有制度的保护。商标因涉及生活资源中的抽象财产，因此一般要求登记公示，方能在保护权利人的利益的同时，不损害他人的利益。注册登记的商标受法律保护，未注册登记的商标也受法律保护。其次，人身权与行政登记。《民法典》只规定了以登记为要件的婚姻制度和收养制度，而未规定没有登记的同居制度和事实收养。基于诚信原则，法律也要对事实婚姻和事实收养予以一定程度的保护。同居关系并非合伙关系，同居产生的人身权益应当受法律保护。《民法典》第112条规定："自然人因婚姻家庭关系等产生的人身权利受法律保护。"该条"婚姻家庭关系等"中的"等"，具有兜底性功能，可以作为事实婚姻、事实收养等相关权益保护的依据。

(二)《民法典》与行政备案

行政备案是一种相对缓和的行政管理手段，大致可以分为行政许可式的行政备案、行政确认式的行政备案和告知式的行政备案。从实践看，行政备案更多属于告知式的行政备案。告知式的行政备案只具有信息收集功能，备案本身不以产生特定法律效果为目的，因而可被看作一种程序性的事实行为。2010年广州市政府颁布的《广州市行政备案管理办法》第2条规定："本办法所称的行政备案，是指行政机关为了加强行政监督管理,依法要求公民、法人和其他组织报送其从事特定活动的有关材料,并将报送材料存档备查的行为。"《民法典》第706条明确采用了"备案"的表达,其他一些条款实际也包括"备案"。

民事主体与行政备案的关系,需要进一步梳理。《民法典》第63条和第103条规定了法人和非法人组织的登记,没有规定组织的备案。实践中,有地方实行社会组织登记与备案的双轨制,对尚未达到登记条件的社会组织,可以先选择备案,等其达到相关条件后,再进行登记。如2010年深圳市民政局发布的《深圳市社区社会组织登记与备案管理暂行办法》(深民〔2010〕128号)第9条规定:"尚未达到本办法第六条规定的登记条件,但能正常开展活动且符合经济社会发展需要的社区社会组织,可向区民政部门申请实行备案管理。"第12条规定:"区民政部门在收到全部有效材料之日起10个工作日内出具同意或不同意备案的意见书。不予备案的,应当书面说明理由。区民政部门应当将备案材料抄送社区社会组织所在街道办事处。经备案的社区社会组织经发展完善,符合本办法第六条规定的登记条件的,应当实行登记管理。"有时,社会组织的备案比登记更具有优势,更符合私法自治的理念。因此,社会组织要实行登记与备案的双轨制,引导自愿登记法人或非法人组织。未登记的社会组织,不一定都是非法组织。《民法典》对业主大会和业主委员会的法律主体地位,没有明确规定。实践中,住建部门对业主委员会实施备案管理,在保障业主自治权利的基础上,加强对社会公共利益的保障。

对民事法律行为效力与行政备案的关系,需要整体予以明确,没有进行行政备案的合同,不影响合同的效力。《城市房地产管理法》第45条第2款规定:"商品房预售人应当按照国家有关规定将预售合同报县级以上人民政府房产管理部门和土地管理部门登记备案。"第54条规定:"房屋租赁,出租人和承租人应当签订书面租赁合同,约定租赁期限、租赁用途、租赁价格、修缮责任等条款,以及双方的其他权利和义务,并向房产管理部门登记备案。”商品房预售合同登记备案和房屋租赁合同登记备案,是国家为加强房地产市场管理采取的必要性监管手段。《民法典》第706条规定:“当事人未依照法律、行政法规规定办理租赁合同登记备案手续的,不影响合同的效力。”从立法技术看,《民法典》第706条只规定了租赁合同登记备案,而没有规定其他合同的登记备案,存在立法的漏洞。《民法典·合同编》通则部分对未经备案合同的效力作出统一规定,从立法技术上看更合适。最高人民法院《关于审理商品房买卖合同纠纷案件适用法律若干问题的解释》第6条第1款对没有办理备案手续的商品房预售合同效力作出了规定。根据《农村土地承包法》,土地承包经营权互换合同、土地经营权流转合同、土地经营权再流转合同等都需要备案。根据《民法典》第706条的类推解释和《民法典》第153条第1款的目的解释,这些合同没有备案也不影响其效力。

(三)《民法典》与行政审批

《民法典》使用了13次“批准”和1次“审批”,民事主体和民事权利均与行政权密切相关。行政审批与行政许可不同,前者立足于行政机关,强调行政职权的行使,后者立足于行政相对人,强调对行政权的约束。行政审批的适用范围要大于行政许可,行政审批是母概念,行政许可是子概念。《行政许可法》第2条规定:“本法所称行政许可,是指行政机关根据公民、法人或者其他组织的申请,经依法审查,准予其从事特定活动的行为。”《行政许可法》立法最大化价值目标就是解决市场失灵,具体包括市场的垄断性因素、市场信息不对称、市场负外部性和公共物品。[1] 设定行政许可往往涉及国家安全、公共安全、经济安全、

〔1〕 参见席涛:《市场失灵与〈行政许可法〉——〈行政许可法〉的法律经济学分析》,载《比较法研究》2014年第3期。

公共利益,以及有限自然资源的开发使用等。

民事主体与行政审批的关系需要进一步厘定。《民法典》第 58 条第 3 款规定:“设立法人,法律、行政法规规定须经有关机关批准的,依照其规定。”目前营利法人的业务范围已经采取负面清单的模式,非营利法人业务范围未来同样应当采取负面清单的模式。党的十八届三中全会作出的中共中央《关于全面深化改革若干重大问题的决定》明确提出,行业协会商会类、科技类、公益慈善类和城乡社区服务类四类社会组织,可以依法直接向民政部门申请登记,不再经由业务主管单位审查和管理。2020 年 8 月,四川省民政厅颁布的《四川省行业协会商会类科技类公益慈善类城乡社区服务类体育类社会组织直接登记管理办法》第 1 条规定:“为促进我省社会组织健康有序发展,引导和支持社会组织依法有序参与经济建设、支持慈善事业、助力社会治理、提供公共服务、承担社会责任,加强对社会组织全生命周期管理,防范政治风险、社会风险、经济风险和安全风险,规范行业协会商会类、科技类、公益慈善类、城乡社区服务类、体育类社会组织直接登记管理,根据有关法律法规和政策文件,制定本办法。”这是地方性的规范文件,立法位阶较低。未来有必要制定统一的“非营利组织法”,对需要行政审批的社会组织予以明确的规定。

民事法律行为与行政审批的关系需要进一步厘定。《民法典》第 502 条第 2 款规定,未办理批准等手续影响合同生效的,不影响合同中履行报批等义务条款以及相关条款的效力。有学者认为,区分“强制性规范”与“禁止性规范”的意义不大,其意义仅停留在法律表述方面,并不能在规范功能层面提供判断合同效力的实质标准。[1] 这种观点具有一定的道理。根据《民法典》第 502 条第 2 款,将未办理批准等手续的

〔1〕 参见冀诚:《对我国合同法上强制性规定的类型分析》,载《北方法学》2012 年第 4 期。

合同定性为未生效的合同,而不是无效的合同。当事人没有按照约定履行报批等义务,应当承担违约责任。区分部分和整体,将合同的一部分视为有效,而合同的整体还没有生效,这具有方法论的重大意义。长期以来,理论很难解释未批准合同的效力。

二、《民法典》与行政协议、行政允诺

(一)《民法典》与行政法律行为

在《民法典》编纂的过程中,是否采用“法律行为”“民事法律行为”“民事行为”等概念,存在较大的争议。汉语是中国文明传承的纽带,中国民法典应当采取规范的汉语。学界应当凝聚法学和语言学的智慧,运用互联网大数据思维,梳理民法术语的使用频率,打造中国风格的话语体系。“合同”是中国土生土长的法律概念,具有中国汉语文明独特的优势。民法典不应当采取德语语境下的“法律行为”和“商行为”的概念,而应当采取符合汉语思维的“合同”和“商事合同”概念。遗憾的是,《民法典》最终采纳了“民事法律行为”的概念。

从行政法的角度,是否采纳“行政法律行为”的概念,也存在较大的争议。既然《民法典》采纳“民事法律行为”的概念,行政法学界也宜采用“行政法律行为”的概念。《民法典》强调民事法律行为“意思表示”的构成要件,因此在给行政法律行为下定义时,也要突出意思表示的构成要件。这样行政法律行为与行政事实行为相对应,同属于行政行为的范畴。行政法律行为主要包括行政征收、行政许可、行政确认、行政处罚、行政强制、行政给付、行政奖励和行政裁决等。行政事实行为包括权力性事实行为和非权力性事实行为。

未来制定行政法通则的思路是可行的,也是必要的。《民法典·总则编》并不是严格意义上的总则,并没有完全按照提取公因式立法技术进行构建。《民法典·总则编》第五章是“民事权利”,该章只是列举各

种类型的民事权利,而没有对民事权利本身作出一般性规定。《民法典·总则编》第八章是“民事责任”,该章更多是对一些特殊情形下民事责任的承担作出规定,而没有对民事责任本身作出一般性规定。《民法典·总则编》第六章规定的“民事法律行为”是采用提取公因式立法技术的代表。然而,该概念将产生“违反法律的民事法律行为无效”的表达,而对于这种表达人民群众很难理解。“合同”的概念符合汉语表达的逻辑,较为准确,也突出了中国的和合文化。“民事法律行为”实质是以合同为模板的行为规范。单方行为可以视为准合同,多方行为均可以纳入广义合同的范畴。《民法典·总则编》更多是《民法典》的通则,未来行政立法可以直接采用“行政法通则”的表达。

(二)《民法典》与行政协议

民事合同与行政协议如何区分,具有较强的理论意义和实践意义。《民法典》第464条规定:“合同是民事主体之间设立、变更、终止民事法律关系的协议。婚姻、收养、监护等有关身份关系的协议,适用有关该身份关系的法律规定;没有规定的,可以根据其性质参照适用本编规定。”2019年颁布的最高人民法院《关于审理行政协议案件若干问题的规定》第2条规定:“公民、法人或者其他组织就下列行政协议提起行政诉讼的,人民法院应当依法受理:(一)政府特许经营协议;(二)土地、房屋等征收征用补偿协议;(三)矿业权等国有自然资源使用权出让协议;(四)政府投资的保障性住房的租赁、买卖等协议;(五)符合本规定第一条规定的政府与社会资本合作协议;(六)其他行政协议。”第27条第2款规定:“人民法院审理行政协议案件,可以参照适用民事法律规范关于民事合同的相关规定。”

目前争议较大的是国有建设用地使用权出让合同的性质。有学者主张民事合同说。建设用地使用权出让合同不具有公益性,且国有土地使用权出让合同成立的是民事法律关系。建设用地使用权出让合同当中行政因素所占比重比较小,更多的还是民事因素,因此建设用地使用权出让合同应属于民事合同。[1] 而有学者主张行政合同说。资源的公共性是国有建设用地使用权出让合同等合同行政性的根本源头,也正是资源的公共性这一特殊特征决定了这些合同应该受到公法调整,而不是受到私法规范。[2] 还有学者主张双阶段说。国有建设用地使用权出让的行政许可,具有明显的公法特征;出让合同的签订履行阶段,非行政性因素占据很大的比重,应受私法规则规范。[3]

本书认为,国有建设用地使用权出让合同宜被认定为民事合同。目前中央改革倡导国有土地和集体土地同地同权、同地同利,这也是城乡一体化改革的重要组成部分。集体土地出让合同是民事合同,国有土地出让是行政合同,从逻辑上不符合民法上的平等原则。国有建设用地使用权出让合同,由自然资源部门负责签署,并不符合两权分离的基本理念。从改革方向看,应当区分行政权与自然资源所有权。应当设立专门的土地所有权代表机构,独立于土地管理部门,代表国家行使土地所有权。目前可以考虑组建与国有资产监管管理委员会相并列的国有自然资源资产监督管理委员会。国有自然资源资产监督管理委员会与国务院自然资源部不同,前者是国家自然资源使用权的行使主体,后者是对自然资源管理的行政机关,包括国有自然资源和集体自然资源的管理。

(三)《民法典》与行政允诺

《民法典》第 133 条规定:“民事法律行为是民事主体通过意思表示设立、变更、终止民事法律关系的行为。”第 134 条第 1 款规定:“民事法

---

〔1〕 参见崔建远:《行政合同族的边界及其确定根据》,载《环球法律评论》2017 年第 4 期。

〔2〕 参见陈国栋:《行政合同行政性新论——兼与崔建远教授商榷》,载《学术界》2018 年第 9 期。

〔3〕 参见陈鑫范、吴明熠:《土地使用权出让合同的混合属性解析及其司法救济适用——基于双阶理论与修正》,载《北京科技大学学报(社会科学版)》2019 年第 4 期。

律行为可以基于双方或者多方的意思表示一致成立,也可以基于单方的意思表示成立。”该两条是单方民事法律行为的立法依据,可以作为行政机关单方允诺的参考依据。实践中,行政机关通过会议纪要等方式,对某些行为作出了承诺,从理论上看是一种单方允诺。如同行政协议可以参照民事合同的相关规定一样,行政机关的单方允诺也可以参照《民法典》的相关规定。一方面肯定行政机关单方允诺的法律效力,另一方面允许特定条件下行政机关撤回承诺。

三、《民法典》与行政征收、行政征用、行政强制、行政处罚

(一)《民法典》与行政征收

《民法典》第243条规定的征收对象表述为“集体所有的土地和组织、个人的房屋以及其他不动产”,这其中的“其他不动产”有很大的包容性。基于我国特殊国情,将国有建设用地使用权、土地承包经营权、宅基地使用权和公房租赁权等作为征收的对象,有利于保护相关当事人的合法权益。《国有土地上房屋征收与补偿条例》对行政征收的补偿标准作出了原则性规定。对于“因征收房屋造成的停产停业损失的补偿”,授权省、自治区、直辖市制定具体办法。这也充分展示了不动产征收的复杂性,展示了地方立法对民事权利的意义。实践中有三种停产停业损失补偿办法:第一,按照被征收房屋补偿价格的一定比例给付停业停产损失补偿;第二,以被征收房屋的建筑面积给付固定标准的停产停业损失补偿;第三,细化评估标准后设定停产停业期限或固定标准确定补偿。采纳市场标准补偿被征收权利人的损失,初步成为各地形成的基本共识。

(二)《民法典》与行政征收

《民法典》第245条规定的征用,局限于“因抢险救灾、疫情防控等紧急需要”,属于紧急征用。因矿藏开采和工程建设,因军事禁区、军事

管理区范围的划定或者扩大，因国防需要，因进行军事演习、训练等进行的征用，应当解释为特殊事项的常态征用。《土地管理法》《草原法》《森林法》《军事设施保护法》等规定的征用，不局限于紧急需要。征用的客体不局限不动产和动产，知识产权和劳务等也可能被强制许可。根据疫情防控等需要实施的知识产权的强制许可与不动产或者动产的征用，具有功能的相似性，可以参照《民法典》第245条的规定进行解释适用。《传染病防治法》第45条第2款规定，紧急调集人员的，应当按照规定给予合理报酬，这实际上是对劳务的征用。很多地方制定了紧急征用的规定，进一步明确了相关的法律程序和权限。从法律解释角度看，被征用或者征用后毁损、灭失的补偿，应当是市场价格的补偿。

(三)《民法典》与行政强制

行政强制，是指行政机关为了实现行政目的，依据法定职权和程序作出的对相对人的人身、财产和行为采取的强制性措施。《行政强制法》第2条第2款规定："行政强制措施，是指行政机关在行政管理过程中，为制止违法行为、防止证据损毁、避免危害发生、控制危险扩大等情形，依法对公民的人身自由实施暂时性限制，或者对公民、法人或者其他组织的财物实施暂时性控制的行为。"《民法典》第285条第2款规定："物业服务企业或者其他管理人应当执行政府依法实施的应急处置措施和其他管理措施，积极配合开展相关工作。"第286条第1款规定："……对于物业服务企业或者其他管理人执行政府依法实施的应急处置措施和其他管理措施，业主应当依法予以配合。"这些条款并没有规定明确的法律责任，具体适用还要引致《行政强制法》相关条款。然而，在《民法典》条款中予以原则规定，有利于民事主体形成比较符合实际的权利观念，避免民事权利过分自由行使给公共利益造成损害。

(四)《民法典》与行政处罚

《民法典》第69条规定，法人依法被吊销营业执照、登记证书，被责令关闭或者被撤销时,法人解散。“被吊销营业执照、登记证书,被责令关闭”是一种行政处罚,是法人解散的一种事由。行政机关更多是从事行政管理,只是调解民事纠纷。如《治安管理处罚法》第9条规定:“对于因民间纠纷引起的打架斗殴或者损毁他人财物等违反治安管理行为,情节较轻的,公安机关可以调解处理。经公安机关调解,当事人达成协议的,不予处罚。经调解未达成协议或者达成协议后不履行的,公安机关应当依照本法的规定对违反治安管理行为人给予处罚,并告知当事人可以就民事争议依法向人民法院提起民事诉讼。”

责令返还财产或改正违法行为的行政责任,能够起到返还财产和赔偿损失等民事责任的功能。《行政处罚法》第28条规定:“行政机关实施行政处罚时,应当责令当事人改正或者限期改正违法行为。”《民法典》第286条第3款规定:“业主或者其他行为人拒不履行相关义务的,有关当事人可以向有关行政主管部门报告或者投诉,有关行政主管部门应当依法处理。”根据《物业管理条例》第63条的规定,当事人擅自改变公共建筑和共用设施用途,擅自占用、挖掘公共道路、场地,擅自利用共用部位、共用设施设备进行经营,县级以上地方人民政府房地产行政主管部门可以责令限期改正,给予警告或罚款。《电力法》第66条规定:“违反本法第三十三条、第四十三条、第四十四条规定,未按照国家核准的电价和用电计量装置的记录向用户计收电费、超越权限制定电价或者在电费中加收其他费用的,由物价行政主管部门给予警告,责令返还违法收取的费用,可以并处违法收取费用五倍以下的罚款;情节严重的,对有关主管人员和直接责任人员给予行政处分。”《北京市农村集体经济审计条例》第27条规定:“侵占、侵吞集体资产或者因失职、渎职造成集体资产损失的,由审计机构建议其上级主管部门或者有关部门责令退还财产或者赔偿损失,并对直接责任人员给予处分;构成犯罪的,依法追究刑事责任。”

从民事法律行为的角度看,违反了政府监管的规定,要承担行政责任。然而,该民事法律行为并不当然无效。《公司法》第 210 条规定:“未依法登记为有限责任公司或者股份有限公司,而冒用有限责任公司或者股份有限公司名义的……由公司登记机关责令改正或者予以取缔,可以并处十万元以下的罚款。”设立中的公司,参与经营活动,公司登记机关可以行政罚款。未经登记的公司从事的民事法律行为,并不必然无效。公司登记成立后,对未成立之前的行为也进行了追认,就应当有效的。《民法典》第 61 条第 2 款规定:“法定代表人以法人名义从事的民事活动,其法律后果由法人承受。”可以参照本条的规定,对设立中公司签订合同的效力作出判断。

违反行政监管,要承担行政责任,但不一定承担侵权责任。强制性标准仅是侵权责任注意义务的重要产生依据和侵权责任承担的重要判断依据。符合国家标准或地方标准,不承担侵权责任,但有时仍然要承担侵权责任。《第八次全国法院民事商事审判工作会议纪要》第 22 条规定:“因违法建筑倒塌或其搁置物、悬挂物脱落、坠落造成的损害赔偿纠纷,属于民事案件受案范围,应按照侵权责任法有关物件损害责任的相关规定处理。”违法建筑物违反了行政许可,是否承担侵权责任,要看是否有过错,行为与损害之间是否有因果关系。

四、《民法典》与行政监管、行政调解、行政裁决

(一)行政监管

《民法典》第 86 条规定,营利法人从事经营活动,应当接受政府的监督。该条原则性规定了政府与营利法人的监督,从解释论的角度看,非营利法人和非法人组织等均需要接受政府的监督。具体如何监督,要引致其他法律、行政法规、部门规章等的相关规定。《民法典》第 534 条对市场监督管理和其他有关行政主管部门对合同的监管职责作出了

明确的规定。目前监管的依据是原国家工商行政管理总局 2010 年制定的《合同违法行为监督处理办法》,法律位阶不高,监管职责不够明确。应在此基础上,结合《民法典》的新精神新规定,由国务院制定合同违法行为监督处理条例,对合同监督管理中的行政权行使作出更为科学的规定。未来要明确,除法律明确授权由行业主管部门实施规制的特殊行业外,其他行业的合同监管均应由市场监管管理部门负责。

（二）行政调解与行政裁决

《民法典》第 195 条,诉讼时效中断事由"与提起诉讼或者申请仲裁具有同等效力的其他情形",就包括行政调解、行政仲裁、行政裁决等行政司法权。物权纠纷的处理,可以由乡镇人民政府、县级以上人民政府、公安部门等调解。《民法典》第 233 条规定:"物权受到侵害的,权利人可以通过和解、调解、仲裁、诉讼等途径解决。"根据《农村土地承包法》第 55 条,因土地承包经营发生纠纷,乡镇人民政府可以调解解决。根据《土地管理法》第 14 条土地所有权和使用权争议,由人民政府通过行政裁决予以处理,当事人对行政裁决不服的,可以提起行政诉讼。根据《治安管理处罚法》第 9 条,损毁他人财物等违反治安管理行为,情节较轻的,公安机关可以组织调解。侵权纠纷可以由相关的行政主管部门调解处理。根据《道路交通安全法》《医疗纠纷预防和处理条例》等,交通事故、医疗事故等行政主管部门,可以基于当事人的申请,组织行政调解。《民法典》第 1079 条第 1 款规定:"夫妻一方要求离婚的,可以由有关组织进行调解或者直接向人民法院提起离婚诉讼。"实践中,很多民政部门都设有专职的婚姻调解员。总之,除了人民调解外,政府相关行政主管部门都在不同程度上对民事纠纷进行调解,发挥行政机关的专业优势。

五、《民法典》与行政收费、行政指导、行政给付

（一）《民法典》与行政收费

《民法典》第 223 条规定："不动产登记费按件收取，不得按照不动产的面积、体积或者价款的比例收取。"该条完全继承原《物权法》第 22 条。国家发展改革委、财政部《关于不动产登记收费标准等有关问题的通知》（发改价格规〔2016〕2559 号），规划用途为住宅的房屋及其建设用地使用权登记原则收费标准为每件 80 元，非住宅类不动产权利的首次登记、转移登记、变更登记的收费标准为每件 550 元。行政收费属于行政法律关系的范畴，从理论上将不宜由民事法律规范规定。考虑到实践中，不动产登记标准不统一，按照不动产的面积、体积或者价款收取登记费用的现象还比较常见，原《物权法》对此作出了明确规定。

（二）《民法典》与行政指导

行政指导是国家行政机关在职权范围内，为实现所期待的行政状态，以建议、劝告等非强制措施要求有关当事人作为或不作为的活动。《民法典》很多条款都涉及行政指导问题。其中，第 277 条第 2 款规定："地方人民政府有关部门、居民委员会应当对设立业主大会和选举业主委员会给予指导和协助。"按照住房和城乡建设部 2009 年制定的《业主大会和业主委员会指导规则》（建房〔2009〕274 号）第 6 条规定："物业所在地的区、县房地产行政主管部门和街道办事处、乡镇人民政府负责对设立业主大会和选举业主委员会给予指导和协助，负责对业主大会和业主委员会的日常活动进行指导和监督。"根据《农村土地承包法》第 12 条第 1 款的规定："国务院农业农村、林业和草原主管部门分别依照国务院规定的职责负责全国农村土地承包经营及承包经营合同管理的指导。"《江苏省合同监督管理办法》第 5 条规定："当事人订立合同，提倡使用国家和省已发布的合同示范文本。工商行政管理机关负责合同

示范文本的推行和管理。”行政机关推广示范合同文本,是行政指导在民事领域的重要表现。

(三)《民法典》与行政给付

《民法典》第 32 条规定,没有依法具有监护资格的人的,监护人由民政部门担任。第 34 条第 4 款规定:“因发生突发事件等紧急情况,监护人暂时无法履行监护职责,被监护人的生活处于无人照料状态的,被监护人住所地的居民委员会、村民委员会或者民政部门应当为被监护人安排必要的临时生活照料措施。”民政部门肩负着国家监护的职责,弥补了家庭监护和社会监护的不足。民政部门进行“临时生活照料”,涉及行政给付问题。这充分展示了新型的行政权观念,行政权积极救助社会中的弱者,凸显了现代国家治理的新理念。

六、《民法典》与行政机关民事诉权

行政机关民事诉权,是指行政机关向法院提起民事诉讼或民事非诉程序的权利。《民法典》明确民政部门、法人主管机关、捐助法人主管机关、环境保护部门等,具有相应的民事诉权。从未来发展看,应当赋予格式合同监管部门、食品药品的行政主管部门、个人信息保护的行政主管机关等的民事诉权。

根据《民法典》的相关规定,民政部门的民事诉权包括向法院申请认定成年人民事行为能力、向法院申请撤销监护人资格,向法院申请宣告自然人失踪、变更财产代管人、撤销失踪宣告、宣告死亡、撤销死亡宣告等。法人主管机关可以向法院申请指定法人清算组成员,捐助法人主管机关可以向法院请求撤销捐助法人决议。《民法典》第 185 条对英雄烈士等姓名、肖像、名誉、荣誉的公益诉讼模式没有明确规定。《英雄烈士保护法》第 25 条第 3 款规定:“负责英雄烈士保护工作的部门和其他有关部门在履行职责过程中发现第一款规定的行为,需要检察机关提起诉讼的,应当向检察机关报告。”据此,负责英雄烈士保护工作的民政等部门可以向检察机关提出英雄烈士保护公益诉讼的建议。

根据《民法典》第1234条,国家规定的机关或者法律规定的组织有权提起生态保护民事公益诉讼。国家规定的机关主要包括省政府、市政府以及其指定的相关部门,均有权提起生态保护民事公益诉讼。根据2020年10月12日最高人民检察院与中央网信办、国务院食品安全办等食品药品有关部门发布的《关于在检察公益诉讼中加强协作配合依法保障食品药品安全的意见》,检察机关在调查取证时,食品药品有关行政主管部门应当积极配合协助。目前消费者权益保护协会和检察院等能够提起食品药品方面的公益诉讼,未来应当赋予食品药品有关行政主管部门民事诉权。消费民事公益诉讼模式也可以用于个人信息保护,可以满足个人信息群体化保护的时代需求。个人信息保护的行政主管机关也可以提起民事公益诉讼,保护公众个人信息权益。《民法典》行政机关民事诉权条款具有深层次的立法理由,落实好实现好将产生良好的社会效果。

结　语

《民法典》编纂绝不仅仅是平等主体之间的私权关系，更是国家公权力运行方式的改革。《民法典》不是纯粹的私法，其中包括大量的行政权运行规范条款。民法典是仅次于宪法的基本法律，不仅调整私权主体，还调整公权主体。《民法典》不仅在民事生活中发挥重要作用，也将在政治生活中产生重大影响。《民法典》的实施，不仅在于私权主体的遵守，更在于公权主体的践行。

一、要树立整体主义法治观与整体主义治理观

要树立整体主义法治观，用宪法思维处理民法与行政法的冲突。要科学对待《民法典》中的公法规范，科学对待《民法典》对公法的影响，这是整体主义法治观的基本要求。私法自治与行政管制的界限，不是由民法或行政法确定，而是由宪法确定的。民法与行政法的关系并不是一成不变的，而是多元的，受制于特定时代的社会背景，受制于特定国家的宪法体制。中国民法学家的宪法使命，是与宪法学家一道开拓和发

展人格宪法学、家庭宪法学、组织宪法学、财产宪法学、契约宪法学和损害赔偿宪法学等民事宪法学新领域。根据《民法典》的框架，行政法可以分为人格行政法、家庭行政法、组织行政法、财产行政法、契约行政法、损害赔偿行政法等。按照民事权利的逻辑，重构行政法有利于行政权落实民事权利保护的新需求，及时修改完善相关的行政法规定。

要树立整体主义治理观，从国家治理现代化的视角审视《民法典》的实施。《民法典》塑造了中国特色社会主义的国家观，一方面国家要消极不作为，充分尊重市场、尊重私人生活；另一方面国家要积极作为，承担弱势群体保护、市场监管、宏观调控的职责。《民法典》的编纂是重大的政治决策，《民法典》实施是重要的政治过程，均涉及立法权、司法权和行政权的平衡，均涉及社会各阶层利益的平衡，均需要高超的政治智慧。法人和非法人组织决策中的民主、国有财产和集体财产决策中的民主、小区业主决策中的民主、共有权行使中的民主等私法上的民主，对民主政治有较大促进作用。民法治理是国家治理的重要一环，在制度设计与解释时，一方面要避免公地悲剧的发生，另一方面要保护少数人的权益。中国民法学应当在法教义学的基础上，借鉴“政治—法学”的研究范式，将《民法典》编纂和实施提高到政治文明建设的高度，推动国家治理能力和治理体系的现代化。学术研究要为行政权的行使提供民法的解释路径，为政府机构改革提供民法制度需求的样本。

二、要在有限政府与责任政府构建中推动《民法典》实施

要树立有限政府的观念，要用《民法典》权利保护观念，强化对行政机关职权法定的理解。《民法典》第 3 条规定：“民事主体的人身权利、财产权利以及其他合法权益受法律保护，任何组织或者个人不得侵犯。”该条中的“任何组织”包括行政机关。《民法典》第 111 条、第 207

条、第 242 条、第 243 条、第 258 条等条款，共采用了 23 次“任何组织或者个人”的表达，规定了不得侵犯国有财产、集体财产、个人财产的义务，规定了不得侵害他人生命权、身体权、健康权的义务，规定了不得非法剥夺他人的荣誉称号、不得侵害他人的隐私权等义务。这些义务不仅是民事主体的义务，也是行政机关的义务。民事权利保障与行政机关职权法定，是一个事物的两个方面。行政机关不能只盯着行政法，还需要用民法典来“照镜子”。民事权利是开放的，即使没有类型化，仍然受法律的保护。《民法典》列举了民事主体的人身权利、财产权利以及其他合法权益，通过强化民事权利保护意识，来强化对行政机关职权法定的理解。

要树立责任政府观念，要积极发挥行政权的应有职责，推动《民法典》的全面实施。首先，要充分发挥行政立法的作用，进一步完善民事法律体系。目前需要对行政法规、部门规章、地方规章和其他规范性文件中的民事法律规范进行梳理，及时修改完善相应的条款，避免与《民法典》相冲突。对于《民法典》的授权立法，要及时制定行政法规、部门规章和地方规章等，细化民事权利的具体权能和行使边界。其次，要充分发挥行政备案、行政确认、行政许可、行政处罚、行政征收等具体行政行为的作用，确认、审批、指导、制裁民事行为。政府一方面要尊重民事权利，另一方面要保护民事权利，促进民事关系和谐有序。如《民法典》赋予市场监督管理和其他有关行政主管部门对合同监管的职责，赋予民政部门对收养登记条件审查的职责等，均具有重要的实践意义。《民法典》赋予行政机关民事诉权，如提起环境民事公益诉讼的权利，属于行政权行使方式的重大创新，凸显了国家治理的新理念。行政机关要主动担当、主动作为，在市场领域，在人格保护领域，在婚姻家庭领域，要敢于监管、敢于作为。

三、要科学解释《民法典》中的行政权运行规范条款

要科学解释《民法典》中的行政权运行规范条款,切实保护民事主体的合法权益。要更多从民事权利保护的角度,而不是从行政监管的角度,分析和评价《民法典》中的行政权运行规范条款,确保立法初心得到实现。

要科学解释民法基本原则与行政权的关系。《民法典》规定的平等、自愿、公平、诚信、绿色、公序良俗等基本原则,不仅民事主体要遵守,行政机关也要遵守。民法典基本原则是全体社会成员、各行各业形成的最基本的共识。《民法典》第 3 条规定:"民事主体的人身权利、财产权利以及其他合法权益受法律保护,任何组织或者个人不得侵犯。"该条中的"任何组织"包括行政机关,行政机关要树立民事权利保护观念。《民法典》将机关法人作为法人的一种类型,赋予机关法人以民事主体的地位。行政机关与行政相对人是单向度的行政管理关系,而在行政机关参与民事活动时,则其与对方当事人形成平等的民事主体关系。政府要遵守《民法典》第 7 条有关诚信的要求,政务诚信是社会信用体系建设的关键,对其他社会主体诚信建设有着重要的表率和导向作用。从具体表达看,《民法典》第 9 条规定了绿色原则,强调民事活动应当有利于节约资源、保护生态环境。2018 年修改后的《宪法》增加了新发展理念,明确了生态文明建设的目标。《民法典》绿色原则是《宪法》绿色原则的具体化,目前没有统一的行政法典或行政法总则,行政法没有明确绿色原则。从法律解释看,应当将绿色原则作为行政法的基本原则,作为规范行政权的基本准则。再如,《民法典》第 8 条采用了"不得违反法律"的表达,与原《民法通则》第 6 条"应当遵守法律"不同,确立了民事活动不违法原则。该原则实际是落实了政府负面清单制度,从法律规范上确认了有限政府的现代理念。因此,《民法典》基本

原则具有指导行政权正当行使,制约行政权不当行使的重大意义。

要科学解释民事主体与行政权的关系。自然人出生登记、死亡登记是通过户籍登记实现的,而目前的户籍登记仍然具有城乡二元的色彩。虽然《民法典》第 15 条也承认居住证等其他有效身份证件的效力,但远远不能满足实践发展的要求。未来应当及时废止 1958 年全国人大常委会颁布的《户口登记条例》,及时制定户籍登记法,取消二元户籍制度,实行城乡完全平等原则。《民法典》分散规定了一些商事登记规范,未来应当及时制定商事登记法,对营利法人、合伙企业、个人独资企业、个体工商户等商主体的登记制度,作出较为全面的规定。及时制定非营利组织法,对非营利组织有条件实行负面清单制度,实行登记与备案的双轨制,弱化行政权对非营利组织的国家强制。符合特定条件的非营利组织,可以不再经业务主管单位审批,而直接予以登记。

要科学解释民事权利与行政权的关系。行政权创设民事权利、消灭民事权利、确认民事权利、排斥民事权利、保护民事权利。《民法典》第 126 条规定:"民事主体享有法律规定的其他民事权利和利益。"该条"依法"中的"法"包括行政法规、部门规章等。游戏装备、虚拟货币等新型民事权利,也往往先通过部门规章予以确认。《民法典》第 131 条规定:"民事主体行使权利时,应当履行法律规定的和当事人约定的义务。"该条中的"法律"同样是广义的法律,包括行政法规、部门规章等。行政机关并不是完全消极不作为,必要时还要积极作为,保护民事权利不受其他民事主体的侵犯。传统私法模式往往是事后救济,解决的是一对一的侵权关系。而实践中,一些新型侵权,如个人信息的侵权等,往往是以多对一的关系或者多对多的关系,而且损害往往是无形的,具体数额很难量化。因此,要更多通过行政机关的力量,加大行政处罚的力度,保护自然人的个人信息等。

要科学解释民事行为与行政权的关系。从抽象行政行为与民事法律行为效力的关联看，违反“行政法规”强制性规定的民事法律行为无效，该规定更多适用于财产行为，而不能完全适用于人身行为。人身法律行为的无效，如婚姻的无效和收养的无效，必须是违反“法律”的强制性规定，而不能是“行政法规”的强制性规定。因为对“人身自由”进行限制，必须基于“法律”的理由。在意定领域，部门规章和地方规章不得直接作为认定民事法律行为无效的根据，但可以作为证成违反公序良俗的依据。从具体行政行为与民事法律行为的效力看，需要行政审批生效的合同并不是无效的合同，也不是有效的合同，而是未生效的合同。行政登记或者行政备案并不是合同生效的要件，没有行政登记或者行政备案，并不影响合同的效力，要区分合同的效力与物权变动的效力。

要科学解释民事责任与行政权的关系。行政法规、部门规章和地方规章不得创设新类型的无过错侵权责任，但可以在过错侵权责任中作为认定当事人过错的依据。违反行政监管标准，要承担侵权责任，有时即使没有违反行政监管标准，仍然要承担侵权责任。不违反行政法上的国家标准或地方标准，不承担行政责任，但并不意味着不承担民事责任。在没有行政管制标准的情况下，法院要根据日常行为经验，确定是否承担民事责任。行政处罚在环境监管中占据重要地位，而赔偿损失是环境民事公益诉讼的最广泛的责任承担方式，两者具有一定的重合性。确定行政责任与民事责任的关系，处理形成罚款与民事惩罚性赔偿的关系，要树立整体主义法治观，树立整体主义的治理观，要坚持比例原则，在保护社会公共利益的同时，也不能损害企业的正当权利。

要科学解释民行交叉问题的诉讼路径。结婚登记、离婚登记、收养登记、法人登记、非法人组织登记、不动产登记、动产抵押登记等，更多属于民事性质的登记。对于登记瑕疵，要更多采用民事救济路径，而不是行政救济路径。针对冒名登记纠纷，可以更多采用民事法律行为不成立之诉的模式,具体包括结婚不成立之诉、离婚不成立之诉、法人不成立之诉、非法人组织不成立之诉、不动产买卖合同不成立之诉、动产抵押合同不成立之诉等。涉及物权权属纠纷的,尽量通过民事诉讼解决。土地权属是通过行政裁决处理的,这是一种例外。行政附带民事诉讼可以解决部分民行交叉的问题,但该诉讼模式不宜扩大化。慎重作出行政纠纷是民事纠纷前置的论断,坚持民事法律规范的相对独立性。

综上所述,民法典是国家治理的基本法,是仅次于宪法的基本法。《民法典》中的行政权运行规范,需要科学诠释,需要科学对待。《民法典》是经过专家多次讨论,经过人大代表多次审议形成的法律文本。不宜轻易否认《民法典》文本中每个字每个词,要科学诠释立法的过程。针对《民法典》文本存在的可能不足,要通过科学的解释方法予以弥补。《民法典》的规范对象包括行政机关,与法院、检察院一样,行政机关对《民法典》的解释、适用、解读同样重要。作为法律共同体的重要组成部分,政府法律工作人员更应当科学解读《民法典》。学者对民法典的评注,不能忽略忽视行政机关的立场。《民法典》是依法行政的重要依据,是建设法治政府的重要支撑。学术界和实务界要持续关注《民法典》中的行政权运行规范条款,推动全面依法治国进程的发展。